中華文化促進會主持編纂

國家"十一五"重點圖書出版規劃項目

中國社會科學院哲學社會科學創新工程學術出版資助項目

出品人　王石　段先念

今注本二十四史

南史

八

傳〔五〕

唐 李延壽 撰

趙凱 汪福寶 周群 主持校注

中国社会科学出版社

南史　卷三二

列傳第二十二

張邵　子敷　孫沖　兄子暢　暢子融　寶積[1]　徐文伯　嗣伯[2]

[1]寶積：汲古閣本、百衲本同，殿本作“融弟寶積”。據他卷體例，應有“融弟”二字。

[2]嗣伯：汲古閣本、百衲本同，殿本作“文伯從弟嗣伯”。據他卷體例，應有“文伯從弟”四字。

張邵字茂宗，[1]會稽太守裕之弟也。[2]初爲晋琅邪内史王誕龍驤府功曹，[3]桓玄徙於廣州，[4]親故皆離棄之，唯邵情禮彌謹，流涕追送。時寇亂年飢，邵又資饋其妻子。

[1]張邵：王鳴盛《十七史商榷》卷六一《張邵張禕》云：“《南史·張邵傳》中‘邵’字凡數十見，《宋書》四十六卷《邵傳》與《南史》並同，《通鑑》亦同，惟《宋書》五十九卷《張暢傳》作‘張劭’，而近人校《南史》者，一概俱改作‘劭’，未詳。”馬宗霍《南史校證》認爲原應爲“卲”字，後因偏旁相近與“邵”字混，《太平御覽》正作“卲”（湖南教育出版社 2008 年版，第 540—541

頁)。

[2]會稽：郡名。治山陰縣，在今浙江紹興市。　裕：張裕。字茂度，吴郡吴（今江蘇蘇州市）人。本書卷三一、《宋書》卷五三有傳。

[3]琅邪：郡名。治費縣，在今山東費縣西北。　内史：官名。王國行政長官，掌治民，職如太守。　王誕：字茂世，琅邪臨沂（今山東臨沂市）人。晋安帝隆安四年（400），轉龍驤將軍、琅邪内史。爲司馬元顯所寵。後桓玄欲誅之，其外甥桓脩陳請得免，徙廣州。本書卷二三、《宋書》卷五二有傳。　龍驤府功曹：官名。即龍驤將軍府功曹。龍驤，龍驤將軍省稱。將軍名號。晋三品。錢大昕《廿二史考異》卷三六云："按：《王誕傳》不云爲龍驤將軍，史之漏也。"按，據《宋書·王誕傳》，"隆安四年，會稽世子元顯開後軍府，又以誕補功曹。尋除尚書吏部郎，仍爲後軍長史，領廬江太守，加鎮蠻護軍。轉龍驤將軍、琅邪内史，長史如故"，王誕曾任龍驤將軍無誤，本書删節其所歷官，故未言其曾任龍驤將軍。

[4]桓玄徙於廣州：汲古閣本、百衲本同，殿本、中華本作"桓玄徙誕於廣州"。據《宋書·王誕傳》及下文文意，徙廣州者爲王誕，應據殿本補"誕"字。桓玄，字敬道，一名靈寶，譙國龍亢（今安徽懷遠縣）人，桓温之子。晋安帝元興二年（403），篡晋自立，建國楚，改元永始。後劉裕、劉毅等起兵討伐，玄兵敗，逃至益州，爲益州督護馮遷所殺。《晋書》卷九九有傳。廣州，州名。治番禺縣，在今廣東廣州市。

桓玄篡位，父敞先爲尚書，[1]以答事微謬，降爲廷尉卿。[2]及宋武帝討桓玄，[3]邵白敞表獻忠款，帝大悦，命署寺門曰："有犯張廷尉家者，[4]軍法論。"事平，以敞爲吴郡太守。[5]及王謐爲揚州，[6]召邵補主簿。[7]

[1]尚書：官名。尚書省諸曹長官，分掌諸曹事。晋三品。《宋書》卷五三《張茂度傳》同，本書卷三一《張裕傳》作“度支尚書”。

[2]廷尉卿：官名。對廷尉的尊稱。中央最高司法審判機構長官，主管詔獄。晋三品。

[3]宋武帝：劉裕。字德輿，小名寄奴，彭城（今江蘇徐州市）綏輿里人。南朝宋建立者。晋安帝元興三年（404）起兵討玄。仕晋官至相國，封宋王。晋恭帝元熙二年（420）代晋稱帝，改元永初。本書卷一、《宋書》卷一至卷三有紀。

[4]命署寺門曰：有犯張廷尉家者：《宋書》卷四六《張邵傳》作“命署其門曰：有犯張廷尉者”，“寺門”作“其門”，又無“家”字。

[5]吴郡：郡名。治吴縣，在今江蘇蘇州市。

[6]王謐：字稚遠，琅邪臨沂（今山東臨沂市）人。深受桓玄寵信，桓玄篡位，封爲武昌縣開國公。玄敗後，因曾賞識劉裕於微時，故仍得到劉裕任用，領揚州刺史、録尚書事。《晋書》卷六五有附傳。　揚州：州名。治建康縣，在今江蘇南京市。

[7]補：官制術語。遞補，委任。　主簿：官名。此爲州主簿。典領文書簿籍，經辦事務，爲刺史喉舌耳目。

劉毅位居亞相，[1]好士愛才，當世莫不輻凑，[2]唯邵不往。親故怪而問之，邵曰：“主公命世人傑，何煩多問。”劉穆之言於帝，[3]帝益親之，轉太尉參軍，[4]署長流賊曹。[5]

[1]劉毅：字希樂，彭城沛（今江蘇沛縣）人。先與劉裕共討桓玄，興復晋室。後懷異心，與劉裕不和。劉裕出兵征討，於江陵兵敗自縊。《晋書》卷八五有傳。　亞相：一般爲御史大夫的別稱。此處

指討平諸桓後，劉毅加官進爵，爲衛將軍、開府儀同三司等，地位僅次於劉裕，故稱“亞相”。

[2]輻湊：亦作輻輳，聚集。輻，車輪上連接轂和輞的直木。湊，同“輳”。車輪上的輻條向轂聚集。

[3]劉穆之：字道和，小字道民（本書避唐太宗李世民諱作“道人”），東莞莒（今山東莒縣）人。深爲劉裕所倚重，内總朝政，外供軍旅。晉安帝義熙十二年（416），劉裕北伐，留守建康，十三年卒。本書卷一五、《宋書》卷四二有傳。

[4]太尉參軍：官名。即太尉府參軍。參軍，西晋時諸公及開府位從公爲持節都督者，置六人。東晋公府等所設僚屬諸曹置，不開府將軍出征時亦置。掌參謀軍務。

[5]署：官制術語。代理、暫任某官。　長流賊曹：官署名。東晋末劉裕丞相府分賊曹而置，後成爲公府、軍府屬曹，長官爲參軍。掌盗賊徒流事。

盧循至蔡洲，[1]武帝至石頭，[2]使邵守南城。時百姓水際望賊，帝不解其意，以問邵。邵曰：“節鉞未反，[3]奔散之不暇，亦何暇觀望，今當無復恐耳。”帝以邵勤練憂公，重補州主簿。邵悉心政事，精力絶人，及誅劉藩，[4]邵時在西州直廬，[5]即夜誡衆曹曰：“大軍當大討，可各各條倉庫及舟船人領，[6]至曉取辦。”旦日，帝求諸簿最，[7]應時即至，怪問其速。諸曹答曰：“宿受張主簿處分。”[8]帝曰：“張邵可謂同人憂慮矣。”[9]

[1]盧循：字于先，小名元龍，范陽涿（今河北涿州市）人。孫恩妹夫。晋末與孫恩通謀作亂，孫恩死後，被推爲主。寇廣州，逐刺史，遣使獻貢。時朝廷内外多患，無暇顧及，遂命其爲廣州刺史。晋

安帝義熙中，劉裕征伐慕容超，其乘機起兵，至江寧。劉裕回師，敗走，還保廣州，時廣州已被劉裕派軍占據。又攻交州，兵敗自殺。《晋書》卷一〇〇有傳。　蔡洲：在今江蘇南京市西南。原爲長江中沙洲，現已併入南岸。《太平寰宇記》卷九〇《江南東道二·江寧縣》云："蔡洲，在縣西十二里，周迴五十五里。"

［2］石頭：城名。在今江蘇南京市西清涼山。

［3］節鉞未反：《宋書》卷四六《張邵傳》此句前有"若"字，據上下文意，"若"字表假設，此處不可省。本書不應删節。節鉞，符節與斧鉞。授予將帥，作爲權力的象徵。此處代指劉裕及其征討慕容超之軍隊。

［4］劉藩：劉毅從弟。初從劉裕起兵征討桓玄。後密與劉毅反劉裕，下獄賜死。

［5］西州：揚州刺史治所，在今江蘇南京市江寧區西。《資治通鑑》卷一二〇《宋紀二》文帝元嘉二年胡三省注云："揚州刺史治臺城西，故曰西州。"　直廬：官員值宿之處。

［6］可各各條倉庫及舟船人領：汲古閣本、殿本、百衲本同。《宋書·張邵傳》作"可各修舟船倉庫"。

［7］簿最：財物收入、支出的總册。《宋書·張邵傳》作"簿署"。

［8］宿：預先。　處分：調度，指揮。

［9］同人：《宋書·張邵傳》作"同我"。

九年，[1]世子始開征虜府，[2]以邵補録事參軍，[3]轉號中軍，[4]遷諮議參軍，[5]領記室。[6]

［1］九年：此應爲晋安帝義熙九年（413）。此前未出現年號記録，此處年號不應省。

［2］世子：劉義符。小字車兵，宋武帝長子。晋安帝義熙二年

生，六歲（一説十歲），拜豫章公世子。後即位爲宋少帝。本書卷一、《宋書》卷四有紀。 征虜：官名。征虜將軍省稱。將軍名號，亦可作爲高級文職官員的加官。晋三品。

［3］録事參軍：官名。東晋、南朝公府、將軍府、州刺史開軍府者皆置，爲録事曹長官，掌總録衆曹文簿，舉彈善惡，位在列曹參軍上。

［4］轉號中軍：晋安帝義熙十二年，劉義符任爲中軍將軍。張邵官稱也由征虜將軍府轉爲中軍將軍府。中軍，官名。中軍將軍省稱。西漢武帝置，爲雜號將軍，後省。晋武帝泰始元年（265）復置，以羊祜任之，統左右衛，前、後、左、右、驍騎宿衛七營禁軍，主管京師及宫廷警衛。泰始四年罷，置北軍中候代其職。後復置，作爲將軍名號，不再領兵宿衛，也可出任持節都督，鎮守一方。

［5］諮議參軍：官名。東晋、南朝王府丞相府、公府、位從公府、州軍府皆有置者，但無定員，亦不常置，職掌不定。其位甚尊，在列曹參軍上。

［6］記室：官名。亦稱記室參軍、記室參軍事。王公軍府屬官，掌書記。

十二年，[1]武帝北伐，邵請見曰："人生危脆，宜有遠慮。[2]若劉穆之邂逅不幸，誰可代之？尊業如此，若有不諱，[3]則處分云何？"帝曰："此自委穆之與卿耳。"

［1］十二年：汲古閣本、殿本同，百衲本、中華本作"十一年"。《宋書》卷四六《張邵傳》亦作"十二年"。據《晋書》卷一〇《安帝紀》載，義熙十二年"秋八月，劉裕及琅邪王德文帥衆伐姚泓"。"十二年"是。

［2］宜有：《宋書·張邵傳》作"必當"。

［3］不諱：死亡的婉辭。

青州刺史檀祗鎮廣陵，[1]輒率衆至滁中掩討亡命，[2]劉穆之慮其爲變，議欲遣軍。邵曰："檀韶據中流，[3]道濟爲軍首，[4]若有相疑之迹，則大府立危。不如逆遣慰勞，必無患也。"[5]祗果不動。

[1]青州：州名。治東陽城，在今山東青州市。宋孝武帝孝建三年（456）移治歷城，在今山東濟南市歷城區。大明八年（464）還治東陽城。　檀祗：字恭叔，高平金鄉（今山東嘉祥縣）人，檀韶弟。本書卷一五有附傳，《宋書》卷四七有傳。　廣陵：郡名。治廣陵縣，在今江蘇揚州市西北蜀岡上。

[2]輒：擅自。　滁中：地名。在今安徽滁州市。《元和郡縣圖志·闕卷逸文·滁州》云："春秋時楚地，在漢爲全椒縣也（《御覽》百六十九）。晉琅琊王伷出滁中，即此地。吴赤烏十三年作堂邑滁塘，以淹北道（《通釋》）。堂邑，即今之六合縣（《紀勝》滁州）。大同二年，於此立南譙州（同上）。"

[3]檀韶：字令孫。劉裕北伐時，其爲督江州豫州之西陽新蔡二郡諸軍事、江州刺史。本書卷一五有附傳，《宋書》卷四五有傳。

[4]道濟：檀道濟。檀韶弟。晉安帝義熙十二年（416），劉裕北伐，其爲前鋒。本書卷一五、《宋書》卷四三有傳。

[5]"若有相疑之迹"至"必無患也"：《宋書》卷四六《張邵傳》作"若疑狀發露，恐生大變。宜且遣慰勞，以觀其意"。大府，漢時指丞相、御史府。亦泛指上級官府。此處應指劉裕太尉府。《資治通鑑》卷一一七《晉紀三十九》安帝義熙十二年胡三省注云："大府，謂太尉留府，其實指建康也。"

及穆之暴卒，朝廷恇懼，便發詔以司馬徐羨之代。[1]邵獨曰："今誠急病，任終在徐；然世子無專行之義，宜須諮。”[2]信反，方使世子出命曰：“朝廷及大府事悉諮徐司馬，其餘啓還。”武帝善其臨事不撓，得大臣節。

[1]司馬：官名。諸公軍府屬官，掌參贊軍務。　徐羡之：字宗文，東海郯（今山東郯城縣）人。劉裕北伐時，任太尉左司馬，副貳劉穆之掌留任事。劉穆之卒後，爲吏部尚書、建威將軍、丹陽尹，總知留任。宋武帝死後控制朝政，廢少帝，立文帝，後爲文帝所殺。本書卷一五、《宋書》卷四三有傳。　代：汲古閣本、殿本、百衲本同，中華本據《宋書》卷四六《張邵傳》補作“代之”。

[2]宜須諮：《宋書·張邵傳》作“宜須北咨”。《資治通鑑》卷一一八《晋紀四十》安帝義熙十二年作“宜須諮之”，其下文又云“於是朝廷大事常决於穆之者，並悉北諮”。時劉裕北伐，有“北”字，句意更明，本書不應删節。

十四年，世子改授荆州，[1]邵諫曰：“儲貳之重，四海所繫，不宜外出，敢以死請。”世子竟不行。

[1]荆州：州名。治江陵縣，在今湖北荆州市荆州區。

文帝爲中郎將、荆州刺史，[1]以邵爲司馬，領南郡相，[2]衆事悉决於邵。武帝受命，以佐命功封臨沮伯。[3]分荆州立湘州，[4]以邵爲刺史，將署府，邵以長沙内地，[5]非用武之國，置府妨人，[6]乖爲政要。從之。荆州刺史謝晦反，[7]遺書要邵，邵不發函，使呈文帝。

[1]文帝：南朝宋文帝劉義隆。小字車兒，宋武帝第三子。本書卷二、《宋書》卷五有紀。　中郎將：官名。魏晋南北朝時諸名號中

郎將成爲次於將軍、高於校尉的統兵武職，品秩高低不等。東、南、西、北四中郎將職位尤重，或率師征伐，或鎮守某地，地位高於一般雜號將軍。據《宋書·文帝紀》，劉義隆時任西中郎將。此處不應省言“中郎將”。

[2]南郡：郡名。治江陵縣，在今湖北荆州市荆州區。　相：官名。侯國的政務長官，職如縣令。

[3]臨沮：縣名。治所在今湖北當陽市西北。　伯：封爵名。開國縣伯省稱。食邑爲縣，故爵前常冠以所封縣名。

[4]湘州：州名。宋武帝永初三年（422）分荆州十郡立湘州。治臨湘縣，在今湖南長沙市。

[5]長沙：郡名。治臨湘縣，在今湖南長沙市。

[6]置府妨人：《宋書》卷四六《張邵傳》作“置署妨人”。

[7]謝晦：字宣明，陳郡陽夏（今河南太康縣）人。宋少帝即位後，與徐羡之、傅亮共輔朝政。後共謀廢少帝，立文帝。出鎮荆州。文帝誅徐羡之、傅亮後，發兵征討。兵敗，執送京師，被誅。本書卷一九、《宋書》卷四四有傳。

元嘉五年，[1]轉征虜將軍，領寧蠻校尉、雍州刺史，[2]加都督。[3]初，王華與邵不和，[4]及華參要，親舊爲之危心。邵曰：“子陵方弘至公，豈以私隙害正義。”是任也，華實舉之。[5]

[1]元嘉：南朝宋文帝劉義隆年號（424—453）。

[2]寧蠻校尉：官名。掌雍州少數民族事務，領兵置府。宋四品。　雍州：州名。治襄陽縣，在今湖北襄陽市。

[3]都督：官名。地方軍政長官，亦稱都督諸州軍事，領駐在州刺史，兼理民政，無固定品級，多帶將軍名號，分使持節、持節、假節三種，職權各有不同。

[4]王華：字子陵，琅邪臨沂（今山東臨沂市）人。宋文帝即位後，爲侍中、右衛將軍。文帝元嘉三年，遷護軍。四年五月，卒。本書卷二三、《宋書》卷六三有傳。

[5]是任也，華實舉之：據《宋書》卷五《文帝紀》，王華於宋文帝元嘉四年五月卒，張邵任寧蠻校尉、雍州刺史爲元嘉五年事。丁福林《宋書校議》以爲此記載有誤，其議云："此謂張邵刺雍州乃王華所舉，顯見有誤。若謂前此張邵爲湘州刺史乃王華所舉，而邵於永初三年刺湘時王華位任尚淺，又何能參權要而舉之？若謂王華有誤，然元嘉初參要者僅王華、王曇首二人，而王曇首與邵又無隙。王華字子陵，此又與張邵當時所謂之'子陵方弘至公，必不以私仇害正義'者相合，是此王華又不誤也。福林按，本書此卷原已佚，今所見乃後人雜采《南史》等補之，多取小説雜史入其中，頗有不實之處，此其一也。"（上海古籍出版社 2002 年版，第 185 頁）

及至襄陽，[1]築長圍，脩立堤堰，創田數千頃，[2]公私充給。丹、淅二州蠻屬爲寇，[3]邵誘其帥並出，因大會誅之，遣軍掩其村落，悉禽。既失信群蠻，所在並起，水陸路斷。七年，子敷至襄陽定省，[4]當還都，群蠻欲斷取之，會蠕蠕國獻使下，[5]蠻以爲是敷，因掠之。邵坐降號揚烈將軍。[6]

[1]襄陽：郡名。治襄陽縣，在今湖北襄陽市。

[2]創田：《宋書》卷四六《張邵傳》作"開田"。

[3]丹、淅二州蠻屬爲寇：殿本、百衲本同，汲古閣本"淅"訛作"浙"。中華本改作"丹、淅二川蠻屢爲寇"，其校勘記云："'川'各本作'州'。孫虨《宋書考論》：'"州"當作"川"。'按孫説是，時無'丹州''淅州'，今從改。'屢'各本作'屬'，據《宋書》改。"按，"州"應作"川"。"蠻屬爲寇""蠻屢爲寇"義皆可通。

丹，丹水。即今陝西、湖北、河南邊境之丹江。爲漢江支流。源出今陝西商州市西北冢嶺山，東南流經丹鳳、商南縣，又東入河南，經淅川縣會淅川水，又東南稱均水，折西南至湖北丹江口市入於漢水。淅，淅水。一名析水。即今老鸛河。源出今河南盧氏縣南。上游名黄沙五渡河。南流經西峽縣西，至淅川縣南入丹江。

[4]定省：泛指探望父母或尊長。

[5]會蠕蠕國獻使下：《宋書·張邵傳》作"會蠕蠕國遣使朝貢"。馬宗霍《南史校證》云："'獻使下'三字意晦。"（第542頁）馬説是。《通志》卷一三四作"會蠕蠕國貢獻使至"。"獻使下"似句意未完，《宋書》句意更明。蠕蠕國，古族名和古國名。即柔然。亦譯作芮芮、茹茹。源於東胡。公元5世紀初建柔然汗國。盛時疆域東接朝鮮、西至焉耆、北盡沙漠、南臨北魏。至6世紀中葉爲突厥所滅。本書卷七九有傳。王鳴盛《十七史商榷》卷六四《芮芮蠕蠕》云："蠕蠕即芮芮，其本號自爲柔然，魏人改稱蠕蠕，《周》《隋》多作茹茹，《宋》《齊》《梁》則作芮芮，蓋皆取其音近。"

[6]揚烈將軍：官名。將軍名號。宋五品。

江夏王義恭鎮江陵，[1]以邵爲撫軍長史、持節、南蠻校尉。[2]九年，坐在雍州營私畜取，贓貨二百四十五萬，[3]下廷尉，[4]免官削爵土。後爲吴興太守，[5]卒。追復爵邑，謚曰簡伯。

[1]江夏王義恭：劉義恭。宋武帝之子，諸子之中，最受寵愛。文帝元嘉元年（424）封江夏王。前廢帝狂悖無道，欲謀廢立，爲前廢帝所殺。本書卷一三、《宋書》卷六一有傳。江夏，郡名。治夏口城，在今湖北武漢市武昌區。　江陵：縣名。治所在今湖北荆州市荆州區。

[2]撫軍長史：官名。撫軍將軍府長史。撫軍，撫軍將軍省稱。

與中軍將軍、鎮軍將軍位比四鎮將軍。主要爲中央軍職，亦可出任地方，並領刺史兼理民政。宋三品。長史，南朝時諸王公府、軍府置，爲府中幕僚之長，掌府中庶務。宋六品至七品，隨府主地位高低而不等。　持節：漢代使臣奉皇帝之命出行，持節杖以爲憑證並示威重，謂之持節。魏晋南北朝時，軍事長官出征或出鎮時，加使持節、持節或假節三等，權力不同。持節得專殺無官位之人，在軍事行動中有誅殺二千石以下官吏的權力。　南蠻校尉：官名。西晋武帝時置，治襄陽。東晋初省，後復置，改治江陵。南朝沿置，掌管荆州、江州少數民族事務。統兵，立府。多由地位較高的將軍及南中郎將兼領，且多兼任荆州刺史或都督周圍數州諸軍事。宋四品。

[3]九年，坐在雍州營私畜取，贓貨二百四十五萬：中華本校勘記云："《宋書》無'九年'二字，《通鑑》繫此事於元嘉八年，'取'作'聚'。"《資治通鑑》卷一二二《宋紀四》文帝元嘉八年記此事云："邵坐在雍州營私蓄聚，贓滿二百四十五萬，下廷尉，當死。左衛將軍謝述上表，陳邵先朝舊勳，宜蒙優貸。帝手詔酬納，免邵官，削爵土。"《宋書》卷五二《謝述傳》記謝述爲張邵上表事，但未載時間。故此事發生在文帝元嘉八年還是九年，未知孰是。

[4]廷尉：官名。諸卿之一，爲中央最高司法審判機構長官。宋三品。

[5]吴興：郡名。治烏程縣，在今浙江湖州市。

邵臨終遺命，祭以菜果，偉席爲輤車，[1]諸子從焉。長子敷。

[1]偉：汲古閣本、百衲本作"葦"，殿本作"葦"。　輤（ér）車：喪車。用以載運靈柩。

敷字景胤，[1]生而母亡。年數歲問知之，雖童蒙便有感慕之色。至十歲許，求母遺物，而散施已盡，唯得一扇，乃緘録之。[2]每至感思，輒開笥流涕。[3]見從母，悲感哽咽。

[1]敷字景胤：《宋書》卷四六《張邵傳》附有《張敷傳》，卷六二有《張敷傳》。

[2]緘録：封藏。

[3]笥：盛衣物、飯食的竹製器物。

性整貴，風韻甚高，好讀玄言，[1]兼屬文論。初，父邵使與高士南陽宗少文談《繫》《象》，[2]往復數番。少文每欲屈，握麈尾歎曰："吾道東矣。"[3]於是名價日重。

[1]玄言：《宋書》卷六二《張敷傳》作"玄書"。魏晋南北朝時士人以《周易》《老子》《莊子》爲三玄。

[2]南陽：郡名。治宛縣，在今河南南陽市。　宗少文：宗炳。字少文，本書避唐高祖李淵父李昞諱，以字行，南陽涅陽（今河南鄧州市）人。本書卷七五、《宋書》卷九三有傳。　《繫》：指《易傳·繫辭傳》或《易·繫辭》。十翼之一，傳爲孔子所作。分上下兩篇。《史記》卷四七《孔子世家》云："孔子晚而喜《易》，序《彖》《繫》《象》《説卦》《文言》。"　《象》：十翼之一，傳爲孔子所作。主要内容爲解釋卦象和爻象。

[3]吾道東矣：我的學術向東流播。典出《後漢書》卷三五《鄭玄傳》："融門徒四百餘人，升堂進者五十餘生。融素驕貴，玄在門下，三年不得見，乃使高業弟子傳授於玄。玄日夜尋誦，未嘗怠倦。會融集諸生考論圖緯，聞玄善筭，乃召見於樓上，玄因從質諸疑義，問畢辭歸。融喟然謂門人曰：'鄭生今去，吾道東矣。'"

宋武帝聞其美，召見奇之，曰："真千里駒也。"以爲世子中軍參軍，[1]數見接引。[2]累遷江夏王義恭撫軍記室參軍。義恭就文帝求一學義沙門，[3]會敷赴假還江陵，[4]入辭，文帝令以後車載沙門往，[5]謂曰："道中可得言晤。"敷不奉詔，曰："臣性不耐雜。"上甚不悦。

[1]參軍：官名。南朝王、公、軍府、都水臺及諸州多置爲僚屬。掌參謀軍務。品級依府主地位高低而不等。

[2]接引：引進，推薦。

[3]沙門：梵語音譯，又譯作桑門。僧人。

[4]赴假：假滿還任。

[5]後車：《宋書》卷六二《張敷傳》作"後艑"。

遷正員中書郎。[1]敷小名檀，[2]父邵小名梨。文帝戲之曰："樝何如梨？"答曰："梨是百果之宗，樝何敢比也。"中書舍人狄當、周赳並管要務，[3]以敷同省名家，[4]欲詣之。赳曰："彼若不相容接，便不如勿往，詎可輕行。"當曰："吾等並已員外郎矣，[5]何憂不得共坐。"敷先旁設二牀，[6]去壁三四尺。二客就席，敷呼左右曰：[7]"移我遠客。"赳等失色而去，其自標遇如此。[8]

[1]正員：官制術語。指正式編制以内的官員。　中書郎：官名。即中書侍郎。南朝時擬詔出令之職仍歸中書省，但事權悉由中書舍人執掌，侍郎職閑官清，成爲諸王起家官，如缺監、令，或亦主持中書省務。宋五品。《宋書》卷六二《張敷傳》作"正員郎"。

[2]樝（zhā）：同"楂"。《宋書》卷四六《張敷傳》、《南齊書》卷四九《張沖傳》均作"查"。"查"同"樝""楂"。

[3]中書舍人：官名。即中書通事舍人。本爲七品小官，因接近皇帝，備受重用，遂由收納、轉呈文書奏章之本職，漸奪中書侍郎草擬詔書之任。宋七品。 狄當：汲古閣本、殿本、百衲本同。中華本改作“秋當”，其校勘記云：“‘秋當’各本作‘狄當’。按本書‘秋當’‘狄當’雜見，今並改作‘秋當’。《廣韻》：‘秋，又姓，宋中書舍人秋當。’”未知孰是。

[4]以敷同省名家：殿本同，汲古閣本、百衲本“以”作“與”。《宋書》卷四六、卷六二《張敷傳》皆作“以”。

[5]員外郎：官名。員外散騎侍郎省稱。初爲正員散騎侍郎的添差，後成定員官，屬散騎省，爲閑散之職。初多以公族、功臣子弟充任，後常用以安置閑退官員，多爲榮譽頭銜。宋五品。

[6]牀：古代坐具。相當於今天的凳子、椅子。

[7]數呼左右曰：汲古閣本、殿本、百衲本同，《宋書》卷四六《張敷傳》作“敷呼左右曰”，《宋書》卷六二《張敷傳》記此事云：“敷先設二牀，去壁三四尺，二客就席，酬接甚歡，既而呼左右曰：‘移我遠客。’”中華本據《宋書》改“數”作“敷”。

[8]其自標遇如此：殿本、百衲本同，汲古閣本作“其自寵遇如比”。

善持音儀，盡詳緩之致，與人别，執手曰：“念相聞。”餘響久之不絶。張氏後進皆慕之，[1]其源起自敷也。

[1]後進：後輩、晚輩。指學識淺薄或晚入仕資歷較淺的人。《論語·先進》云：“子曰：先進於禮樂，野人也。後進於禮樂，君子也。”邢昺疏云：“後進，謂後輩仕進之人也。”

遷黄門侍郎，[1]始興王濬後將軍司徒左長史，[2]未拜，父在吴興亡，成服凡十餘日，[3]始進水漿。葬畢不進鹽菜，遂毁瘠成疾。[4]伯父茂度每止譬之，[5]輒更感慟，絶而復續。茂度曰："我冀譬汝有益，但更甚耳。"自是不復往。未朞而卒。[6]孝武即位，[7]詔旌其孝道，追贈侍中，[8]改其所居稱孝張里。

[1]黄門侍郎：官名。又稱給事黄門郎。爲門下省次官，與侍中俱掌門下衆事。職在平省尚書奏事，可出入禁中。宋五品。

[2]始興王濬：劉濬。字休明，宋文帝子。文帝元嘉十三年(436)，封始興郡王。十六年，爲後將軍。本書卷一四、《宋書》卷九九有傳。始興，郡名。治曲江縣，在今廣東韶關市東南。　後將軍司徒左長史：《宋書》卷六二《張敷傳》作"後軍長史，司徒左長史"。丁福林《宋書校議》以爲將軍府長史無左右之分，且始興王濬未有司徒之任，"後將軍司徒左長史"必誤（第186—187頁）。本書删節不當，致誤。後將軍，官名。東晋、南朝時用作加官。宋三品。司徒左長史，官名。司徒府僚屬。位在右長史上，與右長史並爲司徒府幕僚長，總管府内諸曹，管理州郡農桑、户籍及官吏考課。宋六品。

[3]成服：喪禮大殮以後，親屬按照與死者的親疏關係穿上喪服，稱爲"成服"。

[4]毁瘠：因居喪過哀而極度瘦弱。《禮記·曲禮上》"居喪之禮，毁瘠不形"句孔穎達正義云："毁瘠，羸瘦也。"

[5]茂度：張裕。字茂度，名與宋武帝劉裕諱同，故以字稱。

[6]未朞而卒：按，據《宋書》卷六二《張敷傳》，卒年四十一。朞，一年。

[7]孝武：宋孝武帝劉駿。字休龍，小字道民（本書作"道人"，避唐太宗李世民諱改），宋文帝第三子。本書卷二、《宋書》卷六有紀。

[8]侍中：官名。門下侍中省長官。掌奏事，直侍左右，應對獻

替。法駕出，則正直一人負璽陪乘。殿内門下衆事皆掌之。宋三品。

敷弟柬襲父封，位通直郎。[1]柬勇力，手格猛獸，元凶以爲輔國將軍。[2]孝武至新亭，[3]柬出奔，墜淮死。子式嗣。弟沖。

[1]通直郎：官名。通直散騎侍郎省稱。晉武帝時置員外散騎侍郎四人，元帝時使二人與散騎侍郎通員當直，故稱。屬散騎省，職同散騎侍郎，參平尚書奏事，兼掌侍從、諷諫，地位較高。南朝屬集書省，宋以後地位漸低，常授衰老之士，多爲加官，不被人重。

[2]元凶：劉劭。字休遠，宋文帝長子。殺文帝自立，孝武帝及南譙王義宣等諸方鎮舉義兵討伐，兵敗被殺。本書卷一四、《宋書》卷九九有傳。　輔國將軍：官名。將軍名號。宋三品。

[3]新亭：軍壘名。在今江蘇南京市西南。爲當時軍事與交通要道。

沖字思約，出繼伯父敷。沖母戴顒女，[1]有儀範，張氏内取則焉。

[1]戴顒：字仲若，譙郡銍（今安徽宿州市）人。本書卷七五、《宋書》卷九三有傳。

沖少有至性，隨從叔永爲將帥，[1]除盱台太守。[2]永征彭城遇寒，[3]軍人足脛凍斷者十七八，沖足指皆墮。齊永明八年，[4]爲假節、監青冀二州、行刺史事。[5]沖父初卒，遺命"祭我必以鄉土所産，無用牲物"。沖在鎮，四時還吴國取果菜，[6]每至烝嘗，[7]輒流涕薦焉。仍轉刺史。

[1]永：張永。字景雲，吴郡吴（今江蘇蘇州市）人，張裕子。本書卷三一、《宋書》卷五三有附傳。

[2]盱台：郡名。亦作盱眙。治盱眙縣，在今江蘇盱眙縣東北。汲古閣本、殿本、百衲本同，中華本作“盱眙”。

[3]彭城：郡名。治彭城縣，在今江蘇徐州市。

[4]永明：南朝齊武帝蕭賾年號（483—493）。

[5]假節：魏晋南北朝時，軍事長官出征或出鎮時，加使持節、持節或假節三等，權力不同。假節唯軍事得殺犯軍令者。　監：官制術語。指以較高級别官員監理下級部門或某地區諸軍事，亦有以他官監理某地區民政事務者。凡監某州，即行使刺史職權。　青冀：二州名。僑寄鬱洲，在今江蘇連雲港市東雲臺山一帶。　行刺史事：行事爲南北朝職官制度，亦作行某州（或某府）事。始於東晋末年，指以他官代行某官職權。南朝多以較低官階代行較高官職，如以長史、司馬、太守代行刺史職權等。除“行府州事”之外，還有“行郡事”“行國事”等。南朝時期，在以將軍、刺史身份出鎮宗王普遍年幼的情况下，以其長史等爲行事，實際負責軍府和州府的軍政事務，故行事權力很大，對南朝出鎮幼王兼有輔佐和防範的職能（參見魯力《南朝“行事”考》，《武漢大學學報》2008 年第 6 期）。

[6]吴國：《南齊書》卷四九《張沖傳》作“吴園中”。

[7]烝嘗：冬祭曰烝，秋祭曰嘗。後泛指祭祀。《詩·小雅·楚茨》：“絜爾牛羊，以往烝嘗。”鄭玄箋：“冬祭曰烝，秋祭曰嘗。”

永元二年，[1]爲南兖州刺史，[2]遷司州。[3]裴叔業以壽春降魏，[4]又遷沖南兖州刺史，並未拜。崔慧景事平，[5]徵建安王寶夤還都，[6]以沖爲舒州刺史，[7]一歲之中，頻授四州刺史，至是乃受任，封定襄侯。[8]

[1]永元：南朝齊東昏侯蕭寶卷年號（499—501）。

［2］南兖州：州名。東晋僑立兖州，宋時改爲南兖州，初治京口，在今江蘇鎮江市。宋文帝元嘉八年（431）移治廣陵縣，在今江蘇揚州市西北蜀岡上。

［3］司州：州名。治平陽縣，在今河南信陽市。

［4］裴叔業：河東聞喜（今山西聞喜縣）人。齊東昏侯即位後，徙爲南兖州刺史，其不願爲南兖州，朝廷疑其欲反。以子質京師，傳其反者仍不已，其子懼，逃歸壽春。朝廷遣軍討伐，遂降北魏。《南齊書》卷五一、《北史》卷四五有傳。　壽春：縣名。治所在今安徽壽縣。

［5］崔慧景：字君山，清河東武城（今河北清河縣）人。初仕宋，齊高帝建齊，封樂安縣子。東昏侯永元二年，裴叔業降北魏，慧景率軍征討。至廣陵後反，奉蕭寶玄進軍京師，圍城十二日。後兵敗被殺。本書卷四五、《南齊書》卷五一有傳。

［6］建安王寶夤：蕭寶夤。字智亮，齊明帝第六子。明帝建武初，封建安郡王。後改封鄱陽王。《南齊書》卷五〇、《魏書》卷五九、《北史》卷二九有傳。《南齊書》載其於齊和帝中興二年（502），謀反誅死。《魏書》《北史》載其降北魏，於北魏孝莊帝永安三年（530）卒。所載不同。詳参王鳴盛《十七史商榷》卷六八《南齊蕭寶夤傳與北史異》、錢大昕《廿二史考異》卷二六。建安，郡名。治建安縣，在今福建建甌市。

［7］舒州：汲古閣本、殿本、百衲本同。《南齊書》卷四九《張沖傳》作“郢州”。中華本改作“郢州”，其校勘記云：“各本作‘舒州’。錢大昕《廿二史考異》：‘齊無舒州。’據《南齊書》改。”作“郢州”是。郢州，州名。治夏口城，在今湖北武漢市武昌區。

［8］定襄侯：封爵名。據《南齊書·張沖傳》，食邑千户。定襄，僑縣名。治所在今湖北荆州市荆州區東北。侯，開國縣侯省稱。食邑爲縣，爵前常冠以所封縣名。

梁武帝起兵,[1]手書喻意，又遣辯士説之，沖確然不回。東昏遣驍騎將軍薛元嗣、制局監暨榮伯領兵及糧運送沖,[2]使拒西師。元嗣等懲劉山陽之敗,[3]疑沖，不敢進，停住夏首浦。[4]聞梁武師將至，元嗣、榮伯相率入郢城。[5]時竟陵太守房僧寄被代還至郢,[6]東昏敕僧寄留守魯山,[7]除驍騎將軍。僧寄謂沖曰:“下官雖未荷朝廷深恩，實蒙先帝厚澤。蔭其樹者不折其枝,[8]實欲微立塵效。”沖深相許諾，共結盟誓，分部拒守。遣軍主孫樂祖數千人助僧寄援魯山岸立城壘。[9]

[1]梁武帝：蕭衍。字叔達，小字練兒，南蘭陵（今江蘇常州市武進區）中都里人。本書卷六、卷七,《梁書》卷一至卷三有紀。

[2]東昏：齊東昏侯蕭寶卷。字智藏，齊明帝第二子。明帝建武元年（494)，立爲皇太子。永泰元年（498）即位，東昏侯永元二年(500)，蕭衍起兵，次年圍建康，被雍州刺史王珍國、侍中張稷入殿殺害。本書卷五、《南齊書》卷七有紀。　驍騎將軍：官名。與領軍、護軍、左右衛、游擊將軍合稱六軍，掌宿衛宫廷。齊官品不詳。　制局監：官名。侍衛武官。南朝齊始置，掌宫廷武器、禁兵。地位雖低，因侍衛皇帝左右，頗具權勢。

[3]劉山陽：齊明帝時爲輔國將軍，以斬王敬則功，封湘陰縣男。東昏侯任爲巴西太守，使過荆州與蕭穎胄共襲梁王蕭衍。蕭穎胄秘附梁王，將其殺害。

[4]夏首浦：地名。在今湖北武漢市武昌區。《南齊書》卷四九《張沖傳》作“夏口浦”。《讀史方輿紀要》卷四《歷代州域形勢四》云:“夏首，即夏口，以夏水入江得名。”

[5]郢城：郢州城。郢州刺史治所，在今湖北武漢市武昌區。

[6]竟陵：郡名。治萇壽縣，在今湖北鍾祥市。

[7]魯山：指魯山城，又作魯城。在今湖北武漢市漢陽區東北隅。《資治通鑑》卷一四三《齊紀九》東昏侯永元二年胡三省注云："《水經注》：江水東逕魯山，南與沔水會；山左即沔水口，沔左有偃月城。《漢陽志》：大别山在沔陽縣東，一名魯山。"

[8]蔭其樹者不折其枝：語出《新序·雜事》："食其食者不毀其器，蔭其樹者不折其枝。"比喻受某人、某物之益即不應去損壞其人、其物。蔭，汲古閣本、百衲本同，殿本作"陰"。

[9]軍主：官名。南北朝置，爲軍的主將，其下設有軍副。所統兵力無定員，自數百人至萬人以上不等。南朝無固定品階，多以將軍領之，最高者爲三品將軍。　援魯山岸立城壘：汲古閣本、殿本、百衲本同。中華本改"援"作"據"，其校勘記云："'據'各本作'援'。按上云'僧寄留守魯山'，作'援'非，據《南齊書》改。"

明年二月，梁武圍魯山城，遣軍主曹景宗等過江攻郢城。[1]沖中兵參軍陳光静等間出擊之，[2]光静戰死，沖固守不出。病將死，厲府僚以誠節，言終而卒。元嗣、榮伯與沖子孜及長史江夏程茂固守。[3]東昏詔贈沖散騎常侍、護軍將軍。[4]

[1]曹景宗：字子震，新野（今河南新野縣）人。本書卷五五、《梁書》卷九有傳。

[2]沖中兵參軍陳光静等間出擊之：《南齊書》卷四九《張沖傳》作"沖遣中兵參軍陳光静等開門出擊，爲義師所破"。

[3]長史江夏程茂：《南齊書·張沖傳》作"長史江夏内史程茂"。江夏，郡名。治夏口城，在今湖北武漢市武昌區。

[4]散騎常侍：官名。集書省長官，侍從左右，掌圖書文翰，諫諍拾遺，以收納轉呈文書奏事爲主。齊官品不詳。　護軍將軍：官名。與領軍、驍騎、左右衛、游擊將軍合稱六軍，掌宿衛宫廷。諸爲

將軍官，皆敬領、護。齊官品不詳。

元嗣等處圍城之中，無他經略，唯迎蔣子文及蘇侯神，[1]日禺中於州聽上祀以求福，[2]鈴鐸聲晝夜不止。又使子文導從登陴巡行，[3]旦日輒復如之。識者知其將亡。

[1]蔣子文：東漢末任秣陵尉，逐盜鍾山，傷額而死。三國吴孫權爲立廟鍾山，封爲蔣侯，改鍾山爲蔣山。　蘇侯：蘇峻。字子高，長廣掖（今山東萊州市）人。晋成帝咸和二年（327），與豫州刺史祖約反。三年，攻破建康，縱兵大掠，窮凶極暴。後被温嶠、陶侃擊敗，被殺。《資治通鑑》卷一二七《宋紀九》文帝元嘉三十年胡三省注云："據《齊書·崔祖思傳》，蘇侯神即蘇峻。"《南齊書》卷二八《崔祖思傳》云："與刺史劉懷珍於堯廟祠神，廟有蘇侯像。懷珍曰：'堯聖人，而與雜神爲列，欲去之，何如？'祖思曰：'蘇峻，今日可謂四凶之五也。'"

[2]禺中：將近午時。

[3]陴：城上小墻。《左傳》宣公十二年云："國人大臨，守陴者皆哭。"杜預注："陴，城上俾倪。"孔穎達疏："陴，城上小墻；俾倪者，看視之名。"

僧寄病死，孫樂祖窘，以城降。

郢被圍二百餘日，士庶病死者七八百家。[1]魯山陷後二日，程茂及元嗣等議降，使孜爲書與梁武帝。沖故吏青州中從事房長瑜謂孜曰：[2]"前使君忠貫昊天，操愈松竹，郎君但當端坐畫一，[3]以荷析薪。[4]若天運不與，幅巾待命，[5]以下從使君。今若隨諸人之計，非唯郢州士女失高山之望，[6]亦恐彼所不取也。"不從，卒以郢城降。

時以沖及房僧寄比臧洪之被圍也。[7]贈僧寄益州刺史。[8]

[1]士庶病死者七八百家：《資治通鑑》卷一四四《齊紀十》和帝中興元年作“死者什七八”，胡三省注云：“《考異》曰：《齊·張沖傳》云：‘死者七八百家。’按死者不可以家數。今從《梁·高祖紀》及《韋叡傳》。”《梁書》卷一《武帝紀上》記此事云“郢城之閉，將佐文武男女口十餘萬人，疾疫流腫死者十七八”，卷一二《韋叡傳》亦云“疾疫死者十七八”。可從《資治通鑑》之説。

[2]中從事：官名。即治中從事史，又省稱治中。本書避唐高宗李治諱省“治”字，又簡稱“中從事”。州刺史屬官。掌文書案卷衆事。《南齊書》卷四九《張沖傳》、《資治通鑑·齊紀十》和帝中興元年皆作“治中”。

[3]畫一：典出《漢書》卷三九《曹參傳》：“參爲相國三年，薨，謚曰懿侯。百姓歌之曰：‘蕭何爲法，講若畫一；曹參代之，守而勿失。載其清靖，民以寧壹。’”《資治通鑑·齊紀十》和帝中興元年胡三省注云：“此取守而勿失之義。”房長瑜以此譬喻張沖之子張孜守其父忠誠堅守之法而不從他人投降之計。

[4]以荷析薪：典出《左傳》昭公七年：“其父析薪，其子不克負荷。”以此譬喻張孜繼承、承擔起父親的功業。荷，擔。

[5]幅巾：以整幅絹所製成的頭巾。《後漢書》卷二九《鮑永傳》“但幅巾與諸將及同心客百餘人詣河内”句李賢注云：“幅巾謂不著冠，但幅巾束首也。”

[6]高山：比喻高尚的德行。《詩·小雅·車舝》云：“高山仰止，景行行止。”鄭玄箋云：“有高德者則慕仰之，有明行者則而行之。”

[7]臧洪：字子源，廣陵射陽（今江蘇寶應縣）人。初舉孝廉爲郎，補即丘長。漢靈帝末，棄官還家，太守張超任爲功曹。時董卓殺帝，圖危社稷，勸超舉大義，與兗州刺史劉岱、豫州刺史孔伷等結盟反董。後歸袁紹，爲青州刺史。曹操圍張超於雍丘，其向袁紹請兵救

援，紹不允。張超族滅，由此怨紹，與之絶。紹興兵圍之，歷年不下。城中糧絶，以至於掘鼠。城陷被俘，不屈而死。《後漢書》卷五八、《三國志》卷七有傳。

[8]益州：州名。治成都縣，在今四川成都市。

暢字少微，邵兄禕子也。[1]禕少有操行，爲晋琅邪王國郎中令。[2]從王至洛。還京都，[3]宋武帝封藥酒一罌付禕，[4]使密加酖毒，受命，於道自飲而卒。

[1]禕：百衲本同，汲古閣本、殿本、中華本作“褘”。百衲本《宋書》卷五九《張暢傳》作“禕”，卷四六《張暢傳》又作“偉”。《資治通鑑》卷一一九《宋紀一》作“偉”。馬宗霍《南史校證》以爲應作“偉”字，“余按《南齊書·張融傳》亦作‘禕’，《晋書·忠義傳》目録作‘褘’，傳文又作‘禕’。《説文》人部云：‘偉，奇也。’衣部云‘褘，蔽膝也。’示部無‘禕’字，《爾雅·釋詁》有之，‘禕，美也。’以之命名，似當取義於美奇，無取於蔽膝。準以《通鑑》，作‘偉’是也”（第545頁）。

[2]琅邪王國郎中令：官名。魏晋南朝時王國郎中令爲王國三卿之一，地位頗重。公侯等國亦或置，其品秩隨國主地位高低不等。琅邪王，即晋恭帝司馬德文。字德文，晋孝武帝之子，安帝母弟。孝武帝太元十七年（392）封爲琅邪王。晋安帝義熙十二年（416），同劉裕一起出征北伐後秦，姚泓滅後，還京都。《晋書》卷一〇有紀。

[3]京都：京師建康。

[4]罌（yīng）：盛水、酒的容器，口小腹大。

暢少與從兄敷、演、鏡齊名，[1]爲後進之秀。起家爲太守徐佩之主簿，[2]佩之被誅，暢馳出奔赴，[3]制服盡哀，爲論者所美。弟牧嘗爲猘犬所傷,[4]醫云宜食蝦蟇,[5]牧甚難之。暢含笑先嘗，牧因此乃食，創亦即愈。

[1]暢：《宋書》卷四六《張邵傳》附有《張暢傳》，卷五九有《張暢傳》。　演：張演。張裕之子。官至太子中舍人。　鏡：張鏡。張裕之子。官至新安太守。當名爲“敬”，宋時校書者避宋太祖趙匡胤祖父趙敬諱改。詳見王鳴盛《十七史商榷》卷六一《敷演鏡暢》、李慈銘《宋書札記》。

[2]起家：官制術語。自家中徵召入仕後第一次擔任的官職。徐佩之：東海郯（今山東郯城縣）人，徐羨之兄之子。宋文帝元嘉三年（426）正月，徐羨之被殺後，免官。其年十二月，謀反被誅。本書卷一五、《宋書》卷四三有附傳。

[3]奔赴：奔喪。

[4]猘（zhì）犬：狂犬。

[5]蝦（há）蟇（má）：青蛙與蟾蜍的統稱。此處應指蟾蜍。

累遷太子中庶子。[1]孝武鎮彭城，暢爲安北長史、沛郡太守。[2]元嘉二十七年，魏太武南征，[3]太尉江夏王義恭統諸軍出鎮彭城。[4]太武親率大衆，去彭城數十里。[5]彭城衆力雖多，軍食不足，義恭欲棄彭城南歸，計議彌日不定。時歷城衆少食多，[6]安北中兵參軍沈慶之議欲以車營爲函箱陣，[7]精兵爲外翼，奉二王及妃媛直趨歷城，分城兵配護軍將軍蕭思話留守。[8]太尉長史何勗不同，[9]欲席卷奔鬱洲，[10]自海道還都。二議未決，更集群僚謀之。暢曰："若歷城、鬱洲有可至之理，下官敢不高讚。今城内乏食，百姓咸有走情，但以關扃嚴固，欲去莫從耳。若一旦動脚，則各自散走，欲至所在，何由可得？

今軍食雖寡，朝夕猶未窘罄，豈有捨萬安之術，而就危亡之道。若此計必用，下官請以頸血污君馬迹。"[11]孝武聞暢議，謂義恭曰："張長史言不可異也。"義恭乃止。

[1]太子中庶子：官名。東宫屬官。侍從太子，掌奏事、諫議，與太子中舍人共掌文翰。宋五品。

[2]安北長史：官名。即安北將軍府長史。掌府中庶務。安北，安北將軍省稱。與安東、安西、安南將軍並稱四安將軍。爲出鎮某一地區的軍事長官，或作爲刺史等地方官員兼理軍務的加官，權任很重。宋三品。　沛郡：郡名。治蕭縣，在今安徽蕭縣西北。

[3]魏太武：北魏太武帝拓跋燾。《魏書》卷四、《北史》卷二有紀。

[4]太尉：官名。與司徒、司空並稱三公。無實際職掌，多爲大臣加官，爲名譽宰相。宋一品。

[5]數十里：《宋書》卷五九《張暢傳》作"十數里"。《資治通鑑》卷一二五《宋紀七》文帝元嘉二十七年作"十餘里"。

[6]歷城：縣名。治所在今山東濟南市歷城區。

[7]安北中兵參軍：官名。即安北將軍府中兵參軍。丁福林《宋書校議》以爲沈慶之爲劉駿軍府佐時劉駿已降號爲"鎮軍將軍"，故此處"安北中兵參軍"應爲"鎮軍中兵參軍"（第187—188頁）。　沈慶之：字弘先，吴興武康（今浙江德清縣）人。本書卷三七、《宋書》卷七七有傳。　函箱陣：軍隊行進中具有防護性的方形陣勢。

[8]護軍將軍：官名。宋三品。　蕭思話：南蘭陵（今江蘇常州市武進區）人，宋孝懿皇后弟子。本書卷一八、《宋書》卷七八有傳。

[9]太尉長史：官名。即太尉府長史。掌府中庶務。　何勗：東海郯（今山東郯城縣）人。何無忌之子。

[10]鬱洲：地名。在今江蘇連雲港雲市東雲臺山一帶。古時在

海中，周回數百里。

[11]馬迹：《宋書》卷四六《張暢傳》同，卷五九《張暢傳》作“馬蹄”。

魏太武得至，仍登城南亞父冢，[1]於戲馬臺立氊屋。[2]先是隊主蒯應見執，[3]其日晡時，[4]太武遣送應至小市門致意，求甘蔗及酒。孝武遣人送酒二器，甘蔗百挺；求駱駝。明日，太武又自上戲馬臺，復遣使至小市門求與孝武相見，遣送駱駝并致雜物，使於南門受之。暢於城上與魏尚書李孝伯語。[5]孝伯問：“君何姓？”答云：“姓張。”孝伯曰：“張長史。”暢曰：“君何得見識？”孝伯曰：“君聲名遠聞，足使我知。”因言説久之。城内有具思者嘗在魏，義恭遣視，知是孝伯，乃開門進餉物。

[1]亞父冢：在今江蘇徐州市彭城路乾隆行宫後的土山上。亞父，范增。居鄛（今安徽巢湖市居巢區）人。項羽謀士，被尊稱爲“亞父”。數勸項羽殺劉邦，不見采納。後劉邦用陳平離間之計，受到項羽猜忌。怒而離去，未至彭城而發病死。事見《史記》卷七《項羽本紀》、《漢書》卷三一《項籍傳》。

[2]戲馬臺：亦稱閲馬臺。在今江蘇徐州市。《資治通鑑》卷一二五《宋紀七》文帝元嘉二十七年胡三省注云：“在彭城城南，其高十仞，廣袤百步，項羽所築也。”

[3]隊主：東晋、南朝軍事編制隊的主將。下設隊副，上屬軍主。所領兵力無定員，自數十人至數百人不等。南朝多以雜號將軍領之。

[4]晡時：下午三點至五點。

[5]尚書：官名。北魏孝文帝太和十七年（493）定吏部尚書從

一品下，列曹尚書二品中，二十三年改爲皆三品。《魏書》卷五三《李孝伯傳》云其爲“比部尚書”，《北史》卷三三《李孝伯傳》云其爲北部尚書。　李孝伯：趙郡平棘（今河北趙縣）人。《魏書》卷五三、《北史》卷三三有傳。

太武又求酒及甘橘，暢宣孝武旨，又致螺盃、雜粽，[1]南土所珍。太武復令孝伯傳語曰："魏主有詔借博具。"暢曰："博具當爲申致，有詔之言，政可施於彼國，何得稱之於此。"孝伯曰："鄰國之君，何爲不稱詔於鄰國之臣？"暢曰："君之此稱，尚不可聞於中華，况在諸王之貴，而獨曰鄰國之君邪。"[2]孝伯曰："魏王言太尉、鎮軍久闕南信，[3]殊當憂邑，若欲遣信，當爲護送。"暢曰："此方閒路甚多，[4]不復以此勞魏主。"孝伯曰："亦知有水路，似爲白賊所斷。"[5]暢曰："君著白衣，故稱白賊邪？"孝伯大笑曰："今之白賊，亦不異黄巾、赤眉。"[6]暢曰："黄巾、赤眉似不在江南。"孝伯曰："亦不離青、徐。"[7]暢曰："今者青、徐實爲有賊，但非白賊耳。"又求博具，俄送與。

[1]螺盃：用螺殼製作的酒杯。　雜粽：張文冠以爲粽子似難以稱爲“南土所珍”，“粽”應爲“糉”字之訛。《廣韻》云："糉，蜜藏木瓜。"《集韻》云："蜜漬瓜實曰糉。""雜糉"即各種果品做成的蜜餞（張文冠《糉字解》，《中華文史論叢》2012年第1期）。其説可參。《宋書》卷六一《江夏文獻王義恭傳》"挑取眼精，以蜜漬之，以爲鬼目粽"句，李慈銘《宋書札記》云："粽當作糉，即糝字。《廣韻》：'糉，蜜漬瓜食也。'即今之小菜。"

[2]獨曰鄰國之君：《宋書》卷五九《張暢傳》"獨"作"猶"。

［3］魏王：汲古閣本、殿本、百衲本作“魏主”。上下文皆稱“魏主”，底本刻誤，應據諸本改。　太尉：官名。此處指劉義恭。　鎮軍：官名。鎮軍將軍省稱。與中軍將軍、撫軍將軍位比四鎮將軍。主要爲中央軍職，亦可出任地方，並領刺史兼理民政。宋三品。此處指劉駿。丁福林《宋書校議》以爲此處應易作“安北”，其據《魏書》卷五三《李孝伯傳》考證，李孝伯與張暢談論時皆稱劉駿爲安北將軍，“是時劉駿降號鎮軍魏尚未知，故《魏書》載其尚書李孝伯與張暢交語時皆以安北稱劉駿也。下文所載張暢與李孝伯交語時亦有‘安北不乏良騶’之語，因孝伯所稱而依違答之，蓋是時安北軍號高於鎮軍耳。觀孝伯與張暢交語稱武陵王駿時，‘安北’凡三見，而‘鎮軍’則僅此。作‘鎮軍’者，誤也。應易爲‘安北’”（第188頁）。

［4］間路：偏僻的小路。《漢書》卷三四《韓信傳》“從間路絶其輜重”句顔師古注云：“間路，微路也。”

［5］白賊：南北朝時對白民造反者的蔑稱。白民，即身無官爵之人，衣白，故名。又周一良《宋書札記·張暢傳》云：“白賊一詞不知何指。《魏書》九五《徒何慕容永傳》‘西人呼徒何爲白虜’。《晋書》一一四《苻堅載記》謂‘秦人呼鮮卑爲白虜’，又有‘滅東燕，破白虜’，‘使白虜敢至於此’，‘屢爲白虜小兒所摧’等語，皆指鮮卑，白賊或亦同義。然《金石文鈔》二所收苻秦修鄧艾祠記云‘領屠各上郡夫施黑羌白羌高凉西羌盧水白虜支胡粟特□水雜户七千夷類十二種’，以白虜厠於盧水及支胡粟特之間，則白虜又似屬於西胡，而非鮮卑。《魏書》卷五九《蕭寶夤傳》載，寶夤在長安，攻殺酈道元於陰盤驛，‘表言白賊所害’。白賊當非指鮮卑。以地望推之，似即指鄧艾祠記中之白虜。”（《魏晋南北朝史札記》，中華書局1985年版，第177頁）

［6］黄巾：東漢末農民起義軍，皆著黄巾，故稱。　赤眉：西漢末農民起義軍，以朱塗眉，故稱。

［7］亦不離青、徐：此處記載，各書均有不同。《宋書》卷四六

《張暢傳》云:“暢曰:‘君著白衣，故號白賊也。’孝伯笑曰:‘今之白賊，亦不異黄巾、赤眉，但不在江南耳。’”卷五九《張暢傳》云:“暢曰:‘君著白衣，故稱白賊邪?’孝伯大笑曰:‘今之白賊，亦不異黄巾、赤眉。’暢曰:‘黄巾、赤眉，似不在江南。’孝伯曰:‘雖不在江南，亦不在青、徐也。’暢曰:‘今者青、徐，實爲有賊，但非白賊耳。’”《魏書》卷五三《李孝伯傳》云:“暢曰:‘君著白衣，稱白賊也。’孝伯大笑曰:‘今之白賊，似異黄巾、赤眉。’暢曰:‘黄巾、赤眉，不在江南。’孝伯曰:‘雖不在江南，亦不離徐方也。’”周一良《宋書札記·張暢傳》以爲《魏書》“似異黄巾、赤眉”較合理。又云“黄巾、赤眉正在青徐一帶，不在之言未合。《南史》作‘亦不離青徐’，《魏書》作‘亦不離徐方也’，較近”(第176—177頁)。丁福林《宋書校議》亦以爲本書“不離青、徐”是，“考此乃李孝伯針對張暢之‘黄巾、赤眉，似不在江南’而發，因青、徐二州時亦爲宋土，故孝伯乃云賊雖不在江南，亦不離青徐，意謂不離宋界也。而下文又載張暢云:‘今者青、徐，實爲有賊，但非白賊耳。’意謂青、徐之賊，實乃入侵宋界之魏人也。見《南史》《魏書》作‘不離’是”(第239頁)。徐，州名。治彭城縣，在今江蘇徐州市。

太武又遣送氈及九種鹽并胡豉,[1]云“此諸鹽各有所宜:白鹽是魏主所食;黑者療腹脹氣滿,[2]細刮取六銖,以酒服之;胡鹽療目痛;柔鹽不用食，療馬脊創;赤鹽、駮鹽、臭鹽、馬齒鹽四種，並不中食。胡豉亦中噉。”又求黄甘，并云“魏主致意太尉、安北，何不遣人來至我間?彼此之情雖不可盡，要須見我小大，知我老少，觀我爲人。若諸佐不可遣，亦可使僮來。”[3]暢又宣旨答曰:“魏主形狀才力，久爲來往所具，李尚書親自銜命，不患彼此不盡。故不復遣信。”又云:“魏主恨向所送馬殊不稱意，安北若須大馬，當更送之；脱須蜀馬，[4]亦有佳者。”暢曰：“安北不乏良驷，送自彼意，非此所求。”義恭又餉炬燭十挺，孝武亦致錦一匹。又曰：“知更須黄甘，誠非所吝，但會不足周彼一軍。向給魏主，未應便乏，故不復重付。”

[1]胡豉：胡人用豆類發酵製作而成的食物。　九種鹽：下所列鹽衹八種，分别是白鹽、黑鹽、胡鹽、柔鹽、赤鹽、駮鹽、臭鹽、馬齒鹽，《宋書》卷五九《張暢傳》所述同。《魏書》卷五三《李孝伯傳》云：“凡此諸鹽，各有所宜。白鹽食鹽，主上自食；黑鹽治腹脹氣滿，末之六銖，以酒而服；胡鹽治目痛；戎鹽治諸瘡；赤鹽、駮鹽、臭鹽、馬齒鹽四種，並非食鹽。”周一良《宋書札記·張暢傳》以爲“當從《魏書》作白鹽食鹽主上自食，始足九種之數”（第177頁）。中華本校勘記亦以爲九種之數應加上“食鹽”。馬宗霍《南史校證》則以爲各書所述皆八種鹽，“但《宋書》《南史》有‘柔鹽不用食，療馬脊創’，《魏書》所無。《魏書》有‘戎鹽治諸瘡’，《宋書》《南史》所無。疑各缺其一，似可互取相補”（第546頁）。周一良《宋書札記·張暢傳》以爲“‘柔’與‘戎’一聲之轉”，則戎鹽即柔鹽。周説可從。

[2]氣滿：汲古閣本、殿本、百衲本同，中華本作“氣懣”。滿，通“懣”。

[3]僮：《宋書》卷五九《張暢傳》作“僮幹”。

[4]蜀馬：一種體型較小的馬。唐李匡文《資暇集》卷中《蜀馬》云：“成都府出小驷，以其便於難路，號爲‘蜀馬’。”

太武復求甘蔗、安石榴，[1]暢曰：“石榴出自鄴下，[2]亦當非彼所乏。”孝伯曰：“君南土膏粱，[3]何爲著屩？[4]君而著此，使將士云何?”暢曰:“膏粱之言，誠爲多愧，但以不武，[5]受命統軍，戎陣之間，不容緩服。”[6]

［1］安石榴：即石榴。

［2］鄴下：曹操爲魏王，定都於此。時屬北魏。北魏分裂後，東魏定都於此。在今河北臨漳縣西南鄴鎮。

［3］膏粱：指富貴人家。清趙紹祖《讀書偶記》卷六《膏粱》云:“南北朝皆以膏粱爲美談，或以爲譽，或且自謙，非惡語也。故柳芳《世族論》曰:‘三世有三公，曰膏粱。’”

［4］屩：草鞋。

［5］不武：謙辭。謙言無將帥之才。

［6］緩服：指寬鬆舒適的官服。相對於戎服而言。

太武又遣就二王借箜篌、琵琶、筝、笛等器及棋子。[1]孝伯辭辯亦北土之美，暢隨宜應答，吐屬如流，[2]音韻詳雅，風儀華潤。孝伯及左右人並相視歎息。

［1］箜篌：亦作空侯，又稱坎侯。古代一種彈撥樂器。傳爲漢代樂工侯暉所製。

［2］吐屬：談吐。

時魏聲云當出襄陽，故以暢爲南譙王義宣司空長史、南郡太守。[1]

［1］南譙王義宣：劉義宣。宋武帝之子。文帝元嘉元年（424），封竟陵王。十年，改封南譙王。劉劭弒立，發兵助孝武帝入討。孝武帝即位，改封南郡王。孝武帝孝建元年（454），在臧質誘説下謀反，

兵敗被殺。本書卷一三、《宋書》卷六八有傳。南譙，郡名。治山桑縣，在今安徽巢湖市東南。

三十年，元凶殺逆，[1]義宣發哀之日，即便舉兵。暢爲元佐，位居僚首，哀容俯仰，蔭映當時。舉哀畢，改服著黄袴褶，[2]出射堂簡人。[3]音姿容止，莫不矚目，見者皆願爲盡命。事平，徵爲吏部尚書，[4]封夷道縣侯。[5]

[1]殺：百衲本同，汲古閣本、殿本作“弑”。

[2]黄袴（kù）褶（zhě）：《宋書》卷五九《張暢傳》作“黄韋絝褶”。馬宗霍《南史校證》云：“不當删，韋爲皮韋也。”（第547頁）袴褶，便於騎乘的戰服。此名起於漢末騎服，上穿褶，下著褲，故稱。袴即褲子，初時加縛膝部，褲脚窄小，後褲脚舒散闊大。褶即上衣，爲長可齊膝的袍衫，加於袴之上，袖子有大有小。除袴、褶外，有學者認爲該服制還包括於褶外或褶内加罩兩襠鎧（參見沈從文編著《中國古代服飾研究·北朝景縣封氏墓着袴褶俑》，上海書店出版社2005年版，第222頁）。

[3]射堂：習射的場所。

[4]吏部尚書：官名。尚書省吏部曹長官，位居列曹尚書之首，主管官吏銓選、考課、獎懲。宋三品。

[5]夷道：縣名。治所在今湖北枝江市。

義宣既有異圖，蔡超等以暢人望，[1]勸義宣留之。乃解南蠻校尉以授暢，加冠軍將軍，[2]領丞相長史。[3]暢遣門生苟僧寶下都，[4]因顔竣陳義宣釁狀。[5]僧寶有私貨，停巴陵不時下。[6]會義宣起兵，津路斷絶，僧寶遂不得去。

[1]蔡超：濟陽考城（今河南民權縣）人。劉義宣心腹將佐。義宣敗後，伏誅。

[2]冠軍將軍：官名。將軍名號。宋三品。

[3]丞相長史：官名。即丞相府長史。掌府中庶務。

[4]荀僧寶：《宋書》卷四六《張暢傳》，《册府元龜》卷七一九、卷七五八同，《宋書》卷五九《張暢傳》作“苟僧寶”。未知孰是。

[5]顔竣：字士遜，琅邪臨沂（今山東臨沂市）人。本書卷三四有附傳，《宋書》卷七五有傳。

[6]巴陵：郡名。治巴陵縣，在今湖南岳陽市。

義宣將爲逆，遣嬖人翟靈寶告暢，[1]暢陳必無此理，請以死保之。靈寶知暢不回，勸義宣殺以徇衆，賴丞相司馬竺超人得免。[2]進號撫軍，别立軍部，以收人望。暢雖署文檄，而飲酒常醉，不省文書。隨義宣東下。梁山戰敗，[3]於亂兵自歸，爲軍人所掠，衣服都盡。遇右將軍王玄謨乘輿出營，[4]暢已得敗衣，因排玄謨上輿。玄謨意甚不悦，諸將請殺之，隊主張世營救得免。[5]執送都，下廷尉，尋見原。

[1]遣嬖人翟靈寶告暢：《宋書》卷五九《張暢傳》此句下有告暢内容云“朝廷簡練舟甲，意在西討，今欲發兵自衛”，馬宗霍《南史校證》云：“《南史》删去，使下文‘暢陳必無此理’一語失其所指。”（第547頁）馬説是。據下翟靈寶勸劉義宣殺張暢之文，則張暢所陳“必無此理，請以死保之”，絶非保劉義宣無反逆之理，而是保朝廷必無西討之理。本書删節不當，致上下文歧義。

[2]丞相司馬：官名。丞相府司馬。掌參贊軍務，與長史共參府

事。　竺超人：青州刺史竺夔之子。《宋書》卷四六《張暢傳》、卷五九《張暢傳》均作“竺超民”。本書避唐太宗李世民諱改。

[3]梁山：山名。即今安徽和縣南長江西岸西梁山。

[4]右將軍：官名。將軍名號，東晋、南朝時用作加官。宋三品。　王玄謨：字彦德，太原祁（今山西祁縣）人。本書卷一六、《宋書》卷七六有傳。

[5]張世：張興世。本單名世，宋明帝改爲興世。字文德，竟陵竟陵（今湖北潛江市）人。本書卷二五、《宋書》五〇有傳。下文《張融傳》叙此事即作“興世”。

起爲都官尚書，[1]轉侍中，代子淹領太子右衛率。[2]孝武宴朝賢，暢亦在坐。何偃因醉曰：[3]張暢故是奇才，同義宣作賊，亦能無咎，非才何以致此？”暢乃厲聲曰：“太初之時，[4]誰黄其閤？”[5]帝曰：“何事相苦。”初，元凶時，偃父尚之爲元凶司空，[6]義師至新林，[7]門生皆逃，尚之父子與婢妾共洗黄閤，故暢譏之。

[1]都官尚書：官名。尚書省都官曹長官，掌管都官、水部、庫部、功論四曹。職掌刑獄徒隸、水利庫藏等。宋三品。

[2]太子右衛率：官名。東宫屬官。與太子左衛率共領禁衛營兵，掌東宫宿衛。宋五品。

[3]何偃：字仲弘，廬江灊（今安徽霍山縣）人。元凶弑立，爲侍中，與父何尚之並處權要。本書卷三〇有附傳，《宋書》卷五九有傳。

[4]太初：南朝宋元凶劉劭年號（453）。

[5]黄其閤：元凶弑立後，何尚之爲司空、尚書令，何偃爲侍中，父子並處權要，遂塗黄其府之門。據《宋書·禮志二》，天子朱門，三公黄閤，以别於天子。

[6]尚之：何尚之。字彦德。宋文帝時官至尚書令。元凶弑立，進位司空。孝武帝即位後，仍任爲尚書令。本書卷三〇、《宋書》卷六六有傳。　司空：官名。與太尉、司徒並稱三公。無實際職掌，多爲大臣加官，爲名譽宰相。宋一品。

[7]新林：地名。又名新林浦，在今江蘇南京市雨花臺區西善橋街道。瀕臨長江，西與白鷺洲相對，六朝時爲建康城以西軍事、交通要地。新林本爲水名，源出牛首山（今牛頭山），西北流入長江。《景定建康志》云："在城西二十里，闊三丈，深一丈，長十二里。"

孝建二年，出爲會稽太守。卒，[1]謚曰宣。暢愛弟子輯，臨終遺命，與輯合墳，論者非之。

[1]孝建二年，出爲會稽太守。卒：按，《宋書》卷四六《張暢傳》同。《宋書》卷五九《張暢傳》則云："孝建二年，出爲會稽太守。大明元年，卒官，時年五十。"《宋書·五行志五》有"孝武帝大明中，張暢爲會稽郡"。可知，張暢並未於宋孝武帝孝建二年（455）卒，而應是卒於大明元年（457）。本書删節，易致讀者以爲其卒於孝建二年。此處不應删節。李慈銘《宋書札記》云：《宋書·張卲傳》"本亡，後人雜取《南史》等書補之，故卲子敷，兄子暢，皆别有傳，而此卷卲傳後復重出"。故《宋書》卷四六《張暢傳》與本書同。孝建，南朝宋孝武帝劉駿年號（454—456）。

暢弟悦亦有美稱，歷侍中，臨海王子頊前軍長史、南郡太守。[1]晋安王子勛建僞號，[2]召拜爲吏部尚書，與鄧琬共輔僞政。[3]事敗，悦殺琬歸降，復爲太子中庶子。[4]後拜雍州刺史。泰始六年，[5]明帝於巴郡置三巴校尉，[6]以悦補之，加持節、輔師將軍，[7]領巴郡太守。未拜，卒。

[1]臨海王子頊：劉子頊。字孝烈（《宋書》作“孝列”），宋孝武帝第七子。孝武帝大明四年（460），封歷陽王。五年，改封臨海王，任征虜將軍、廣州刺史。八年，進號前將軍。本書卷一四、《宋書》卷八〇有傳。臨海，郡名。治章安縣，在今浙江台州市椒江區章安街道。　前軍長史：官名。前軍將軍府長史。掌府中庶務。前軍，前軍將軍省稱。掌宮禁宿衛，與後軍、左軍、右軍將軍合稱四軍將軍。權任很重，多由皇帝親信擔任。宋四品。

[2]晋安王子勛：劉子勛。字孝德，宋孝武帝第三子。孝武帝大明四年，封晋安王，任征虜將軍、南兖州刺史。前廢帝狂悖無道，何邁欲殺廢帝而立其爲帝。事泄，廢帝殺何邁，並賜藥令死。鄧琬奉其起兵。明帝泰始二年（466），即僞位於尋陽，年號義嘉元年，建置百官。後被沈攸之諸軍誅滅。本書卷一四、《宋書》卷八〇有傳。晋安，郡名。治候官縣，在今福建福州市。

[3]鄧琬：字元琰（《宋書》作“元琬”），豫章南昌（今江西南昌市）人。宋孝武帝大明八年，爲晋安王子勛鎮軍長史。奉劉子勛爲帝，後明帝遣軍征討，兵敗，欲殺子勛以自保，被張悦誘殺。本書卷四〇、《宋書》卷八四有傳。

[4]太子中庶子：《宋書》卷四六《張暢傳》同，卷五九《張暢傳》作“太子庶子”。

[5]泰始：南朝宋明帝劉彧年號（465—471）。

[6]明帝：南朝宋明帝劉彧。字休炳，小字榮期，宋文帝第十一子。本書卷三、《宋書》卷八有紀。　巴郡：郡名。治江州縣，在今重慶市。　三巴校尉：官名。南朝宋明帝始置。掌管巴郡、巴東、建平、巴西、梓潼五郡軍政。

[7]輔師將軍：官名。南朝宋明帝時，改輔國將軍爲輔師將軍。後廢帝時復稱輔國將軍。宋三品。

暢子浩，官至義陽王昶征北諮議參軍。[1]浩弟淹，黃門郎，封廣晋縣子，[2]太子左衛率，[3]東陽太守。[4]逼郡吏燒臂照佛。百姓有罪，使禮佛贖愆，動至數千拜。坐免官禁錮。[5]起爲光禄勳，[6]臨川内史。[7]後與晋安王子勛同逆，軍敗見殺。淹弟融。

[1]義陽王昶：劉昶。字休道，宋文帝第九子。文帝元嘉二十二年（445），封義陽王。前廢帝即位，爲征北將軍、徐州刺史。廢帝疑其謀反，親率軍討伐，遂起兵。將佐異心，棄母妻投奔北魏。本書卷一四、《宋書》卷七二、《魏書》卷五九、《北史》卷二九有傳。義陽，郡名。治平陽縣，在今河南信陽市。　征北諮議參軍：官名。即征北將軍府諮議參軍。掌咨詢謀議軍事，位在諸參軍之上。宋諸府參軍七品。征北，征北將軍省稱。與征東、征西、征南將軍合稱四征將軍。多授予出鎮方面的持節都督，地位顯要。宋三品，若爲持節都督則進爲二品。

[2]廣晋縣子：封爵名。據《宋書》卷五九《張淹傳》，食邑五百户。廣晋，縣名。治所在今江西鄱陽縣石門街鎮。縣子，開國縣子的省稱。食邑爲縣。

[3]太子左衛率：汲古閣本、殿本、百衲本同，中華本改爲“太子右衛率”，其校勘記云：“‘右’各本作‘左’。按上云‘代子淹領太子右衛率’，此作‘左’誤，據《宋書》改。”按，應作“太子右衛率”。《宋書》卷七七《顔師伯傳》有“太子前中庶子領右衛率張淹”之語，張淹之任應爲“太子右衛率”。

[4]東陽：郡名。治長山縣，在今浙江金華市。

[5]禁錮：禁止做官。

[6]光禄勳：官名。秦稱郎中令，漢武帝時更名光禄勳。位列九卿，地位顯要。職掌宫殿門户宿衛，兼侍從皇帝左右。魏晋南北朝沿置，職任漸輕。南朝宋時僅掌宫殿門户名籍，三品。

［7］臨川：郡名。治臨汝縣，在今江西撫州市臨川區西。

融字思光，弱冠有名。道士同郡陸脩静以白鷺羽麈尾扇遺之，［1］曰："此既異物，以奉異人。"解褐爲宋新安王子鸞行參軍。［2］王母殷淑儀薨，後四月八日建齋并灌佛，僚佐儭者多至一萬，少不減五千，融獨注儭百錢。帝不悦曰："融殊貧，當序以佳禄。"［3］出爲封溪令。［4］從叔永出夜渚送之曰：［5］"似聞朝旨，汝尋當還。"融曰："不患不還，政恐還而復去。"及行，路經嶂嶮，獠賊執融將殺食之。融神色不動，方作洛生詠，［6］賊異之而不害也。

［1］遺（wèi）：贈送。

［2］解褐：脱去平民衣服。指開始做官。　新安王子鸞：劉子鸞。字孝羽，宋孝武帝第八子。孝武帝大明四年（460），封襄陽王。其年，又改封新安王。因其母殷淑儀寵傾後宫，故子鸞在諸子中最受寵愛。本書卷一四、《宋書》卷八〇有傳。新安，郡名。治始新縣，在今浙江淳安縣西北。　行參軍：官名。諸公軍府屬官，參掌府曹事，位在正參軍之下。晋初制度，中央除拜者爲參軍，諸府自辟者爲行參軍。晋末以後行參軍亦可除拜，唯品階例低於參軍。

［3］"王母殷淑儀薨"至"當序以佳禄"：《南齊書》卷四一《張融傳》作"孝武起新安寺，僚佐多儭錢帛，融獨儭百錢。帝曰：'融殊貧，當序以佳禄。'"與本書記載略異。此事發生時間雖均爲孝武帝時，但儭錢緣由不同，本書記爲"殷淑儀薨，後四月八日建齋并灌佛"，《南齊書·張融傳》爲"孝武起新安寺"。另"帝不悦曰"，《南齊書·張融傳》作"帝曰"，由下文融被出爲封溪令，知本書更明晰。殷淑儀，南郡王義宣女。或云爲殷琰家人，入義宣家，義宣敗後入宫。本書卷一一有傳。可參見王鳴盛《十七史商榷》卷五九

《殷淑儀》、趙翼《廿二史劄記》卷一一《宋世閨門無禮》。僛，錢大昕《廿二史考異》卷三六云："'僛'與'𡄩'同。《廣韻》：'𡄩，施也。'"

[4]封溪：縣名。治所在今越南河内市東英縣。

[5]夜渚：汲古閣本、殿本、百衲本作"後渚"。底本誤，應據諸本改。後渚，地名。位於建康石頭城旁秦淮河邊。在今江蘇南京市。

[6]洛生詠：指洛陽書生帶鼻濁音的吟詠。東晉因謝安能作洛生詠，名士皆仿效，一時盛行洛生詠。《世説新語·雅量》云："謝之寬容，愈表於貌。望階趨席，方作洛生詠，諷'浩浩洪流'。"劉孝標注云："按宋明帝《文章志》曰：'安能作洛下書生詠，而少有鼻疾，語音濁。後名流多斅其詠，弗能及，手掩鼻而吟焉。'"

浮海至交州，[1]於海中遇風，終無懼色，方詠曰："乾魚自可還其本鄉，肉脯復何爲者哉。"又作《海賦》，文辭詭激，[2]獨與衆異。後以示鎮軍將軍顧顗之，[3]覬之曰："卿此賦實超玄虚，但恨不道鹽耳。"融即求筆注曰："漉沙構白，熬波出素，積雪中春，飛霜暑路。"此四句後所足也。覬與融兄有恩好，覬卒，[4]融身負墳土。在南與交趾太守卞展善。[5]展於嶺南爲人所殺，融挺身奔赴。

[1]交州：州名。治龍編縣，在今越南北寧省仙游縣東。

[2]詭激：怪異偏激，異於常情。

[3]顧顗之：殿本同，汲古閣本、百衲本作"顧覬之"。下文"顗"亦作"覬"。據《宋書》卷八一《顧覬之傳》，覬之宋明帝泰始三年（467）卒，追贈鎮軍將軍。未見顧顗之事，"顧覬之"是。顧覬之，字偉仁，吴郡吴（今江蘇蘇州市）人。本書卷三五、《宋

書》卷八一有傳。

[4]覬與融兄有恩好，覬卒：汲古閣本、百衲本同，殿本“覬”均作“顗之”。

[5]交趾：郡名。治龍編縣，在今越南北寧省仙游縣東。

舉秀才，對策中第。[1]爲尚書殿中郎，[2]不就，改爲儀曹郎。[3]尋請假奔叔父喪，道中罰幹錢敬道鞭杖五十，[4]寄繫延陵獄。[5]大明五年制，[6]二品清官行僮幹杖，不得出十。爲左丞孫緬所奏，[7]免官。

[1]對策：古代考試方式之一。主考人將所考政事、經義等問題書之於策，令應試者對答，觀其文辭以定高下。　中第：中選。

[2]尚書殿中郎：官名。尚書省諸曹郎之一，屬尚書左僕射。掌擬詔書，多用文學之士。宋六品。

[3]儀曹郎：官名。尚書省儀曹長官通稱。掌車服、羽儀、朝覲、郊廟、饗宴等吉凶禮制。宋六品。

[4]幹：亦稱僮幹。一種地位較低的辦事吏員。魏晋南北朝時中央諸曹、郡縣皆置，地位卑下。依機構、職掌不同，又分稱爲“門幹”“直事幹”等。

[5]延陵：縣名。治所在今江蘇丹陽市延陵鎮。

[6]大明：南朝宋孝武帝劉駿年號（457—464）。

[7]左丞：官名。即尚書左丞。尚書省屬官，與右丞共掌尚書都省庶務。率諸都令史監督稽核諸尚書曹、郎曹政務，督録近道文書章奏；監察糾彈尚書令、僕射、尚書等文武百官，號稱監司。分管宗廟祠祀、朝儀禮制、選授官吏等文書奏事，職權甚重。宋六品。

復位，攝祠部、倉部二曹。[1]時領軍劉勔戰死，[2]融以祠部議，上應哭勔，見從。又俗人忌以正月開太倉，融議不宜拘束小忌。尋兼掌正厨，[3]見宰殺，回車徑去，自表解職。

[1]祠部：官署名。尚書省諸曹之一。掌宗廟祭祀禮樂制度，領祠部、儀曹二郎曹。長官爲尚書，然不常授，如缺則由尚書右僕射兼領。　倉部：官署名。尚書省諸曹之一。掌全國糧食倉儲出納之政令、帳目。長官爲郎，資深者稱侍郎，隸屬度支尚書。

[2]領軍：官名。領軍將軍省稱。禁軍統帥，掌禁軍及京師諸軍。宋三品。　劉勔：字伯猷，彭城（今江蘇徐州市）安上里人。宋後廢帝元徽二年（474），桂陽王劉休範舉兵反，勔於朱雀航戰死。本書卷三九、《宋書》卷八六有傳。

[3]正厨：官名。掌皇帝飲食。

再遷南陽王友。[1]融父暢爲丞相長史，義宣事難，暢將爲王玄謨所殺，時玄謨子瞻爲南陽王長史，[2]融啓求去官，不許。融家貧欲禄，乃與從叔征北將軍永書曰："融昔幼學，早訓家風，雖則不敏，率以成性。布衣韋帶，[3]弱年所安，簞食瓢飲，不覺不樂。[4]但世業清貧，人生多待，[5]榛栗棗脩，女贄既長，束帛禽鳥，男禮已大。[6]勉身就官，十年七仕，不欲代耕，[7]何至此事。昔求三吴一丞，[8]雖屬舛錯，今聞南康缺守，[9]應得爲之。[10]融不知階級，[11]階級亦可不知融，政以求丞不得，所以求郡，求郡不得，亦可復求丞。"又與吏部尚書王僧虔書曰：[12]"融天地之逸人也，進不辯貴，退不知賤，實以家貧累積，孤寡傷心，八姪俱孤，二弟頓弱，豈能山海陋禄，申融情累。阮籍愛東平土風，[13]融亦欣晋平閑外。"[14]時議以融非御人才，竟不果。

[1]南陽王：劉翽。字仲儀，宋明帝第十子。後廢帝元徽四年（476），封南陽王。順帝昇明二年（478），改封隨陽王。本書卷一四、《宋書》卷九〇有傳。　友：官名。王國屬官。掌侍從勸諫。宋六品。

[2]瞻：王瞻。字明遠，一字叔鸞，太原祁（今山西祁縣）人。本書卷一六、《南齊書》卷二七有附傳。

[3]布衣韋帶：貧寒之士所服。《漢書》卷五一《賈山傳》"布衣韋帶之士"句顔師古注云："言貧賤之人也。韋帶，以單韋爲帶，無飾也。"

[4]簞食瓢飲，不覺不樂：典出《論語·雍也》："子曰：'賢哉！回也，一簞食，一瓢飲，在陋巷，人不堪其憂，回也不改其樂。'"邢昺疏云："簞，竹器，食飯也。瓢，瓠也。"

[5]人生多待：《南齊書》卷四一《張融傳》作"民生多待"。本書避唐太宗李世民諱改。

[6]榛栗棗脩，女贄既長，束帛禽鳥，男禮已大：此云兒女皆已長大，至成婚年齡，婚禮所需甚多。玉帛禽鳥、榛栗棗脩皆爲男女婚姻所需。《左傳》莊公二十四年云："男贄，大者玉帛，小者禽鳥，以章物也。女贄，不過榛栗棗脩，以告虔也。"杜預注云："公侯伯子男執玉，諸侯世子附庸孤卿執帛，卿執羔，大夫執鴈，士執雉。章，所執之物别貴賤。榛，小栗。脩，脯。虔，敬也。皆取其名以示敬。"

[7]代耕：古時官吏不耕而食，因稱做官食禄爲代耕。《禮記·王制》云："諸侯之下士，視上農夫，禄足以代其耕也。"

[8]三吴：地區名。指吴興（今浙江湖州市）、吴郡（今江蘇蘇州市）、會稽（今浙江紹興市）三郡地區。又《資治通鑑》卷九四《晋紀十六》成帝咸和三年胡三省注云："漢置吴郡；吴分吴郡置吴興

郡；晋又分吴興、丹楊置義興郡，是爲三吴。酈道元曰：世謂吴郡、吴興、會稽爲三吴。杜佑曰：晋、宋之間，以吴郡、吴興、丹楊爲三吴。”錢大昕《廿二史考異》卷三六云：“是時興宗爲會稽太守。三吴謂吴郡、吴興、會稽也（本《水經注》）。《王鎮之傳》：‘時三吴饑荒，遣鎮之銜命賑恤，而會稽太守王愉不奉符旨。’會稽在三吴之中，明矣。”三吴具體所指説法不一，詳参王鳴盛《十七史商榷》卷四五《三吴》、卷五五《二吴》。

［9］南康：郡名。治贛縣，在今江西贛州市東北。

［10］應：汲古閣本、殿本、百衲本、中華本作“願”。《南齊書·張融傳》亦作“願”。底本誤，應據諸本改。

［11］階級：職官的品位、等級。

［12］王僧虔：琅邪臨沂（今山東臨沂市）人。宋後廢帝元徽中，遷吏部尚書。本書卷二二有附傳，《南齊書》卷三三有傳。

［13］阮籍愛東平土風：據《晋書》卷四九《阮籍傳》載：“及文帝輔政，籍嘗從容言於帝曰：‘籍平生曾游東平，樂其風土。’帝大悦，即拜東平相。”阮籍，字嗣宗，陳留尉氏（今河南尉氏縣）人。竹林七賢之一。《三國志》卷二一、《晋書》卷四九有傳。

［14］晋平：宋明帝泰始四年（468），改晋安郡爲晋平郡。治候官縣，在今福建福州市。錢大昕《廿二史考異》卷三五云：“按：《宋》《齊》二志俱不載晋平郡，史之闕也。以六年改臨賀郡爲臨慶郡之例準之，亦當書改晋安郡爲晋平郡，此删省之失當也。”

辟齊太傅掾，[1]稍遷中書郎，非其所好。乞爲中散大夫，[2]不許。張氏自敷以來，並以理音辭、脩儀範爲事。至融風止詭越，[3]坐常危膝，[4]行則曳步，[5]翹身仰首，意制甚多。見者驚異，聚觀成市，而融了無慙色。隨例同行，常稽遲不進。[6]高帝素愛融，[7]爲太尉時，與融欵接。[8]見融常笑曰：“此人不可無一，不可有二。”

[1]辟：徵召。　太傅掾：官名。太傅府僚屬。太傅，與太宰、太保並稱三上公。無實際職掌，多用作贈官，安置元老舊臣。宋一品。掾，公府僚屬。諸公及位從公開府者皆置。

[2]中散大夫：官名。多養老疾，無職事。

[3]風止詭越：風度舉止不合乎常理。

[4]危膝：曲腿高聳膝部。

[5]曳步：走路拖沓緩慢。

[6]稽遲：遲延。

[7]高帝：南朝齊高帝蕭道成。字紹伯，小諱鬬將，南蘭陵蘭陵（今江蘇常州市武進區）人。南朝齊的建立者。宋順帝昇明二年（478），加授太尉。本書卷四，《南齊書》卷一、卷二有紀。

[8]欵接：結交，交往。

即位後，手詔賜融衣曰："見卿衣服纚故，誠乃素懷有本。交爾藍縷，[1]亦虧朝望。今送一通故衣，意謂雖故，乃勝新也。[2]是吾所著，已令裁減，稱卿之體；并履一量。"[3]高帝出太極殿西室，[4]融入問訊，彌時方登階。及就席，上曰："何乃遲爲？"對曰："自地升天，理不得速。"時魏主至淮而退，[5]帝問："何意忽來忽去。"未有答者，融時下坐，抗聲曰："以無道而來，見有道而去。"公卿咸以爲捷。

[1]藍縷：形容破舊的衣服。《左傳》宣公十二年云："篳路藍縷以啓山林。"杜預注云："藍縷，敝衣。"孔穎達疏云："《方言》云：楚謂凡人貧衣破醜敝爲藍縷。藍縷，謂敝衣也。服虔云：言其縷破藍藍然。"

[2]勝新：汲古閣本、百衲本同，殿本"新"訛作"所"。

［3］一量：一雙。量，通“緉”。量詞，雙。

［4］太極殿：建康皇宫正殿。

［5］魏主：時北魏皇帝爲孝文帝。

融善草書，常自美其能。帝曰：“卿書殊有骨力，但恨無二王法。”[1]答曰：“非恨臣無二王法，亦恨二王無臣法。”

［1］二王：王羲之、王獻之父子。均以善書知名。王羲之字逸少，琅邪臨沂（今山東臨沂市）人。王獻之字子敬。《晋書》卷八〇均有傳。

融假還鄉，詣王儉别。[1]儉立此地舉袂不前，融亦舉手呼儉曰：“斶曰‘王前’。”[2]儉不得已趨就之。融曰：“使融不爲慕勢，而令君爲趍士，豈不善乎。”常歎云：“不恨我不見古人，所恨古人又不見我。”

［1］王儉：字仲寶，琅邪臨沂（今山東臨沂市）人。本書卷二二有附傳，《南齊書》卷二三有傳。

［2］斶曰王前：典出《戰國策·齊策四》：“齊宣王見顔斶，曰：‘斶前。’斶亦曰：‘王前。’宣王不悦。左右曰：‘王，人君也；斶，人臣也；王曰斶前，斶亦曰王前，可乎？’斶對曰：‘夫斶前爲慕勢，王前爲趨士。’”

融與吏部尚書何戢善，[1]往詣戢，誤通尚書劉澄。下車入門，乃曰：“非是。”至户望澄，又曰：“非是。”既造席視澄曰：“都自非是。”乃去。其爲異如此。

［1］何戢：字惠景，廬江灊（今安徽霍山縣）人。本書卷三〇有附傳，《南齊書》卷三二有傳。

又爲長沙王鎮軍、竟陵王征北諮議，[1]並領記室，司徒從事中郎。[2]永明二年，總明觀講，[3]敕朝臣集聽。融扶入就榻，私索酒飲之。事畢，乃長歎曰："嗚呼！仲尼獨何人哉。"[4]爲御史中丞到撝所奏，[5]免官，尋復職。

［1］長沙王：蕭晃。字宣明，齊高帝第四子。高帝建元元年（479），封爲長沙王。武帝永明元年（483），爲鎮軍將軍、南徐州刺史。本書卷四三、《南齊書》卷三五有傳。長沙，郡名。治臨湘縣，在今湖南長沙市。　鎮軍：官名。鎮軍將軍省稱。齊官品不詳。　竟陵王：蕭子良。字雲英，齊武帝第二子。高帝建元元年，封聞喜縣公。武帝即位，封竟陵王。本書卷四四、《南齊書》卷四〇有傳。竟陵，郡名。治萇壽縣，在今湖北鍾祥市。　征北諮議：官名。即征北將軍諮議參軍。齊官品不詳。

［2］從事中郎：南朝時公府屬官。職掌依府而異，或主吏，或分掌諸曹，或掌機密，或參謀議，地位較高。宋六品。丁福林《南齊書校議》認爲此處所記張融所任官前後失序，司徒從事中郎之任應在武帝永明二年。其據《南齊書》卷三《武帝紀》、卷三五《高帝十二王傳》、卷四〇《武十七王傳》考證，長沙王蕭晃於武帝永明元年正月任鎮軍將軍、南徐州刺史，竟陵王蕭子良於永明元年正月至永明二年正月爲征北將軍、南兖州刺史，則張融先後爲長沙王鎮軍、竟陵王征北諮議，並領記室乃在永明元年正月至二年正月間。又竟陵王蕭子良任司徒在褚淵卒後，時間爲永明二年正月，則張融所任司徒從事中郎爲竟陵王蕭子良之司徒府從事中郎，時間最早當在永明二年正月。故此叙張融爲司徒從事中郎於永明二年前，非是（第289—290頁）。

［3］總明觀：官署名。宋明帝泰始六年（470）始置。因國學廢，

置總明觀，徵學士以充之。設玄、儒、文、史四科，科置學士各十人，正令史一人，書令史二人，幹一人，門吏一人，典觀吏二人。齊高帝建元中，掌治五禮。武帝永明三年，國學建，遂省。

[4]仲尼：孔子。名丘，字仲尼。

[5]御史中丞：官名。南朝時亦稱“南司”。御史臺長官，掌監察執法，糾彈百官。齊官品不詳。　到撝：字茂謙，彭城武原（今江蘇邳州市）人。本書卷二五有附傳，《南齊書》卷三七有傳。

融形貌短醜，精神清徹，王敬則見融革帶寬，[1]殆將至髀，[2]謂曰：“革帶太急。”融曰：“既非步吏，急帶何爲？”

[1]王敬則：臨淮射陽（今江蘇寶應縣）人，僑居晉陵南沙（今江蘇常熟市）。初仕宋，後廢帝狂虐，其誠心奉事齊高帝。齊高帝建元元年（479），封尋陽郡公。明帝即位，進大司馬。明帝對其外禮而內疑，懼而謀反，被殺。本書卷四五、《南齊書》卷二六有傳。　革帶寬：《南齊書》卷四一《張融傳》作“革帶垂寬”。革帶，皮製的束衣帶。

[2]髀（bì）：大腿。《南齊書·張融傳》作“骼”。

融假東出，武帝問融住在何處，[1]答曰：“臣陸處無屋，舟居無水。”後上問其從兄緒，[2]緒曰：“融近東出，未有居止，權牽小船於岸上住。”上大笑。

[1]武帝：南朝齊武帝蕭賾。字宣遠，小諱龍兒，齊高帝長子。本書卷四、《南齊書》卷三有紀。

[2]緒：張緒。字思曼。本書卷三一有附傳，《南齊書》卷三三

有傳。

後使融接對北使李道固,[1]就席,道固顧而言曰:“張融是宋彭城長史張暢子不?”融嚬蹙久之,[2]曰:“先君不幸,名達六夷。”[3]豫章王大會賓僚,[4]融食炙,[5]始行畢,行炙人便去。融欲求鹽蒜,口終不言,方摇食指,半日乃息。出入朝廷,皆拭目驚觀之。

[1]李道固:李彪。字道固,頓丘衛國(今河南清豐縣)人。《魏書》卷六二、《北史》卷四〇有傳。

[2]嚬蹙:皺眉蹙額。《資治通鑑》卷二五七《唐紀七十二》僖宗光啓三年胡三省注云:“攢眉爲嚬,皺頞爲蹙。”

[3]六夷:指北方各少數民族。《資治通鑑》卷一二六《宋紀八》文帝元嘉二十八年胡三省注云:“自晋氏失馭,劉、石以來,始有六夷之名。”

[4]豫章王:蕭嶷。字宣儼,齊高帝第二子。高帝建元元年(479),封豫章王。本書卷四二、《南齊書》卷二二有傳。豫章,郡名。治南昌縣,在今江西南昌市。

[5]炙:烤肉。

八年,朝臣賀衆瑞公事,融扶入拜起,復爲有司所奏,見原。遷司徒兼右長史。[1]竟陵張欣時爲諸暨令,[2]坐罪當死,欣時父興世討宋南譙王義宣,官軍欲殺融父暢,興世以袍覆暢而坐之,以此得免。興世卒,融著高履爲負土成墳。至是,融啓竟陵王子良乞代欣時死。子良答曰:“此乃是長史美事,恐朝有常典,不得如長史所懷。”遷黄門郎,[3]太子中庶子,司徒左長史。

[1]司徒兼右長史：《南齊書》卷四一《張融傳》作“司徒右長史”。《南齊書·百官志》云：“司徒府領天下州郡名數户口簿籍。雖無，常置左右長史、左西曹掾屬、主簿、祭酒、令史以下。”齊官品不詳。

[2]諸暨：縣名。治所在今浙江諸暨市。

[3]黄門郎：官名。南朝齊時知詔令，被稱爲“小門下”。齊官品不詳。

融有孝義，忌月三旬不聽樂，事嫂甚謹。父暢臨終謂諸子曰：“昔丞相事難，吾以不同將見殺，緣司馬竺超人得活，爾等必報其子。”後超人孫微冬月遭母喪，居貧，融弔之，悉脱衣以爲賻，[1]披牛被而反。常以兄事微。豫章王嶷、竟陵王子良薨，自以身經佐吏，哭輒盡慟。

[1]賻：送給喪家幫助辦理喪事的財物。

建武四年，[1]病卒，[2]遺令建白旐無旒，[3]不設祭，令人捉麈尾登屋復魂。曰：“吾生平所善，自當陵雲一笑。三千買棺，無製新衾。左手執《孝經》《老子》，右手執《小品》《法華經》。[4]妾二人事哀畢，[5]各遣還家。”曰：“吾生平之風調，何至使婦人行哭失聲，不須暫停閨閤。”

[1]建武：南朝齊明帝蕭鸞年號（494—498）。

[2]病卒：按，據《南齊書》卷四一《張融傳》，卒年五十四。

[3]白旐（zhào）：白色的招魂幡。出喪時爲棺柩引路的旗。《南齊書·張融傳》作“白旌”，中華本校勘記云：“‘旌’《御覽》五百

四十九引作‘旐’，《南史》同。按古喪禮有明旌，《禮記·檀弓》‘銘，明旌也’，謂書死者之銘於旌。此云白旌，謂不書名於旌也，‘旌’字不譌。”　旒：旌旗下邊或邊緣上懸垂的裝飾。

［4］《小品》：指《小品般若波羅蜜經》。後秦鳩摩羅什譯。其翻譯的《般若經》有二十四卷本和七卷本兩部，二十四卷本稱《大品般若經》，亦稱《摩訶般若波羅蜜經》，七卷本稱《小品般若波羅蜜經》。《世説新語》卷上之下云："殷中軍讀《小品》。"梁劉孝標注云："釋氏《辨空經》，有詳者焉，有略者焉。詳者爲《大品》，略者爲《小品》。"《辨空經》即《般若經》。　《法華經》：佛教經典。一般指《妙法蓮華經》，簡稱《妙法華經》《法華經》，後秦鳩摩羅什譯。是天臺宗依據的主要經典。

［5］妾二人事哀畢：汲古閣本、殿本、百衲本同。中華本"事哀"改作"哀事"，其校勘記云："各本互倒，據《南齊書》乙正。"

融玄義無師法，而神解過人，高談鮮能抗拒。永明中遇疾，爲《問律》，［1］《自序》云："吾文章之體，多爲世人所驚，汝可師耳以心，不可使耳爲心師也。夫文豈有常體，但以有體爲常，政當有其體。丈夫當删《詩》《書》，制禮樂，何至因循寄人籬下。"臨卒，又戒其子曰："手澤存焉，父書不讀，［2］况文音情，［3］婉在其韻。吾意不然，别遺爾旨。吾文體英變，［4］變而屢奇，豈吾天挺，［5］蓋不隤家聲。［6］汝可號哭而看之。"融文集數十卷行於世，［7］自名其集爲《玉海》。司徒褚彦回問其故，［8］融云："蓋玉以比德，海崇上善耳。"張氏前有敷、演、鏡、暢，後有充、融、卷、稷。［9］

［1］《問律》：汲古閣本、殿本、百衲本同。中華本作"門律"，

其校勘記云:“各本作‘問律’。據《册府元龜》八一七改。按《南齊書》及本書《顧歡傳》並云張融作《門律》。”“門律”是，應據改。

[2]手澤存焉，父書不讀：因遺留有父親手澤，而不忍讀父親之書。語出《禮記·玉藻》:“父没而不能讀父之書，手澤存焉爾。母没而杯圈不能飲焉，口澤之氣存焉爾。”鄭玄注云:“孝子見親之器物哀惻不忍用也。”孔穎達疏云:“此孝子之情。父没之後而不忍讀父之書，謂其書有父平生所持手之潤澤存在焉，故不忍讀也。”手澤，猶手汗。後以指先人的遺物、遺墨等。

[3]况文音情：汲古閣本、殿本、百衲本同。《南齊書》卷四一《張融傳》作“况父音情”。中華本據《南齊書》改“文”作“父”。據上下文意，疑作“父”。

[4]英變:《南齊書·張融傳》作“英絶”。

[5]天挺：天生卓越超拔。

[6]不隤（tuí）家聲：不損害家族的聲名美譽。《漢書》卷六二《司馬遷傳》“李陵既生降，隤其家聲”句顔師古注云:“孟康曰:‘家世爲將有名聲，陵降而隤之也。’師古曰:‘隤，墜也，音頹。’”家聲，家族世傳的聲名美譽。

[7]融文集數十卷行於世:《隋書·經籍志四》著録“齊司徒左長史《張融集》二十七卷。梁十卷。又有張融《玉海集》十卷、《大澤集》十卷、《金波集》六十卷”，又“《少子》五卷，齊司徒左長史張融撰”。

[8]褚彦回：褚淵。字彦回，本書避唐高祖李淵諱，以字行，河南陽翟（今河南禹州市）人。貌美。尚宋文帝女，拜駙馬都尉。宋明帝崩，受遺詔與尚書令袁粲輔幼主。後廢帝酷暴，其助蕭道成建齊。本書卷二八有附傳,《南齊書》卷二三有傳。

[9]後：殿本、百衲本同，汲古閣本作“復”。　充：張充。字延符，張緒之子。本書卷三一有附傳，《梁書》卷二一有傳。　卷：張卷。字令遠。官至都官尚書。　稷：張稷。字公喬。本書卷三一有附傳,《梁書》卷一六有傳。

第六弟寶積，建武中，出爲廬陵太守。[1]時名流謝瀹、何點、陸惠曉、孔珪至融弟鐵之舍。[2]點造坐便曰："今日可謂盛集，二五我兄弟之流，阿六張氏保家之子。"顧見王思遠曰：[3]"卿詐作善，非實得也。"二五謂孔珪及融並第五。

[1]廬陵：郡名。治石陽縣，在今江西吉水縣東北。

[2]謝瀹（yuè）：字義潔，陳郡陽夏（今河南太康縣）人。本書卷二〇有附傳，《南齊書》卷四三有傳。　何點：字子皙，廬江灊（今安徽霍山縣）人。本書卷三〇、《南齊書》卷五四有附傳，《梁書》卷五一有傳。　陸惠曉：亦作陸慧曉。字叔明，吴郡吴（今江蘇蘇州市）人。本書卷四八、《南齊書》卷四六有傳。　孔珪：即孔稚珪，本書避唐高宗李治諱改。字德璋，會稽山陰人。本書卷四九、《南齊書》卷四八有傳。

[3]王思遠：琅邪臨沂（今山東臨沂市）人。本書卷二四有附傳，《南齊書》卷四三有傳。

寶積永元中爲湘州行事，蕭穎胄於江陵，[1]乘腰輿詣穎胄，[2]舉動自若。穎胄問："何至之晚？"答曰："本朝危亂，四海横流，既不能爲比干之死，[3]實未忍爲微子之去，[4]是以至晚。"穎胄深以爲善，即用爲相府諮議。[5]後位御史中丞。

[1]蕭穎胄：字雲長，南蘭陵（今江蘇常州市武進區）人。本書卷四一、《南齊書》卷三八有附傳。　江陵：縣名。治所在今湖北荊州市荊州區。

[2]腰輿：人力抬舉的輿轎，高纔至腰，故稱。《資治通鑑》卷

一六一《梁紀十七》武帝太清二年胡三省注云:“腰輿者，人舉之而行，其高纔至腰。”

[3]比干：商王紂時大臣。紂王淫亂，屢諫紂王，被紂王殺死，並觀其心。

[4]微子：商王紂庶兄。數諫紂王，不聽，遂亡去。事見《史記》卷三八《宋微子世家》。

[5]相府詔議：汲古閣本、殿本、百衲本作“相府諮議”。底本誤，應據諸本改。

融與東海徐文伯兄弟厚。[1]文伯字德秀，濮陽太守熙曾孫也。[2]熙好黄、老，隱於秦望山，[3]有道士過求飲，留一瓠𤬪與之，[4]曰:“君子孫宜以道術救世，當得二千石。”[5]熙開之，乃《扁鵲鏡經》一卷，因精心學之，遂名震海内。生子秋夫，彌工其術，仕至射陽令。[6]嘗夜有鬼呻聲甚悽愴，[7]秋夫問何須，答言姓某，家在東陽，患腰痛死。雖爲鬼痛猶難忍，請療之。秋夫曰:“云何厝法?”[8]鬼請爲芻人，[9]案孔穴針之。秋夫如言，爲灸四處，又針肩井三處，[10]設祭埋之。明日見一人謝恩，忽然不見。當世伏其通靈。

[1]融與東海徐文伯兄弟厚：王鳴盛《十七史商榷》卷六一《南史附傳皆非》云:“《南史》無《藝術傳》，故以徐文伯、嗣伯兄弟世精醫術，而强附入《張融傳》，實則欠妥。又如《釋寶誌》，以附《隱逸・陶弘景傳》，亦爲不當。《南齊書》亦無《藝術傳》，故於褚淵之弟《澄傳》附徐嗣，即嗣伯也，亦欠妥，而又但有嗣無文伯，載嗣醫術靈驗只兩事，較《南史》甚略。其一事直閤將軍房伯玉冷病云云，彼文只作有一傖父，《南史》於此等瑣碎處往往小有添補，

亦不無微益，惟縛芻爲鬼下鍼，李延壽慣喜説鬼，亦不足責。”東海，郡名。治郯縣，在今山東郯城縣。

[2]濮陽：郡名。治濮陽縣，在今河南濮陽市西南。

[3]秦望山：山名。在今浙江紹興市。《太平寰宇記》卷九六《江南東道八·會稽縣》云：“秦望山，在縣南二十七里。《史記》云：‘始皇登之，以望南海。’孔曄記云：‘秦望爲衆峰之傑，入境便見。始皇刻石于此。’”

[4]瓠（hù）𤬏（lú）：葫蘆。

[5]二千石：官吏秩禄等級。古代以穀粟爲任官的俸給，故以石數的多寡來區分官職的高下。漢制，内自九卿、郎將，外至郡守、尉，俸禄皆爲二千石。

[6]射陽：縣名。治所在今江蘇寶應縣東北。

[7]嘗夜有鬼呻聲甚悽愴：汲古閣本、殿本、百衲本同。中華本於“呻”後補“吟”字，其校勘記云：“據《太平廣記》二一八引《談藪》及《通志》補。”

[8]厝：實行。

[9]芻人：草人。

[10]肩井：人體穴位名。屬足少陽膽經。晉皇甫謐《針灸甲乙經》卷三云：“肩井，在井上陷者中，缺盆上大骨前，手少陽陽維之會，刺入五分，灸三壯。”

秋夫生道度、叔嚮，皆能精其業。道度有脚疾不能行，宋文帝令乘小輿入殿，爲諸皇子療疾，無不絶驗。位蘭陵太守。[1]宋文帝云：“天下有五絶，而皆出錢唐。”[2]謂杜道鞠彈棋，[3]范悦時，[4]褚欣遠模書，褚胤圍棋，[5]徐道度療疾也。

[1]蘭陵：郡名。治昌慮縣，在今山東滕州市東南。

［2］錢唐：縣名。治所在今浙江杭州市。

［3］杜道鞠：吴郡錢唐（今浙江杭州市）人。官至州從事。　彈棋：古代的一種游戲。《後漢書》卷三四《梁冀傳》“能挽滿、彈棋、格五、六博、蹴鞠、意錢之戲”句李賢注云：“《藝經》曰：‘彈棋，兩人對局，白黑棋各六枚，先列棋相當，更先彈也。其局以石爲之。’”

［4］范悦時：汲古閣本、殿本、百衲本、中華本作“范悦詩”。作“時”似爲人名“范悦時”，《宋書·符瑞志》有云：“大明三年九月甲午，木連理生丹陽秣陵，材官將軍范悦時以聞。”但上句云“天下有五絶”，此作“時”則少一絶。疑應作“詩”，人名“范悦”。《册府元龜》卷二〇六作“范悦持”。

［5］褚胤：吴郡（今江蘇蘇州市）人。因其父褚榮期與臧質同逆，與父同被誅。何尚之稱其“弈棋之妙，超古冠今”。

道度生文伯，叔嚮生嗣伯。[1]文伯亦精其業，兼有學行，倜儻不屈意於公卿，不以醫自業。融謂文伯、嗣伯曰：“昔王微、嵇叔夜並學而不能，[2]殷仲堪之徒故所不論。[3]得之者由神明洞徹，然後可至，故非吾徒所及。且褚侍中澄當貴亦能救人疾，[4]卿此更成不達。”答曰：“唯達者知此可崇，不達者多以爲深累，既鄙之何能不耻之。”文伯爲效與嗣伯相埒。[5]宋孝武路太后病，[6]衆醫不識。文伯診之曰：“此石博小腸耳。”乃爲水劑消石湯，病即愈。除鄱陽王常侍，[7]遺以千金，旬日恩意隆重。宋明帝宫人患腰痛牽心，每至輒氣欲絶，衆醫以爲肉癥。文伯曰：“此髮癥。”以油投之，即吐得物如髮。稍引之長三尺，頭已成蛇能動，挂門上適盡一髮而已，[8]病都差。[9]宋後廢帝出樂遊苑門，[10]逢一婦人有娠，帝亦善診之曰：[11]“此腹是女也。”問文伯，曰：“腹有兩子，一男一女，男左邊，青黑，形小於女。”帝性急，便欲使剖。文伯惻然曰：“若刀斧恐其變異，請針之立落。”便寫足太陰，[12]補手陽明，[13]胎便應針而落。兩兒相續出，如其言。

[1]嗣伯：《南齊書》卷二三《褚澄傳》稱其名爲“嗣”。

[2]王微：字景玄，琅邪臨沂（今山東臨沂市）人。本書卷二一有附傳，《宋書》卷六二有傳。　嵇叔夜：嵇康。字叔夜，譙國銍（今安徽宿州市）人。仕魏至中散大夫，故又稱“嵇中散”。司馬氏掌權後，隱居不仕。後遭鍾會構陷，被司馬昭殺死。竹林七賢之一。《三國志》卷二一、《晋書》卷四九有傳。

[3]殷仲堪：陳郡（今河南周口市淮陽區）人。因其父疾累年，曾學醫術。《晋書》卷八四有傳。

[4]褚侍中澄當貴亦能救人疾：汲古閣本、殿本、百衲本同。中華本改“當”作“富”，其校勘記云：“‘富’各本譌‘當’，據《通志》改。”“富”字是。褚侍中澄，褚澄。字彦道，河南陽翟（今河南禹州市）人。本書卷二八、《南齊書》卷二三有附傳。

[5]相埒：相等，等同。

[6]宋孝武路太后：宋文帝路淑媛。名惠男，丹陽建康（今江蘇南京市）人。生孝武帝，拜爲淑媛。孝武帝即位，奉尊號曰太后。本書卷一一、《宋書》卷四一有傳。

[7]鄱陽王：劉休業。宋文帝第十五子。孝武帝孝建二年(455)，封爲鄱陽王。本書卷一四、《宋書》卷七二有傳。鄱陽，郡名。治廣晋縣，在今江西鄱陽縣石門街鎮。　常侍：官名。王、公國屬官，掌侍從左右，贊相禮儀，獻替諫諍。分置左右，員額依國之大小不等。齊官品不詳。

[8]挂門上適盡一髮而已：《太平御覽》卷七二二引《宋書》作“懸柱上水滴盡一髮而已”，《册府元龜》卷八五九作“挂門上滴盡一

髮而已”。疑“適”誤。

［9］差（chài）：病愈。《方言》云：“差、間、知，愈也。南楚病愈者謂之差，或謂之間，或謂之知。”

［10］宋後廢帝：劉昱。字德融，小字慧震，宋明帝長子。明帝泰始二年（466），立爲太子。殘忍嗜殺，後被左右楊玉夫等人殺死。太后令貶爲蒼梧郡王。本書卷三、《宋書》卷九有紀。　樂遊苑：苑囿名。宋文帝元嘉年間，在覆舟山（今稱小九華山）及其南麓建造北苑，北臨玄武湖，南瞰都城及宫城，並有青溪在其東與玄武湖溝通。後改稱樂游苑，大設亭觀，山北有冰井，爲皇室藏冰之所。梁侯景之亂，苑囿盡毀。陳文帝天嘉二年（561），重加修葺，於山上立甘露亭。陳亡並廢（參見賀雲翱《六朝瓦當與六朝都城》，文物出版社2005年版，第70—71頁）。

［11］帝亦善診之曰：汲古閣本、百衲本同，殿本“診”作“胗”。中華本作“帝亦善診，診之曰”，其校勘記云：“據《太平御覽》七二二引、《太平廣記》二一八補一‘診’字。”《太平御覽》卷七二二云“帝亦善診脉，爲診治曰”，《太平廣記》卷二一八云“帝亦善診候，診之曰”，《通志》卷一八二云“帝亦善醫，診之曰”。據文意，此句似有脱字，但各書記載均不甚相同，不確所脱何字。

［12］寫：同“瀉”。傾瀉。《册府元龜》卷八五九、《太平御覽》卷七二二作“瀉”。　足太陰：經脉名。足太陰脉。亦稱脾足太陰之脉、足太陰脾經。爲十二經脉之一。

［13］手陽明：經脉名。臂陽明脉。亦稱齒脉、大腸手陽明之脉、手陽明大腸經。爲十二經脉之一。

子雄亦傳家業，尤工診察，位奉朝請。[1]能清言，[2]多爲貴遊所善。事母孝謹，母終，毁瘠幾至自滅。俄而兄亡，扶杖臨喪，撫膺一慟，遂以哀卒。

［1］奉朝請：官名。兩漢時爲給予退休大臣、列侯、宗室、外戚等的一種政治優待。授此者特許參加朝會。西晋時成爲加官名號。東晋獨立爲官，亦作加官。南朝時用以安置閑散，所施益濫。

［2］清言：魏晋南北朝時士人以《周易》《老子》《莊子》爲三玄，善談玄理，稱爲清言或清談。

嗣伯字叔紹，亦有孝行，善清言，位正員郎，[1]諸府佐，彌爲臨川王映所重。[2]時直閤將軍房伯玉服五石散十許劑，[3]無益，更患冷，夏日常複衣。嗣伯爲診之，曰："卿伏熱，應須以水發之，非冬月不可。"至十一月，冰雪大盛，令二人夾捉伯玉，解衣坐石，取冷水從頭澆之，盡二十斛。伯玉口噤氣絶，家人啼哭請止。嗣伯遣人執杖防閤，敢有諫者撾之。[4]又盡水百斛，伯玉始能動，而見背上彭彭有氣。俄而起坐，曰："熱不可忍，乞冷飲。"嗣伯以水與之，一飲一升，病都差。自爾恒發熱，冬月猶單禈衫，[5]體更肥壯。

［1］正員郎：官名。編制以内的散騎侍郎，係與員外散騎侍郎相對而言。

［2］臨川王映：蕭映。字宣光，齊高帝第三子。高帝建元元年（479），封爲臨川王。本書卷四三、《南齊書》卷三五有傳。臨川，郡名。治南城縣，在今江西南城縣東南。

［3］直閤將軍：官名。掌領兵宿衛宫殿。　房伯玉：清河繹幕（今山東平原縣）人。坐弟房叔玉南奔，徙北邊。後亦南奔。齊明帝時任南陽太守。後又降北魏。《魏書》卷四三有附傳。　五石散：亦稱寒食散。以石鍾乳、石硫黄、白石英、紫石英、赤石脂五種藥配成，故名。始見於漢，至魏晋時流行於名士之間。

[4]撾（zhuā）：打，擊。

[5]褌（kūn）：褲子。

常有嫗人患滯冷，積年不差。嗣伯爲診之曰："此尸注也，當取死人枕煮服之乃愈。"於是往古冢中取枕，枕已一邊腐缺，服之即差。後秣陵人張景，[1]年十五，腹脹面黃，衆醫不能療，以問嗣伯。嗣伯曰："此石蚘耳，[2]極難療。當死人枕煮之。"[3]依語煮枕，以湯投之，得大利，并蚘虫頭堅如石，五升，[4]病即差。後沈僧翼患眼痛，又多見鬼物，以問嗣伯。嗣伯曰："邪氣入肝，可覓死人枕煮服之。竟，可埋枕於故處。"如其言又愈。王晏問之曰：[5]"三病不同，而皆用死人枕而俱差，何也？"答曰："尸注者，鬼氣伏而未起，故令人沈滯。得死人枕投之，魂氣飛越，不得復附體，故尸注可差。石蚘者久蚘也，醫療既僻，蚘中轉堅，[6]世間藥不能遣，所以須鬼物驅之然後可散，故令煮死人枕也。夫邪氣入肝，故使眼痛而見魍魎，應須邪物以鉤之，故用死人枕也。氣因枕去，故令埋於冢間也。"又春月出南籬間戲，[7]聞笪屋中有呻聲。[8]嗣伯曰："此病甚重，更二日不療必死。"乃往視，見一老姥稱體痛，而處處有黵黑無數。[9]嗣伯還煮斗餘湯送令服之，服訖痛勢愈甚，跳投床者無數。須臾所黵處皆拔出釘，長寸許。以膏塗諸瘡口，三日而復，云"此名釘疽也"。

[1]秣陵：縣名。治所在今江蘇南京市中華門外故報恩寺附近。

[2]蚘（huí）：同"蛕"。人腹中的一種寄生蟲。《説文》云：

“蛕，腹中長蟲也。”

[3]當死人枕煮之：汲古閣本、殿本、百衲本同。中華本據《册府元龜》卷八五九及《通志》卷一八二於“當”字後補“取”字。按，應有“取”字。

[4]并蚘虫頭堅如石，五升：《太平御覽》卷七二三作“并蚘蟲頭堅如石者五升”。

[5]王晏：字休默，一字士彦，琅邪臨沂（今山東臨沂市）人。本書卷二四有附傳，《南齊書》卷四二有傳。

[6]蚘中轉堅：汲古閣本、殿本、百衲本同，中華本據《太平御覽》卷七二七、《太平廣記》卷二一八改“中”爲“蟲”。

[7]南籬間：汲古閣本、殿本、百衲本同。《南齊書》卷二三《褚澄傳》作“南籬門”。中華本據《南齊書》、《太平御覽》卷七二三改作“南籬門”。據《讀史方輿紀要》卷二〇《上元縣》云:“自晋以來，於秦淮南北兩岸設籬門五十六所，謂之‘郊門’，亦曰‘籬門’。”又《太平御覽》卷一九七引《南朝宫苑記》云:“建康籬門，舊南北兩岸籬門五十六所，蓋京邑之郊門也。如長安東都門，亦周之郊門。江左初立，並用籬爲之，故曰籬門。南籬門在國門西；三橋籬門在今光宅寺側；東籬門本名肇建籬門，在古肇建市之東；北籬門今覆舟東頭玄武湖東南角，今見有亭名籬門亭；西籬門在石頭城東，護軍府在西籬門外路北；白楊籬門外有石井籬門。”疑“南籬門”是。

[8]聞笪屋中有呻聲：汲古閣本、殿本、百衲本同。中華本於“呻”後加“吟”字，其校勘記云:“‘吟’字各本無，據《南齊書》補。”

[9]黲（yǎn）黑：青黑。朱季海《南齊書校議》卷二三云：“《説文·黑部》:‘黲：黲者忘而息也。從黑敢聲。’《唐韻》:‘於檻切。’《廣韻·五十四檻》下云:‘黲，黄黲，人名。’引《説文》與大徐本同，音與《唐韻》同，與蕭《史》此文不合。尋《説文·黑部》‘黤，青黑也，從黑奄聲’，《唐韻》‘於檻切’。《廣韻·五十四檻》：‘黤，青黑色，於檻切二。’其一即黲也。是黲、黤同音，故借爲黤。

此云黝黑，正謂青黑耳。”（中華書局 2013 年版，第 76 頁）

時又有薛伯宗善徙癰疽，[1]公孫泰患背，伯宗爲氣封之，徙置齋前柳樹上。明旦癰消，樹邊便起一瘤如拳大。稍稍長二十餘日，瘤大膿爛，出黄赤汁斗餘，樹爲之痿損。

[1]癰疽：毒瘡。

論曰：有晋自宅淮海，張氏無乏賢良。及宋齊之間，雅道彌盛。其前則云敷、演、鏡、暢，蓋其尤著者也。然景胤敬愛之道，少微立履所由，其殆優矣。思光行己卓越，非常俗所遵，齊高帝所云“不可有二，不可無一”，斯言其幾得矣。徐氏妙理通靈，蓋非常所至，雖古之和、鵲，[1]何以加兹。融與文伯款好，故附之云爾。

[1]和：春秋時秦國名醫。《左傳》昭公元年云：“晋侯求醫於秦，秦伯使醫和視之。”《漢書·藝文志》云：“方技者，皆生生之具，王官之一守也。太古有岐伯、俞拊，中世有扁鵲、秦和。”顔師古注云：“和，秦醫名也。”　鵲：扁鵲。戰國時名醫。姓秦，名越人，勃海鄚縣（今河北任丘市）人。事見《史記》卷一〇五有傳。

南史　卷三三

列傳第二十三

范泰 子曅　荀伯子 族子萬秋　徐廣 郗紹 廣兄子豁
鄭鮮之　裴松之 孫昭明 曾孫子野　何承天 曾孫遜

范泰字伯倫，順陽人也。[1]祖汪，[2]晉安北將軍、徐兗二州刺史。[3]父甯，[4]豫章太守。[5]並有名前代。

[1]順陽：郡名。治南鄉縣，在今河南淅川縣南。

[2]汪：范汪。字玄平。晉穆帝升平五年（361），爲都督徐兗青冀幽五州諸軍事、安北將軍、徐兗二州刺史。《晉書》卷七五有傳。

[3]安北將軍：官名。與安東、安西、安南將軍並稱四安將軍。爲出鎮某一地區的軍事長官，或作爲刺史等地方官員兼理軍務的加官，權任很重。晉三品。　徐兗：二州名。東晉立徐州，始以兗州領徐州，或鎮京口，在今江蘇鎮江市；或鎮廣陵，在今江蘇揚州市西北蜀岡上；或鎮下邳，在今江蘇邳州市南。晉孝武帝寧康三年（375），桓沖爲徐州刺史，移鎮京口，徐、兗分兩鎮。

[4]甯：范甯。字武子。《晉書》卷七五有附傳。

[5]豫章：郡名。治南昌縣，在今江西南昌市。

泰初爲太學博士，[1]外弟荆州刺史王忱請爲天門太守。[2]忱嗜酒，醉輒累旬，及醒則儼然端肅。泰陳酒既傷生，所宜深誡，其言甚切。忱嗟歎久之，曰："見規者衆，未有若此者也。"或問忱，范泰何如謝邈，[3]忱曰："茂度漫。"[4]又問何如殷覬，忱曰："伯道易。"[5]忱常有意立功，謂泰曰："今城池既立，軍甲亦充，將欲掃除中原，以申宿昔之志。伯道意鋭，[6]當令擁戈前驅；以君持重，欲相委留事，何如？"泰曰："百年逋寇，前賢挫屈者多矣，功名雖貴，鄙生所不敢謀。"

[1]太學博士：官名。掌經典教授，參議禮制，亦備咨詢。

[2]荆州：州名。治江陵縣，在今湖北荆州市荆州區。　王忱：字元達，太原晉陽（今山西太原市）人。《晉書》卷七五有附傳。　天門：郡名。治澧陽縣，在今湖南石門縣。

[3]謝邈：字茂度，陳國陽夏（今河南太康縣）人。《晉書》卷七九有附傳。

[4]漫：《宋書》卷六〇《范泰傳》作"慢"。

[5]"何如殷覬"至"伯道易"：汲古閣本、殿本、百衲本同。百衲本《宋書》亦同。中華本《南史》《宋書》均改"伯道"作"伯通"，本書校勘記云："'伯通'各本作'伯道'。按《晉書·殷覬傳》云'字伯通'。《册府元龜》七八八亦作'伯通'，注云：'南蠻校尉殷覬字'，今據改，下並改。"百衲本、中華本《晉書》卷八三均作"殷顗，字伯通"，宋刻本《晉書》作"殷覬，字伯通"。《册府元龜》卷八二七作"何如殷顗，忱曰：伯道易"，卷七八八"伯通意鋭"句注又云"伯通，南蠻校尉殷覬字也"。殷覬，《晉書》未見有傳。殷顗，《晉書》卷八三有傳，晉孝武帝太元中，爲南蠻校尉。按，未知孰是。

[6]伯道意鋭：汲古閣本、殿本、百衲本同，中華本改“伯道”爲“伯通”。

會忱病卒，召泰爲驃騎諮議參軍，[1]遷中書郎。[2]時會稽世子元顯專權，[3]内外百官請假，不復表聞，唯籤元顯而已。泰言以爲非宜，元顯不納。以父憂去職，[4]襲爵遂鄉侯。[5]

[1]驃騎諮議參軍：官名。即驃騎將軍府諮議參軍。驃騎，驃騎將軍省稱。居諸名號將軍之首，僅作爲軍府名號，加授大臣、重要州郡長官，無具體職掌。晋二品，開府位從公者，一品。諮議參軍，東晋、南朝王府丞相府、公府、位從公府、州軍府皆有置者，但無定員，亦不常置，職掌不定。其位甚尊，在列曹參軍上。

[2]中書郎：官名。中書通事郎、中書侍郎省稱。爲中書令屬官。章奏經黄門郎署名後，由中書郎進呈皇帝，並讀奏章，代皇帝批閱意見。晋五品。

[3]會稽：此處指會稽王司馬道子。字道子，晋簡文帝之子。簡文帝咸安二年（372），封琅邪王。孝武帝太元十七年（392），徙封會稽王。《晋書》卷六四有傳。會稽國治山陰縣，在今浙江紹興市。　世子：一般稱繼承王位、爵位者爲世子，多爲嫡長子。　元顯：司馬元顯。《晋書》卷六四有附傳。

[4]父憂：父親喪事。

[5]遂鄉侯：汲古閣本、殿本、百衲本同。中華本改作“陽遂鄉侯”，其校勘記云：“各本作‘遂鄉侯’，據《宋書》補正。”按，據《晋書》卷七五《范甯傳》，其父范甯封爲“陽遂鄉侯”，其襲爵亦應爲“陽遂鄉侯”。陽遂，在今陝西眉縣或扶風縣境之渭河北岸。鄉侯，封爵名。食邑爲鄉的列侯。

桓玄輔晋,[1]使御史中丞祖台之奏泰及前司徒左長史王准之、輔國將軍司馬珣之並居喪無禮,[2]泰坐廢,徙丹徒。[3]

[1]桓玄：字敬道，一名靈寶，譙國龍亢（今安徽懷遠縣）人，桓温之子。晋安帝元興二年（403），簒晋自立，建國楚，改元永始。後劉裕、劉毅等起兵討伐，玄兵敗，逃至益州，爲益州督護馮遷所殺。《晋書》卷九九有傳。

[2]御史中丞：官名。御史臺長官，掌監察執法，糾彈百官。晋四品。　祖台之：字元辰，范陽（今河北涿州市）人。官至侍中、光禄大夫。事見《晋書》卷七五《王湛傳》。　司徒左長史：官名。司徒府僚屬。與右長史並爲司徒府幕僚長，位在右長史上。總管府内諸曹，管理州郡農桑、户籍及官吏考課。晋六品。　王准之：百衲本同，汲古閣本作"王汪之"，殿本作"王淮之"。《宋書》卷六〇《范泰傳》作"王準之"。按，此與《宋書》卷六〇《王准之傳》之王准之應非一人，據《宋書·王准之傳》，未見其居喪無禮之事，其任司徒左長史又在宋武帝永初末年。　輔國將軍：官名。將軍名號。晋三品。　司馬珣之：西陽王司馬羕玄孫。曾官吴興太守。

[3]丹徒：縣名。治所在今江蘇鎮江市丹徒區。

宋武帝義旗建,[1]累遷黄門侍郎、御史中丞,[2]坐議殷祠事謬,[3]白衣領職。[4]出爲東陽太守。[5]歷侍中,[6]度支尚書。[7]時僕射陳郡謝混後進知名,[8]武帝嘗從容問混："泰名輩誰比?"對曰："王元一流人也。"[9]徙爲太常。[10]

[1]宋武帝：劉裕。字德輿，小名寄奴，彭城（今江蘇徐州市）綏輿里人。南朝宋建立者。晋安帝元興三年（404）起兵討桓玄。仕

晋官至相國，封宋王。晋恭帝元熙二年（420）代晋稱帝，改元永初。本書卷一，《宋書》卷一至卷三有紀。

[2]黄門侍郎：官名。給事黄門郎省稱。爲門下省次官，與侍中俱掌門下衆事。職在平省尚書奏事，可出入禁中。晋五品。

[3]殷祠：殷祭，指每五年舉行一次的祖廟大祭（禘）和合諸祖神主的大合祭（祫）。《公羊傳》文公二年："五年而再殷祭。"何休注："殷，盛也，謂三年祫，五年禘。禘所以異於祫者，功臣皆祭也。"

[4]白衣領職：對有過失官員的一種行政處分，類似留職察看。南朝官服爲黑色，俗稱"烏衣"。白衣爲庶民之服。衣白衣而領職，即帶過履職考察，期滿自新者可重新穿起官服，否則正式免職。

[5]東陽：郡名。治長山縣，在今浙江金華市。

[6]侍中：官名。門下侍中省長官。掌奏事，直侍左右，應對獻替。法駕出，則正直一人負璽陪乘。殿内門下衆事皆掌之。晋三品。

[7]度支尚書：官名。尚書省度支曹長官。掌財賦收支會計及事役漕運物價屯田之政令。晋三品。

[8]僕射：官名。即尚書僕射。魏晋爲尚書省次官，或單置，或並置左、右，又或單置左、右僕射。左僕射位於右僕射上。輔助尚書令執行政務，參議大政，諫諍得失，監察糾彈百官，可封還詔旨，常受命主管官吏選舉。晋三品。　陳郡：郡名。東晋時治項城，在今河南沈丘縣。　謝混：字叔源，小字益壽，陳郡陽夏（今河南太康縣）人，謝安之孫，晋孝武帝之婿。歷中書令、中領軍、尚書左僕射。晋安帝義熙八年（412）因黨附劉毅，被劉裕殺害。《晋書》卷七九有附傳。　後進：後輩、晚輩。指學識淺薄或晚入仕資歷較淺的人。《論語·先進》云："子曰：先進於禮樂，野人也。後進於禮樂，君子也。"邢昺疏云："後進，謂後輩仕進之人也。"

[9]王元一流人也：汲古閣本、殿本、百衲本同。中華本於"元"字後補"太"字，其校勘記云："'王元太'各本脱'太'字，據《宋書》補。孫彪《宋書考論》：'《蜀志》楊戲《輔臣贊》有"王元泰"亦時知名士。'"可從。

[10]太常：官名。掌宗廟禮儀，位尊職閑。晋三品。

初，司徒道規無子，[1]養文帝。[2]及道規薨，以兄道憐第二子義慶爲嗣。[3]武帝以道規素愛文帝，又令居重。[4]及道規追封南郡公，[5]應以先華容縣公賜文帝。[6]泰議以爲“禮無二主”，[7]由是文帝還本屬。後加散騎常侍，[8]爲尚書，[9]兼司空，[10]與右僕射袁湛授宋公九錫，[11]隨軍到洛陽。武帝還彭城，[12]與泰登城。泰有足疾，特命乘輿。泰好酒，不拘小節，通率任心。雖公坐，笑言不異私室，武帝甚賞愛之。然短於爲政，故不得在政事官。

[1]司徒：官名。與太尉、司空並稱三公。名譽宰相，亦可參録朝政，然僅掌事務，政務歸尚書。如加録尚書事銜，得爲真宰相。晋一品。　道規：劉道規。字道則，宋武帝之弟。本書卷一三、《宋書》卷五一有傳。

[2]文帝：南朝宋文帝劉義隆。小字車兒，宋武帝第三子。本書卷二、《宋書》卷五有紀。

[3]道憐：劉道憐。宋武帝之弟。本書卷一三、《宋書》卷五一有傳。憐，殿本、百衲本同，汲古閣本作“璘”。《宋書·劉道憐傳》中華本校勘記云：“按嚴可均輯《全宋文》收録《宋故散騎常侍護軍將軍臨澧侯劉使君墓誌》云：‘曾祖宋孝皇帝。祖諱道鄰字道鄰，侍中、太傅、長沙景王。’是道憐本作道鄰。顔師古《匡謬正俗》亦云：‘宋高祖弟道鄰，史牒誤爲憐字，讀者就而呼之，莫有知其本實。余家嘗得《宋高祖集》十卷，是宋元嘉時秘閣官書，所載道鄰字，始知道憐者是錯。’”　義慶：劉義慶。本書卷一三、《宋書》卷五一有附傳。

[4]居重：居父母喪。此處指劉道規死，宋武帝令文帝行父喪

之禮。

[5]南郡公：封爵名。南郡，郡名。治江陵縣，在今湖北荆州市荆州區。

[6]華容：縣名。治所在今湖北潛江市西南。　縣公：封爵名。開國縣公省稱。食邑爲縣，故常冠以所封縣名。

[7]禮無二主：《宋書》卷六〇《范泰傳》作“禮無二嗣”。

[8]散騎常侍：官名。西晋時位比侍中，爲門下重職，散騎省長官。掌侍從皇帝左右，諫諍得失，顧問應對，與侍中等共平尚書奏事，有異議得駁奏。亦常用作宰相、諸公等加官，得入宫禁議政。至東晋，奪中書出令之權，參掌機密，選望甚重，職任比於侍中。晋三品。

[9]尚書：官名。魏晋南北朝時分掌尚書省諸曹，成爲行政官員。東晋時有祠部、吏部、左民、度支、五兵五曹尚書，宋武帝時又增都官尚書。若有右僕射，則不置祠部尚書。孝武帝大明二年（458），置二吏部尚書，省五兵尚書，後還置一吏部尚書。順帝昇明元年（477），又置五兵尚書。晋三品。

[10]司空：官名。與太尉、司徒並稱三公。名譽宰相，亦可參録朝政，然僅掌事務，政務歸尚書。如加録尚書事銜，得爲真宰相。晋一品。

[11]右僕射：官名。即尚書右僕射。魏晋爲尚書省次官，位在左僕射下。輔助尚書令執行政務。晋三品。　袁湛：字士深，陳郡陽夏（今河南太康縣）人。本書卷二六、《宋書》卷五二有傳。　宋公：指劉裕。晋安帝義熙十二年（416），安帝詔劉裕進位相國，封十郡爲宋公，備九錫之禮。　九錫：天子賜給大臣的九種器物，是對臣子的最高禮遇。分别爲車馬、衣服、樂則、朱户、納陛、虎賁、矢、鈇鉞、秬鬯。

[12]彭城：郡名。治彭城縣，在今江蘇徐州市。

武帝受命，議建國學，以泰領國子祭酒，[1]泰上表陳奬進之道。時學竟不立。又言事者多以錢貨減少，國用不足，欲更造五銖。[2]泰又諫曰：

[1]武帝受命，議建國學，以泰領國子祭酒：《宋書》卷六〇《范泰傳》云："高祖受命，拜金紫光禄大夫，加散騎常侍。明年，議建國學，以泰領國子祭酒。"據此，議建國學、領國子祭酒事在高帝受命次年，本書因删致誤。國學，國子學省稱。專收貴族子弟，與太學並立。南北朝時，或設國子學，或設太學，或兩者同設。國子祭酒，官名。隸太常。主管國子學，掌教授生徒儒學，參議禮制。宋國子學不常置，而祭酒則常置。

[2]五銖：五銖錢。貨幣的一種。重五銖，其上有"五銖"二字，故名。漢代時已行用。

臣聞爲國拯弊，莫若務本。"百姓不足，君孰與足"，[1]未有人貧而國富，本不足而末有餘者也。故囊漏貯中，識者不吝，[2]反裘負薪，存毛實難。[3]王者不言有無，諸侯不説多少，食禄之家，不與百姓争利。[4]故拔葵所以明政，[5]織蒲謂之不仁。[6]是以貴賤有章，職分無爽。今之所憂，在農人尚寡，倉廩未充，轉運無已，資食者衆，家無私積，難以禦荒耳。夫貨存貿易，不在少多，昔日之貴，今者之賤，彼此共之，其揆一也。但令官人均通，則無患不足。若使必資貨廣以收國用者，則龜貝之屬，[7]自古所行。尋銅之爲器，在用也博矣，鐘律所通者遠，[8]機衡所揆者大，[9]夏鼎負圖，[10]實冠衆瑞，晋鐸呈象，[11]亦啓休徵。器有要用，則貴賤同資，物有適宜，則家國共急。今毀必資之器，而爲無施之錢，於貨則功不補勞，在用則君人俱困，校之以實，損多益少。伏願思可久之道，探欲速之情，[12]弘山海之納，擇芻牧之說。[13]

[1]百姓不足，君孰與足：語出《論語·顔淵》："哀公問於有若曰：'年饑，用不足，如之何？'有若對曰：'盍徹乎。'曰：'二，吾猶不足，如之何其徹也。'對曰：'百姓足，君孰與不足；百姓不足，君孰與足。'"

[2]囊漏貯中，識者不吝：從囊中漏到貯中，猶仍在囊中，並未外漏，故有見識之人不以爲可惜。《新序·刺奢》云："周諺曰：'囊漏貯中。'而獨不聞歟。"

[3]反裘負薪，存毛實難：反穿皮衣，背着柴火，皮上之毛也很難得以保存。比喻不知本末輕重。《新序·雜事》云："魏文侯出遊，見路人反裘而負芻。文侯曰：'胡爲反裘而負芻？'對曰：'臣愛其毛。'文侯曰：'若不知其裏盡而毛無所恃邪？'"

[4]"王者不言有無"至"不與百姓争利"：語出《後漢書》卷四三《朱暉傳》："暉復獨奏曰：'王制，天子不言有無，諸侯不言多少，禄食之家，不與百姓争利。'"

[5]拔葵所以明政：典出《史記》卷一一九《循吏列傳》：公儀休爲魯相，"食茹而美，拔其園葵而弃之。見其家織布好，而疾出其家婦，燔其機，云：'欲令農士工女安所讎其貨乎？'"

[6]織蒲謂之不仁：典出《左傳》文公二年："仲尼曰：'臧文仲，其不仁者三，不知者三。下展禽，廢六關，妾織蒲，三不仁也。'"杜預注云："家人販席，言其與民争利。"

[7]龜貝：龜甲、貝殻，古代用以作爲貨幣。

[8]鐘律：此處應指樂器。

[9]機衡：此處應指天文儀器。《宋書·天文志一》云："渾儀，羲和氏之舊器，歷代相傳，謂之機衡。"

[10]夏鼎負圖：相傳夏禹收九牧之金，鑄九鼎。《左傳》宣公三年云："昔夏之方有德也，遠方圖物，貢金九牧，鑄鼎象物，百物而爲之備，使民知神姦……用能協于上下，以承天休。"杜預注云："象所圖物著之於鼎。"又云："圖鬼神百物之形，使民逆備之。"今注本《宋書》以爲："中華本'圖'字傍劃書名曲綫，誤。"

[11]晋鐸呈象：晋愍帝時，於晋陵得銅鐸五枚，上有龍虎形。當時以爲是一種吉兆。《晋書》卷七二《郭璞傳》載："時元帝初鎮建鄴，導令璞筮之，遇《咸》之《井》，璞曰：'東北郡縣有"武"名者，當出鐸，以著受命之符。西南郡縣有"陽"名者，井當沸。'其後晋陵武進縣人於田中得銅鐸五枚。"《太平御覽》卷五八四引《廣古今五行記》云："晋愍帝建興四年，晋陵人陳寵在田得銅鐸五枚，皆有龍虎形。"鐸，打擊樂器。形如銅鈴，體短有柄，體内有舌，執柄摇動發聲。宣教政令時擊之以警衆。舌有木、銅之别，木舌者稱木鐸，用於文事，銅舌者稱金鐸，用於武事。

[12]探欲速之情：《宋書》卷六〇《范泰傳》作"賒欲速之情"。馬宗霍《南史校證》云："疑'賒'字是，賒猶緩也。"（湖南教育出版社2008年版，第553頁）

[13]芻牧之説：割草放牧者的言論。

景平初，[1]加位特進，[2]明年致仕，[3]解國子祭酒。少帝在位，[4]多諸愆失，泰上封事極諫。少帝雖不能納，亦不加譴。徐羨之、傅亮等與泰素不平，[5]及廬陵王義真、少帝見害，[6]泰謂所親曰："吾觀古今多矣，未有受遺顧託，而嗣君見殺，賢王嬰戮者也。"[7]

[1]景平：南朝宋少帝劉義符年號（423—424）。

［2］特進：官名。漢代時爲對勳臣的一種優待。加此者朝會時班次可在三公下。魏晋南北朝時成爲正式加官名號，用以安置閑退大臣，或作卒後贈官。宋二品。

［3］致仕：辭官退休。

［4］少帝：南朝宋少帝劉義符。小字車兵，宋武帝長子。武帝永初三年（422）即位，次年改元。後被廢，幽禁於吴郡，徐羡之等使人將其殺害。本書卷一、《宋書》卷四有紀。

［5］徐羡之：字宗文，東海郯（今山東郯城縣）人。受宋武帝遺命，與傅亮等輔助少帝。武帝死後，控制朝政，廢少帝，立文帝，後爲文帝所殺。本書卷一五、《宋書》卷四三有傳。　傅亮：字季友，北地靈州（今寧夏吴忠市北武市）人。與徐羡之同謀廢立，後爲文帝所殺。本書卷一五、《宋書》卷四三有傳。

［6］廬陵王義真：劉義真。宋武帝之子。武帝永初元年，封廬陵王。少帝時，徐羡之等謀廢立，按次第義真當立。徐羡之等以其輕訬，不任主社稷，借其又與少帝不和，奏廢爲庶人。後又遣人殺害。本書卷一三、《宋書》卷六一有傳。廬陵，郡名。治石陽縣，在今江西吉水縣東北。

［7］嬰戮：遭受殺戮。嬰，遭受，遇到。

元嘉二年，[1]奉表賀元正并陳旱災，[2]多所奬勸。拜表，遂輕舟遊東陽，任心行止，不關朝廷。[3]有司劾奏之，文帝不問。時文帝雖當陽親覽，[4]而羡之等猶執重權，泰復上表論得失，言及執事。諸子禁之，表竟不奏。

［1］元嘉：南朝宋文帝劉義隆年號（424—453）。

［2］奉：汲古閣本、殿本、百衲本、中華本作“泰”。　元正：元旦。

［3］關：禀告。

[4]當陽：指天子南面向陽而治。《資治通鑑》卷一〇七《晋紀二十九》孝武帝太元十四年胡三省注云："人主南面鄉明而立以治天下，故曰當陽。"《左傳》文公四年云："天子當陽，諸侯用命。"

三年，羡之伏誅，進位侍中、左光禄大夫、國子祭酒，[1]領江夏王師，[2]特進如故。上以泰先朝舊臣，恩禮甚重。以有脚疾，宴見之日，特聽乘輿到坐。所陳時事，上每優遊之。[3]

[1]左光禄大夫：官名。作爲在朝顯職的加官，以示優崇。或授予年老有病者爲致仕之官，亦常用爲卒後贈官，無職掌。其禮遇與特進同。以爲加官者，唯授章綬、禄賜、班位而已，不别給車服、吏卒。

[2]領：官制術語。於本官之外暫攝某官，常以卑官領高職。　江夏王：劉義恭。宋武帝之子。諸子之中，最受寵愛。文帝元嘉元年(424)封江夏王。前廢帝狂悖無道，欲謀廢立，爲前廢帝所殺。本書卷一三、《宋書》卷六一有傳。江夏，郡名。治夏口城，在今湖北武漢市武昌區。　師：官名。王國屬官。掌輔導諸王。宋六品。

[3]優遊：汲古閣本、百衲本同，殿本、中華本作"優容"。《宋書》卷六〇《范泰傳》亦作"優容"。

其年秋，旱蝗，又上表言："有蝗之處，縣官多課人捕之，無益於枯苗，有傷於殺害。又女人被宥，由來尚矣，謝晦婦女猶在尚方，[1]疋婦一至，亦能有所感激。"書奏，上乃原謝晦婦女。時司徒王弘輔政，[2]泰謂弘曰："彭城王，[3]帝之次弟，宜徵還入朝，共參朝政。"弘納其言。時旱災未已，加以疾疫，泰又上表有所勸誡。

[1]謝晦：字宣明，陳郡陽夏（今河南太康縣）人。宋少帝即位後，與徐羨之、傅亮共輔朝政。後共謀廢少帝，立文帝。出鎮荆州。文帝誅徐羨之、傅亮後，發兵征討。兵敗，執送京師，被誅。本書卷一九、《宋書》卷四四有傳。　尚方：官署名。掌使役工徒，製作御用服玩器物等。

[2]王弘：字休元，琅邪臨沂（今山東臨沂市）人。本書卷二一、《宋書》卷四二有傳。

[3]彭城王：劉義康。小字車子，宋武帝之子。武帝永初元年(420)，封彭城王。本書卷一三、《宋書》卷六八有傳。

泰博覽篇籍，好爲文章，愛獎後生，孜孜無倦。撰《古今善言》二十四篇及文集傳於世。[1]暮年事佛甚精，於宅西立祇洹精舍。[2]五年卒。[3]初議贈開府，[4]殷景仁曰：[5]"泰素望不重，不可擬議台司。"[6]竟不果。及葬，王弘撫棺哭曰："君生平重殷鐵，今以此爲報。"追贈車騎將軍，[7]謚曰宣侯。第四子曅最知名。

[1]《古今善言》二十四篇及文集傳於世：《隋書・經籍志三》著録"《古今善言》三十卷，宋車騎將軍范泰撰"。《隋書・經籍志四》著録"宋太常卿《范泰集》十九卷"，自注云："梁二十卷，録一卷。"

[2]祇洹精舍：亦稱祇園精舍。印度佛教聖地之一。此處泛指修行精舍。精舍，僧道修行居住之處。

[3]五年卒：按，據《宋書》卷六〇《范泰傳》，卒時年七十四。

[4]開府：官名。開府儀同三司省稱。意謂與三司即太尉、司徒、司空禮制、待遇相同，許開設府署，自辟僚屬。宋一品。

[5]殷景仁：小字鐵，陳郡長平（今河南西華縣）人。本書卷二七、《宋書》卷六三有傳。

［6］台司：指三公。魏晋以來亦爲開府儀同三司的代稱。

［7］車騎將軍：官名。位次驃騎將軍，在諸名號大將軍上，又作爲軍府名號加授重臣及州郡長官。宋二品。

暈字蔚宗，母如厠産之，額爲塼所傷，故以塼爲小字。出繼從伯弘之，後襲封武興縣五等侯。[1]少好學，善爲文章，能隸書，曉音律。爲秘書丞，[2]父憂去職。服闋，[3]爲征南大將軍檀道濟司馬，[4]領新蔡太守。[5]後爲尚書吏部郎。[6]

［1］武興：縣名。治所當在今越南永福省、富壽省及其周邊一帶。　五等侯：爲獎賞功臣之虚封，無食邑。周一良《宋書札記》云："所謂五等乃特殊稱謂，非指公侯伯子男之五等級。此制之行，只在東晋末劉裕執政時及劉宋初年，以前未嘗見。且大多初封，世襲者極罕。錢大昕《廿二史考異》十四謂：'五等之封但假虚號，未有食邑，蓋出一時權宜之制。'案封五等爵諸人，多是劉裕起兵討伐桓玄由京口進軍建康時立功者。當時劉裕鎮壓孫恩起義之後，在統治階級中初立威信，實力尚未强大，故其部下只能暫獲虚號……代晋以後，五等爵之制未廢，然見於史籍記載者極少……《南齊書》一《高帝紀》載其父蕭承之于宋文帝時'封晋興縣五等男，邑三百四十户'，疑後世史家粉飾之詞。《南史》四本紀只記封爵，不言有封户。"（《魏晋南北朝史札記》，中華書局1985年版，第157頁）

［2］秘書丞：官名。秘書省屬官，佐秘書監掌國家典籍圖書。南朝出仕者多爲僑姓高門，爲清要之官，當時稱爲"天下清官"。宋六品。

［3］服闋：服喪期滿。

［4］征南大將軍：官名。多授予統兵出鎮在外、都督數州諸軍事者。於武職中地位很高，在四征將軍之上。宋二品。　檀道濟：高平

金鄉（今山東嘉祥縣）人。本書卷一五、《宋書》卷四三有傳。　司馬：官名。諸公、軍府屬官，掌參贊軍務。宋六品至七品，隨府主地位高低而不等。

[5]新蔡：郡名。㸃治懸瓠城，在今河南汝南縣。

[6]尚書吏部郎：官名。尚書省吏部曹長官的通稱。屬吏部尚書，主管官吏選任銓敘、調動之事。對五品以下官吏有任免建議權，如加“參掌大選”名義，可參議高級官吏的任免，職位高於尚書省諸曹郎。宋六品。

元嘉元年，[1]彭城太妃薨，[2]將葬，祖夕，僚故並集東府，[3]曄與司徒左西屬王深及弟司徒祭酒廣夜中酣飲，[4]開北牖聽挽歌爲樂。彭城王義康大怒，左遷宣城太守。[5]不得志，乃删衆家《後漢書》爲一家之作，至於屈伸榮辱之際，未嘗不致意焉。[6]

[1]元嘉元年：汲古閣本、殿本、百衲本同。中華本改“元年”爲“九年”，其校勘記云:“‘九年’各本作‘元年’，據《宋書·彭城王義康傳》改。”應爲“九年”。

[2]彭城太妃：宋武帝修容王氏，生彭城王劉義康，尊稱爲彭城太妃。

[3]東府：東晉、南朝都建康時丞相兼領揚州刺史的治所，在今江蘇南京市通濟門附近。

[4]司徒左西屬：官名。司徒府左西曹僚屬，位在掾下，一人，參掌左西曹。左西曹爲晉朝司徒府特設屬曹，位在諸曹上。　司徒祭酒：官名。司徒府僚屬。掌府中庶務。　廣:《宋書》卷六九《范曄傳》作“廣淵”，本書避唐高祖李淵諱省。

[5]左遷：降官，貶職。　宣城：郡名。治宛陵縣，在今安徽宣城市宣州區。

[6]至於屈伸榮辱之際，未嘗不致意焉：《宋書·范曄傳》無此句。王鳴盛《十七史商榷》卷六一《范蔚宗以謀反誅》云："李延壽爲益二語云：'於屈伸榮辱之際，未嘗不致意焉。'此稍見蔚宗作史本趣。今讀其書，貴德義，抑勢利，進處士，黜姦雄，論儒學則深美康成，褒黨錮則推崇李杜，宰相多無述而特表逸民，公卿不見采而惟尊獨行，立言若是，其人可知，犯上作亂必不爲也。"

遷長沙王義欣鎮軍長史。[1]兄暠爲宜都太守，[2]嫡母隨暠在官，亡，[3]報之以疾，曅不時奔赴。及行，又攜伎妾自隨，爲御史中丞劉損所奏。[4]文帝愛其才，不罪也。服闋，累遷左衛將軍，[5]太子詹事。[6]

[1]長沙王義欣：劉義欣。劉道憐之子。本書卷一三、《宋書》卷五一有附傳。長沙，郡名。治臨湘縣，在今湖南長沙市。　鎮軍長史：官名。鎮軍將軍府長史。掌府中庶務。鎮軍。鎮軍將軍省稱。與中軍將軍、撫軍將軍位比四鎮將軍。主要爲中央軍職，亦可出任地方，並領刺史兼理民政。宋三品。長史，南朝時諸王公府、軍府置，爲府中幕僚之長，掌府中庶務。宋六品至七品，隨府主地位高低而不等。

[2]宜都：郡名。治夷道縣，在今湖北枝江市。

[3]亡：按，據《宋書》卷六九《范曄傳》，其嫡母亡於宋文帝元嘉十六年（439）。

[4]御史中丞：官名。宋四品。　劉損：字子騫，沛郡蕭（今安徽蕭縣）人。本書卷一七、《宋書》卷四五有附傳。

[5]左衛將軍：官名。西晉初分中衛將軍爲左、右衛將軍，負責宮禁宿衛，是禁衛軍主要統帥之一。權任很重，多由皇帝親信擔任。宋沿置，四品。

[6]太子詹事：官名。東宮屬官。掌東宮內外庶務。宋三品。

曅長不滿七尺，[1]肥黑，秃眉鬢，善彈琵琶，能爲新聲。上欲聞之，屢諷以微旨，曅僞若不曉，終不肯爲。[2]上嘗宴飲歡適，[3]謂曅曰："我欲歌，卿可彈。"曅乃奉旨。上歌既畢，曅亦止弦。

［1］七尺：南朝度制，一尺約合今24.5釐米。身高七尺約爲171.5釐米。

［2］終不肯爲：高敏《南北史掇瑣》云："按：《宋書》卷六十同人傳在'爲'字後多'上彈'二字，即'終不肯爲上彈'，意較明白，《南史》删'上彈'二字，有因删致疑之嫌。"（中州古籍出版社2003年版，第176頁）

［3］歡適：歡樂愜意。汲古閣本、殿本、百衲本同，中華本作"勸適"。《宋書》卷六九《范曅傳》亦作"歡適"。

初，魯國孔熙先博學有從横才志，[1]文史星筭，無不兼善，爲員外散騎侍郎，[2]不爲時知，久不得調。初，熙先父默之爲廣州刺史，[3]以贓貨下廷尉，[4]大將軍彭城王義康保持之，[5]故免。及義康被黜，熙先密懷報效，以曅意志不滿，欲引之，無因進説。曅甥謝綜雅爲曅所知，[6]熙先藉嶺南遺財，家甚富足，乃傾身事綜。始與綜諸弟共博，故爲拙行，以物輸之，情意稍款。綜乃引熙先與曅戲，熙先故爲不敵，前後輸曅物甚多。曅既利其財寶，又愛其文藝，遂與申莫逆之好。熙先始以微言動曅，曅不回。曅素有閨庭論議，[7]朝野所知，故門胄雖華，[8]而國家不與姻，以此激之曰："丈人若謂朝廷相待厚者，[9]何故不與丈人婚，爲是門户不得邪？人作犬豖相遇，[10]而丈人欲爲之死，不亦惑乎。”曅默然不答，其意乃定。

[1]魯國：王國名。在今山東曲阜市。

[2]員外散騎侍郎：官名。初爲正員散騎侍郎的添差，後成定員官，屬散騎省，爲閑散之職。初多以公族、功臣子弟充任，後常用以安置閑退官員，多爲榮譽頭銜。宋五品。

[3]廣州：州名。治番禺縣，在今廣東廣州市。

[4]廷尉：官名。諸卿之一，爲中央最高司法審判機構長官。宋三品。

[5]大將軍：官名。西晋爲八公之一，位居三師、大司馬下，三公上，開府置僚屬。仍爲朝中大臣，或亦加授重要地方長官。東晋頗重其任，常專擅軍政事務。南朝不常授，或以爲贈官。宋一品。

[6]謝綜：陳郡陽夏（今河南太康縣）人，謝述之子。本書卷一九有附傳。

[7]閨庭論議：家門中之事被人議論。

[8]門胄：門第。

[9]丈人：對老人或親戚長輩的尊稱。

[10]相遇：相待，對待。

時曅與沈演之並爲上所知待，[1]每被見多同，曅若先至，必待演之，演之先至，常獨被引，曅又以此爲怨。曅累經義康府佐，見待素厚，及宣城之授，意好乖離。綜爲義康大將軍記室參軍，[2]隨鎮豫章。綜還，申義康意於曅，求解晚隙，復敦往好。

[1]沈演之：字臺真，吴興武康（今浙江德清縣）人。本書卷三六、《宋書》卷六三有傳。

[2]大將軍記室參軍：官名。即大將軍府記室參軍。掌府中書記。記室參軍，王公軍府屬官，掌書記。

曅既有逆謀，欲探時旨，乃言於上曰："臣歷觀前史二漢故事，諸蕃王政以妖詛幸災，便正大逆之罰。况義康姦心釁迹，彰著遐邇，而至今無恙，臣竊惑焉。且大梗常存，將成亂階。"[1]上不納。

[1]將成亂階：《宋書》卷六九《范曄傳》作"將重階亂"。亂階，禍亂的緣由。《詩·小雅·巧言》云："無拳無勇，職爲亂階。"鄭玄箋云："此人主爲亂作階，言亂由之來也。"

熙先素善天文，云："文帝必以非道晏駕，[1]當由骨肉相殘。江州應出天子。"[2]以爲義康當之。綜父述亦爲義康所遇，[3]綜弟約又是義康女夫，[4]故文帝使綜隨從南上。既爲熙先獎說，[5]亦有酬報之心。

[1]晏駕：對帝王去世的諱辭。

[2]江州：州名。治南昌縣，在今江西南昌市。

[3]述：謝述。字景先，陳郡陽夏（今河南太康縣）人。本書卷一九、《宋書》卷五二有附傳。

[4]約：謝約。與謝綜謀反被誅。

[5]獎說：勸誘。

廣州人周靈甫有家兵部曲，[1]熙先以六十萬錢與之，使於廣州合兵。靈甫一去不反。大將軍府史仲承祖，[2]義康舊所信念，屢銜命下都，亦潛結腹心，規有異志。聞熙先有誠，密相結納。丹陽尹徐湛之素爲義康所愛，[3]雖爲舅甥，恩過子弟，承祖因此結事湛之，告以密計。承祖南下，申義康意於蕭思話及曅，[4]云："本欲與蕭結婚，恨始意不果。與范本情不薄，中間相失，傍人爲之耳。"

[1]部曲：本爲軍隊編制之稱。東漢末，演變爲私人武裝之稱。魏晋南北朝時，世族、豪族普遍擁有部曲，平時耕田從役，戰時隨主人作戰。父死子繼，地位低下。南北朝後期，地位稍有上升，或可經主人放免爲平民。

[2]府史仲承祖：《宋書》卷六九《范曅傳》一處作"府史仲承祖"，一處作"府吏仲承祖"。

[3]丹陽尹：官名。京師所在丹陽郡行政長官，掌京師行政、詔獄。丹陽，郡名。治建康縣，在今江蘇南京市。　徐湛之：字孝源，東海郯（今山東郯城縣）人。其父徐逵之尚宋武帝長女會稽公主。本書卷一五有附傳，《宋書》卷七一有傳。

[4]蕭思話：南蘭陵（今江蘇常州市武進區）人。宋孝懿皇后弟子。本書卷一八、《宋書》卷七八有傳。

有法畧道人，先爲義康所養，[1]粗被知待。又有王國寺法静尼出入義康家内，皆感激舊恩，規相拯拔，並與熙先往來。使法畧罷道。法畧本姓孫，改名景玄，以爲臧質寧遠參軍。[2]

[1]先爲義康所養：《宋書》卷六九《范曅傳》"養"作"供養"。

[2]臧質：字含文，東莞莒（今山東莒縣）人。本書卷一八有附傳，《宋書》卷七四有傳。　寧遠參軍：官名。即寧遠將軍府參軍

事。寧遠，寧遠將軍省稱。將軍名號。宋五品。參軍，南朝王公軍府皆置，掌參贊軍務。宋諸府參軍七品。

熙先善療病兼能診脉，法静尼妹夫許耀領隊在臺，[1]宿衛殿省，嘗有疾，因法静尼就熙先乞療得損，[2]因成周旋。[3]熙先以耀膽幹，因告逆謀，耀許爲内應。豫章胡藩子遵世與法静甚款，[4]亦密相酬和。法静尼南上，熙先遣婢采藻隨之，付以牋書，[5]陳説圖讖。[6]法静還，義康餉熙先銅匕、銅鑷、袍叚、棋奩等物。熙先慮事泄，酖采藻殺之。

[1]臺：此處應指臺城。即都城建康之宫城，爲朝廷所在。在今江蘇南京市。

[2]損：病情減輕。

[3]周旋：朋友，親密往來之人。可參閲周一良《宋書札記·方圜、落漠、周旋》（《魏晋南北朝史札記》，第204—206頁）。

[4]胡藩：字道序，豫章南昌（今江西南昌市）人。本書卷一七、《宋書》卷五〇有傳。　遵世：胡遵世。胡藩第十四子。謀反事敗，宋文帝以其父爲功臣，不欲顯其事，使江州以他事收殺之。　法静：《宋書》卷六九《范曄傳》作“法略”。

[5]牋書：書信。

[6]圖讖：巫師、方士製作的一種宣揚迷信的預言、隱語，作爲吉凶的符驗或徵兆。有的有圖有字，故稱“圖讖”。《後漢書》卷一上《光武帝紀上》“宛人李通等以圖讖説光武”句李賢注云：“圖，《河圖》也。讖，符命之書。讖，驗也。言爲王者受命之徵驗也。”

湛之又謂曄等：“臧質見與異常，質與蕭思話款密，二人並受大將軍眷遇，必無異同，不憂兵力不足，但當勿失機耳。”乃備相署置：湛之爲撫軍將軍、揚州刺史，[1]曅中軍將軍、南徐州刺史，[2]熙先左衛將軍。其餘皆有選擬。凡素所不善及不附義康者，又有別簿，並入死目。

[1]撫軍將軍：官名。與中軍將軍、鎮軍將軍位比四鎮將軍。主要爲中央軍職，亦可出任地方，並領刺史兼理民政。宋三品。　揚州：州名。治建康縣，在今江蘇南京市。

[2]中軍將軍：官名。與撫軍將軍、鎮軍將軍位比四鎮將軍。主要爲中央軍職，亦可出任地方，並領刺史兼理民政。宋三品。　南徐州：州名。治京口城，在今江蘇鎮江市。

熙先使弟休先豫爲檄文，言賊臣趙伯符肆兵犯蹕，[1]禍流諸宰，[2]乃奉戴義康。又以既爲大事，宜須義康意旨，乃作義康與湛之書，[3]宣示同黨。

[1]趙伯符：字潤遠，下邳僮（今安徽泗縣）人。本書卷一八、《宋書》卷四六有附傳。　犯蹕：冒犯皇帝車駕。蹕，皇帝出入時清道戒嚴。《史記》卷五八《梁孝王世家》司馬貞索隱引《漢舊儀》云：“皇帝輦動稱警，出殿則傳蹕，止人清道。”

[2]諸宰：汲古閣本、百衲本同，殿本、中華本作“儲宰”。《宋書》卷六九《范曅傳》亦作“儲宰”。

[3]乃作義康與湛之書：據上文文意，義康與湛之書似爲孔熙先所作。按，《宋書·范曅傳》，先載熙先使弟休先所作檄文，後又言“熙先以既爲大事，宜須義康意旨，曅乃作義康與湛之書，宣示同黨”，則義康與湛之書爲范曅所作。

二十二年九月，征北將軍衡陽王義季、右將軍南平王鑠出鎮，[1]上於虎帳岡祖道。[2]曅等期以其日爲亂，許曜侍上，[3]扣刀以目曅，曅不敢視，俄而坐散，差互不得發。[4]十一月，徐湛之上表告狀，於是悉出檄書選事及同惡人名手迹。詔收綜等，並皆款服，唯曅不首。上頻使窮詰，乃曰："熙先苟誣引臣。"熙先聞曅不服，笑謂殿中將軍沈邵之曰：[5]"凡諸處分、符檄書疏，皆曅所造及改定，云何方作此抵。"[6]上示以曅墨迹，曅乃引罪。[7]明日送曅付廷尉，入獄，然後知爲湛之所發。

[1]征北將軍：官名。與征東、征西、征南將軍合稱四征將軍。多授予出鎮方面的持節都督，地位顯要。宋三品，若爲持節都督則進爲二品。丁福林《宋書校議》據《宋書》卷五《文帝紀》、卷六一《衡陽文王義季傳》考證，宋文帝元嘉二十二年（445），劉義季爲征北大將軍，"征北"後恐佚"大"字（上海古籍出版社2002年版，第273—274頁）。　衡陽王義季：劉義季。宋武帝之子。文帝元嘉元年，封衡陽王。本書卷一三、《宋書》卷六一有傳。衡陽，郡名。治湘西縣，在今湖南株洲市西南。　右將軍：官名。將軍名號，東晉、南朝時用作加官。宋三品。　南平王鑠：劉鑠。字休玄，宋文帝第四子。文帝元嘉十六年，封南平王。本書卷一四、《宋書》卷七二有傳。南平，郡名。治江安縣，在今湖北公安縣西北。

[2]上於虎帳岡祖道：汲古閣本、殿本、百衲本同。中華本改"虎帳岡"爲"武帳岡"，其校勘記云："'武帳岡'各本作'虎帳岡'，據《宋書》《通鑑》改。胡注引杜佑《通典》曰：'岡在廣莫門外宣武場，設行宫便坐於其上。'王鳴盛《十七史商榷》：'《漢書·汲黯傳》："上嘗坐武帳見黯。"應劭曰："武帳，織成帳爲武士象也。"元嘉武帳取此義也。後之校史者誤以爲李延壽避唐諱改作"武"，實當

作“虎”，遂奮筆改之。’”

[3]許曜：汲古閣本同，殿本、百衲本作“許耀”，“曜”“耀”二字同，即上文法静尼妹夫許耀。

[4]差互：錯過時機。

[5]殿中將軍：官名。侍衛武職，不典兵。宋六品。

[6]云何方作此抵：《宋書》卷六九《范曄傳》作“云何於今方作如此抵蹋邪”，句意更爲清晰明了。

[7]引罪：承認罪過。

熙先望風吐款，辭氣不撓，上奇其才，使謂曰：“以卿之才而滯於集書省，[1]理應有異志，此乃我負卿也。”熙先於獄中上書陳謝，并陳天文占候，誡上有骨肉相殘之禍，其言深切。

[1]集書省：官署名。南朝宋改散騎省置，門下三省之一，有時習稱“散騎省”。掌侍從、規諫、評議、駁正等事。

曄後與謝綜等得隔壁，遥問綜曰：“疑誰所告。”綜曰：“不知。”曄乃稱徐湛之小名曰：“乃是徐僮也。”[1]在獄爲詩曰：“禍福本無兆，性命歸有極。必至定前期，誰能延一息。在生已可知，來緣懵無識。[2]好醜共一丘，何足異枉直。豈論東陵上，寧辯首山側。[3]雖無嵇生琴，庶同夏侯色。[4]寄言生存子，此路行復即。”上有白團扇甚佳，送曄，令書出詩賦美句。曄受旨援筆而書曰：“去白日之炤炤，[5]襲長夜之悠悠。”上循覽悽然。

[1]徐僮：《宋書》卷六九《范曄傳》作“徐童”，並云“徐湛

之小名仙童也”。

[2]來緣㶳無識：汲古閣本、百衲本同，殿本、中華本作“懜”。㶳，同“燼”。懜，暗昧不明。

[3]豈論東陵上，寧辯首山側：汲古閣本、殿本、百衲本同，中華本“辯”作“辨”。典出《莊子·駢拇》：“伯夷死名於首陽之下，盜跖死利於東陵之上。二人者，所死不同，其於殘生傷性均也，奚必伯夷之是而盜跖之非乎！”東陵，山名。在今山東章丘市南。《元和郡縣圖志》卷一〇《河南道六·章丘縣》云：“東陵山，在縣南二十八里。莊子曰：‘盜跖死於東陵之上。’”首山，山名。即首陽山。傳説爲伯夷、叔齊餓死之處，其今地有多説，一説在今山西永濟市，一説在今河南洛陽市偃師區，一説在今甘肅隴西縣等。

[4]雖無嵇生琴，庶同夏侯色：雖然不能像嵇康那樣臨刑彈琴，或許可以同夏侯玄那樣從容自若。借嵇康、夏侯玄二人事，表達自己亦能臨刑不懼。《晉書》卷四九《嵇康傳》云：“康將刑東市，太學生三千人請以爲師，弗許。康顧視日影，索琴彈之。”《三國志》卷九《魏書·夏侯玄傳》云：“臨斬東市，顏色不變，舉動自若。”嵇生，嵇康。字叔夜，譙國銍（今安徽宿州市）人。仕魏至中散大夫，故又稱“嵇中散”。司馬氏掌權後，隱居不仕。後遭鍾會構陷，被司馬昭殺死。竹林七賢之一。《三國志》卷二一、《晉書》卷四九有傳。夏侯，夏侯玄。字太初，沛國譙（今安徽亳州市）人。《三國志》卷九有傳。

[5]炤炤：光亮，明亮。

曅本謂入獄便死，而上窮其獄，遂經二旬，曅便有生望。[1]獄吏因戲之曰：“外傳詹事或當長繫。”曅聞之驚喜。綜、熙先笑之曰：“詹事嘗昔論事，[2]無不攘袂瞋目，及在西池射堂上，[3]躍馬顧眄，[4]自以爲一世之雄，而今擾攘紛紜，畏死乃爾。設令今時賜以性命，人臣圖主，何顏可以生存。”曅謂衛獄將曰：“惜哉，埋如此人。”將曰：“不忠之人，亦何足惜。”曅曰：“大將言是也。”

[1]便：汲古閣本、殿本、百衲本同，中華本作“更”。《宋書》卷六九《范曅傳》、《資治通鑑》卷一二四《宋紀六》文帝元嘉二十二年亦作“更”。

[2]詹事嘗昔論事：汲古閣本、殿本、百衲本、中華本“昔”作“共”。

[3]西池：三國吴宣明太子孫登所鑿。晋明帝爲太子時更加修繕，多養武士，於池内築土爲臺，時人呼爲太子西池。《讀史方輿紀要》卷二〇《南直二·江寧縣》“華林園”條云：“又有西池，吴宣明太子孫登所鑿也。亦謂之太子西池，在宫西隅，因名。晋南渡後往往遊宴於此。”張敦頤《六朝事迹編類》云：“在城北六里，周回十里。”射堂：習射的場所。

[4]顧眄：殿本、百衲本同，汲古閣本作“顧盻”。

及將詣市，曅最在前，於獄門顧謂綜曰：“次第當以位邪？”綜曰：“賊帥當爲先。”在道語笑，初無慙耻。至市問綜曰：“時欲至未？”綜曰：“勢不復久。”曅既食，又苦勸綜，綜曰：“此異疾篤，何事强飯。”曅家人悉至市，監刑職司問曰：“須相見不？”曅問綜曰：“家人已來，幸得相見，將不暫别？”綜曰：“别與不别，亦何所在，[1]來必當號泣，正足亂人意。”曅曰：“號泣何關人，向見道邊親故相瞻望，吾意故欲相見。”於是呼前。曅妻先撫其子，回駡曅曰：“君不爲百歲阿家，[2]不感天子恩遇，身死固不足塞罪，奈何枉殺子孫。”曅乾笑，云罪至而已。曅所生母對泣曰：“主上念汝無極，汝曾不能感恩，又不念我老，今日奈何!”仍以手擊曅頸及頰。曅妻云:“罪人,阿家莫憶莫念。”妹及妓妾來别,曅乃悲泣流漣。綜曰:“舅殊不及夏侯色。”曅收淚而已。[3]綜母以子弟自陷逆亂,獨不出視。曅語綜曰:“姊今不來,勝人多也。”曅轉醉,子藹亦醉,取地土及果皮以擲曅,呼爲别駕數十聲。曅問曰:“汝瞋我邪?”藹曰:“今日何緣復瞋,但父子同死,不能不悲耳。”

[1]别與不别,亦何所在:汲古閣本、殿本、百衲本同。中華本改“在”作“存”,其校勘記云:“‘存’各本作‘在’,據《宋書》改。”

[2]阿家:妻子對丈夫母親的稱呼。

[3]已:百衲本、中華本同,汲古閣本、殿本作“止”。《宋書》卷六九《范曅傳》、《資治通鑑》卷一二四《宋紀六》元嘉二十二年亦作“止”。

曅常謂死爲滅,欲著《無鬼論》,至是與徐湛之書“當相訟地下”。其謬亂如此。[1]又語人:“寄語何僕射,[2]天下決無佛鬼,若有靈,自當相報。”收曅家,樂器服玩並皆珍麗,妓妾亦盛飾。母住止單陋,唯有二厨盛蕉薪。[3]弟子冬無被,叔父單布衣。

[1]謬亂:汲古閣本、殿本同,百衲本、中華本作“繆亂”。

[2]何僕射:指何尚之。字彦德,廬江灊(今安徽霍山縣)人。本書卷三〇、《宋書》卷六六有傳。殿本、中華本同,汲古閣本“何”作“音”,百衲本作“言”。《宋書》卷六九《范曅傳》亦作“何”。

[3]二厨：《宋書·范曄傳》、《資治通鑑》卷一二四《宋紀六》文帝元嘉二十二年作"一厨"。

曄及黨與並伏誅，曄時年四十八。謝綜弟緯徙廣州。[1]藹子魯連，吴興昭公主外孫，[2]請全生命，亦得遠徙。孝武即位，[3]乃還。

[1]緯：謝緯。尚宋文帝第五女長城公主。孝武帝孝建中還都。位正員郎。

[2]吴興昭公主：即吴興長公主劉榮男。宋武帝第二女，王偃妻。事見本書卷二三《王偃傳》、《宋書》卷四一《后妃傳》。吴興爲其封地，在今浙江湖州市。

[3]孝武：宋孝武帝劉駿。字休龍，小字道民（本書作"道人"，避唐太宗李世民諱改），宋文帝第三子。本書卷二、《宋書》卷六有紀。

曄性精微，有思致，觸類多善，衣裳器服，莫不增損制度，世人皆法學之。撰《和香方》，[1]其序之曰："麝本多忌，[2]過分必害。沈實易和，[3]盈斤無傷。零藿虚燥，[4]詹唐黏溼。[5]甘松、蘇合、安息、鬱金、奈多、和羅之屬，[6]並被珍於外國，無取於中土。又棗膏昏鈍，甲煎淺俗，[7]非唯無助於馨烈，[8]乃當彌增於尤疾也。"[9]所言悉以比類朝士：麝本多烈，[10]比庾仲文；[11]零藿虚燥，比何尚之；詹唐黏濕，比沈演之；棗膏昏鈍，比羊玄保；[12]甲煎淺俗，比徐湛之；甘松蘇合，比慧琳道人；[13]沈實易和，以自比也。

［1］《和香方》：《隋書·經籍志三》有“范曄《上香方》一卷，《雜香膏方》一卷。亡”。

［2］麝：此指麝香。麝本爲一種似鹿而小的動物，又名香獐。雄麝臍部香腺中的分泌物可作香料或藥用，即麝香。

［3］沈：同“沉”。沉香。沉香本爲一種香木名，産於亞熱帶，木質堅硬而重，有香味。心材可作熏香料。其含有黑色樹脂的樹根或樹幹經過加工後以可入藥。

［4］零藿：零陵香、藿香。均爲草本植物，可用製作香料，亦可入藥。

［5］詹唐：亦作詹糖。宋洪芻《香譜》卷上《詹糖香》云：“《本草》云：出晋安岑州及交廣以南，樹似橘，煎枝葉爲之，似糖而黑。多以其皮及蠹糞雜之，不得淳正者，惟軟乃佳。”

［6］甘松：甘松香。甘松爲多年生矮小草本，有濃烈的松節油般香氣。可製作香料。　蘇合：蘇合香。《梁書》卷五四《中天竺傳》云：“蘇合是合諸香汁煎之，非自然一物也。又云大秦人採蘇合，先笮其汁以爲香膏，乃賣其滓與諸國賈人，是以展轉來達中國，不大香也。”宋洪芻《香譜》卷上《蘇合香》云：“《神農本草》云：生中臺川谷。陶隱居云：俗傳是師子糞，外國説不爾。今皆從西域來，真者難别，紫赤色，知紫檀堅實，極芬香，重如石，燒之灰白者佳，主辟邪、瘧癇痓、去三蟲。”　安息：安息香。爲安息香樹分泌出的樹脂，乾燥後呈紅棕色半透明狀，可製作香料，亦可入藥。宋洪芻《香譜》卷上《安息香》云：“《本草》云：出西戎，似柏脂，黄黑色爲塊，新者亦柔軟，味辛苦，無毒，主心腹惡氣鬼疰。《酉陽雜俎》曰：安息香出波斯國，其樹呼爲辟邪樹，長三丈許，皮色黄黑，葉有四角，經冬不彫，二月有花，黄色，心微碧，不結實，刻皮出膠如飴，名安息香。”　鬱金：鬱金香。鬱金本爲多年生草本植物，有香氣。中醫以塊根入藥，亦可製作香料。宋洪芻《香譜》卷上《鬱金香》云：“《魏略》云：生大秦國，二三月花如紅藍，四五月採之，其香十二葉，爲百草之英。《本草拾遺》曰：味苦，無毒，主蠱毒鬼疰鴉鶻等臭，除

心腹間惡氣鬼疰，入諸香用。《説文》曰：鬱金芳草，煮以釀鬯，以降神也。”　奈多：香名。待考。《宋書》卷六九《范曄傳》作“㮈多”。　和羅：香名。待考。

[7]甲煎：香名。以甲香和沉麝諸藥花物製作而成，可作口脂及焚爇，也可入藥。

[8]非唯無助於馨烈：不僅不能使香氣更爲濃郁。

[9]乃當彌增於尤疾也：還會使疾病更加嚴重。

[10]烈：汲古閣本、殿本、百衲本同，中華本作“忌”。《宋書·范曄傳》亦作“忌”。按，據上下文例，上文云“麝本多忌，過分必害”，此處應仍作“忌”。

[11]庾仲文：庾炳之。字仲文，本書避唐高祖之父李昞諱，以字行，潁川鄢陵（今河南鄢陵縣）人。本書三五、《宋書》卷五三有附傳。

[12]羊玄保：泰山南城（今山東平邑縣）人。本書卷三六、《宋書》卷五四有傳。

[13]慧琳道人：秦郡秦（今江蘇南京市六合區）人。姓劉氏，少出家。本書卷七八、《宋書》卷九七有附傳。

曅獄中與諸生姪書以自序，其略曰：[1]

[1]生：《宋書》卷六九《范曄傳》作“甥”。

吾少嬾學問，年三十許，始有尚耳。自爾以來，轉爲心化，至於所通處，[1]皆自得之胷懷。常謂情志所託，故當以意爲主，以文傳意。以意爲主，則其旨必見；以文傳意，則其辭不流。然後抽其芬芳，振其金石耳。觀古今文人多不全了此處，年少中謝莊最有其分，[2]手筆差易，於文不拘韻故也。[3]吾思乃無定方，但多公家之言，少於事外遠致，以此爲恨，亦由無意於文名故也。

[1]至於所通處：《宋書》卷六九《范曄傳》作“至於所通解處”。馬宗霍《南史校證》以爲“解”字不當省（第556頁）。

[2]謝莊：字希逸，陳郡陽夏（今河南太康縣）人。本書卷二〇有附傳，《宋書》卷八五有傳。

[3]手筆差易，於文不拘韻故也：《宋書·范曄傳》作“手筆差易，文不拘韻故也”。馬宗霍《南史校證》斷句爲“手筆差易於文，不拘韻故也”，並云:“按《宋書》本傳‘易’下無‘於’字，讀差易句絕，文不拘韻自爲一句。六朝以有韻爲文，無韻爲筆。《南史》著一‘於’字，則以‘筆’與‘文’對舉，筆不拘韻，故曰差易於文。《宋書》原無‘於’字，則下句‘文’爲泛指，言手筆之文不拘韻，故差易也。”（第557頁）

本未関史書，[1]政恒覺其不可解耳。既造《後漢》，轉得統緒。詳觀古今著述及評論，殆少可意者。班氏最有高名，[2]既任情無例，唯志可推耳。博贍不可及之，整理未必愧也。吾雜傳論皆有精意深旨，至於《循吏》以下及《六夷》諸序論，筆勢縱放，實天下之奇作。其中合者，往往不減《過秦篇》。[3]嘗共比方班氏所作，非但不愧之而已。欲徧作諸志，《前漢》可有者悉令備，[4]雖事不必多，且使見文得盡。又欲因事就卷内發論，以正一代得失，意復不果。贊自是吾文傑思，殆無一字空設，奇變不窮，同合異體，乃自不知所以稱之。此書行，故應有賞音者。紀、傳例爲舉其大略耳，諸細意甚多。自古體大而思精，未有此也。恐世人不能盡之，多貴古賤今，所以稱情狂言耳。

[1]本未開史書：殿本同，汲古閣本、百衲本“未”作“末”。《宋書》卷六九《范曄傳》作“本未關史書”。馬宗霍《南史校證》云：“疑‘關’字是，‘未關’言初不關心也。”(第557頁)

[2]班氏：班固。扶風安陵（今陝西咸陽市東北）人。作《漢書》。《漢書》卷一〇〇、《後漢書》卷四〇有傳。

[3]《過秦篇》：西漢時賈誼所作。一般分上、中、下三篇，全文從各個方面分析秦王朝的過失，故名。

[4]《前漢》可有者悉令備：汲古閣本、殿本、百衲本同，中華本據《宋書·范曄傳》改“可有”爲“所有”。

吾於音樂，聽功不及自揮，[1]但所精非雅聲，[2]爲可恨，然至於一絶處，亦復何異邪。其中體趣，言之不可盡。絃外之意，虚響之音，不知所從而來。亦嘗以授人，士庶中未有一毫似者，此永不傳矣。吾書雖小小有意，筆勢不快，餘竟不成就，每愧此名。

[1]自揮：自己彈奏。

[2]雅聲：雅正之樂。

曄自序並實，故存之。藹幼而整潔，衣服竟歲未嘗有塵點，死時年二十。曄少時，兄晏常云：[1]“此兒進利，終破門户。”果如其言。

[1]晏：范晏。官至侍中、光禄大夫。

初，何尚之處銓衡，[1]自謂天下無滯才，及熙先就拘，帝詰尚之曰："使孔熙先年三十猶作散騎侍郎，[2]那不作賊。"熙先死後，又謂尚之曰："孔熙先有美才，地胄猶可論，[3]而翳迹仕流，[4]豈非時匠失乎？"[5]尚之曰："臣昔謬得待罪選曹，誠無以濯汙揚清；然君子之有智能，猶鵷鳳之有文采，[6]俟時而振羽翼，何患不出雲霞之上。若熙先必藴文采，自棄於汙泥，終無論矣。"上曰："昔有良才而不遇知己者，何嘗不遺恨於後哉。"

[1]銓衡：主管選拔官吏的職位。指吏部尚書。

[2]散騎侍郎：官名。與散騎常侍、侍中、黄門侍郎等侍從皇帝左右，顧問應對、諫諍拾遺，共平尚書奏事。東晋罷。南朝復置，隸集書省，掌文學侍從、諫諍糾劾，收納章奏，地位漸輕。宋五品。

[3]地胄：門第。南北朝時，稱世家高門爲地胄，後泛指門第。

[4]仕流：一般的官職。

[5]時匠：指當時執掌權柄的人。

[6]鵷鳳：鳳鳥，傳説中的一種瑞鳥。

荀伯子，潁川潁陰人，[1]晋驃騎將軍羨之孫也。[2]父猗，秘書郎。[3]伯子少好學，博覽經傳，而通率好爲雜語，[4]遨遊閭里，[5]故以此失清途。[6]解褐駙馬都尉、奉朝請、員外散騎侍郎。[7]著作郎徐廣重其才學，[8]舉伯子及王韶之並爲佐郎，[9]同撰晋史及著桓玄等傳。

[1]潁川：郡名。治許昌縣，在今河南許昌市東。　潁陰：縣名。治所在今河南許昌市。

[2]羨：荀羨。字令則。追贈驃騎將軍。《晋書》卷七五有附傳。

[3]秘書郎：官名。隸秘書監，掌整理典籍，多任用文學之士。晋武帝時分秘書圖籍爲甲、乙、丙、丁四部，使四人各掌一部。晋六品。

[4]雜語：《宋書》卷六〇《荀伯子傳》作"雜戲"。

[5]閭里：里巷。平民聚居之處。《周禮·天官·小宰》"三曰聽閭里以版圖"賈公彦疏云："在六鄉則二十五家爲閭，在六遂則二十五家爲里。"

[6]清途：魏晋南北朝時，世家大族子弟多由一些位望清華或職閑禄重的清官起家，並於諸清官中遷轉，其仕進之途，稱爲清途。

[7]解褐：脱去平民衣服。指開始做官。　駙馬都尉：官名。魏晋多用作宗室、外戚、功臣子、貴族、親近之臣的加官，或亦加於尚公主者。　奉朝請：官名。兩漢時爲給予退休大臣、列侯、宗室、外戚等的一種政治優待。授此者特許參加朝會。西晋時成爲加官名號。東晋獨立爲官，亦作加官。南朝時用以安置閑散，所施益濫。　員外散騎侍郎：官名。初爲正員散騎侍郎的添差，後成定員官。西晋武帝始置。屬散騎省，爲閑散之職。初多以公族、功臣子弟充任，後常用以安置閑退官員，多爲榮譽頭銜。

[8]著作郎：官名。亦稱大著作郎。秘書省屬官，掌國史及起居注的修撰。爲清要之官，出任者多爲有名望的文學之士。晋六品。

[9]王韶之：字休泰，琅邪臨沂（今山東臨沂市）人。本書卷二四、《宋書》卷六〇有傳。　佐郎：官名。即著作佐郎。秘書省屬官，協助著作郎修撰國史及起居注。晋六品。

遷尚書祠部郎。[1]義熙元年，[2]上表稱："故太傅鉅平侯羊祜勳參佐命，[3]功盛平吴，而享嗣闕然，蒸嘗莫寄。[4]漢以蕭何元功,[5]故絶世輒紹,[6]愚謂鉅平之封，宜同酇國。[7]故太尉廣陵公陳准黨翼孫秀,[8]禍加淮南，竊饗大國，因罪爲利。會西朝政刑失裁,[9]中興復因而不奪,[10]今王道惟新，豈可不大判臧否？謂廣陵之國，宜在削除。故太保衛瓘本爵菑陽縣公,[11]既被横禍，乃進第秩，加贈蘭陵,[12]又轉江夏。[13]中朝公輔，多非理終，瓘功德不殊，亦無緣獨受偏賞。宜復本封，以正國章。”詔付門下。[14]前散騎常侍江夏公衛璵及潁川陳茂先各自陳先代勳，不伏貶降。詔皆付門下，並不施行。

[1]尚書祠部郎：官名。尚書省祠部曹長官通稱，亦稱尚書祠部郎中。掌禮儀、祭祀。晋六品。

[2]義熙元年：《宋書》卷六〇《荀伯子傳》作“義熙九年”。丁福林《宋書校議》卷六〇據《宋書》卷六〇《王韶之傳》以爲“元年”爲“九年”之訛（第242頁）。按，其説是。《宋書》卷五五《徐廣傳》云徐廣晋安帝義熙初領著作，二年，尚書省方奏著作郎徐廣撰晋史，遂下詔撰集。則徐廣舉荀伯子及王韶之爲著作佐郎同撰國史更在義熙二年詔撰晋史晋史之後。伯子再遷尚書祠部郎，上表時間不可能爲義熙元年。義熙，東晋安帝司馬德宗年號（405—418）。

[3]太傅：官名。兩晋時與太宰、太保並掌朝政，稱三上公，位在三司上。開府置僚屬，爲宰相之任。晋一品。　鉅平侯：封爵名。鉅平，縣名。治所在今山東泰安市南。　羊祜：字叔子，泰山南城（今山東平邑縣）人。晋武帝代魏後，與其籌劃滅吴。《晋書》卷三四有傳。

[4]蒸嘗：秋冬二祭祀名。泛指祭祀。《詩·小雅·天保》“禴祠烝嘗，于公先王”句毛亨傳云:“夏曰禴，秋曰嘗，冬曰烝。”

[5]蕭何：沛（今江蘇沛縣）人。漢高祖即位後，論功行封，封

酇侯，位次第一。《史記》卷五三有世家，《漢書》卷三九有傳。

[6]紹：接續，繼承。

[7]酇（cuó）國：蕭何的封國。在今河南永城市西。一説蕭何初封之地是鄼（cuó）縣，屬沛郡，在今河南永城市西；後又封於酇，酇縣屬於南陽郡，在今湖北老河口市西北。酇音 zàn，後傳寫訛亂，始封之"鄼"誤作"酇"，而"酇"字又讀"鄼"字之音。

[8]太尉：官名。與司徒、司空並稱三公。名譽宰相，亦可參録朝政，然僅掌事務，政務歸尚書。如加録尚書事銜，得爲真宰相。晋一品。　廣陵公：封爵名。廣陵，郡名。治淮陰縣，在今江蘇淮安市。　陳淮：汲古閣本、殿本、百衲本同，中華本改作"陳准"。錢大昕《廿二史考異》卷二四云："'淮'當作'準'，史家避順帝諱，改'準'爲'准'，因訛爲'淮'耳。《荀伯子傳》'故太尉廣陵公陳淮'，亦'準'之訛。"《晋書》皆作"陳準"，"準"字是。陳準，晋惠帝永康元年（291）爲太尉、録尚書事。　孫秀：以諂媚爲趙王司馬倫寵信。與趙王倫同謀廢賈后，逼晋惠帝禪位。趙王倫篡位後，專權擅殺。齊王司馬冏等發兵討趙王倫，被殺。《晋書·羊祜傳》作"故太尉廣陵公準黨翼賊倫"。

[9]西朝：指西晋。東晋都建康，位於江東，故稱建都洛陽的西晋爲西朝。

[10]中興：指東晋。西晋宗室司馬睿南遷建立政權，使晋王朝得以復興，故稱中興。

[11]太保：官名。兩晋時與太宰、太傅並掌朝政，稱三上公，位在三司上。開府置僚屬，爲宰相之任。晋一品。　衛瓘：字伯玉，河東安邑（今山西夏縣）人。歷仕魏、晋。在魏以平蜀之功，封菑陽侯。晋武帝即位後，進爵爲公。惠帝時，録尚書事輔政，爲賈后所殺。後朝廷追其伐蜀功勳，封爲蘭陵郡公。其子衛璪襲封，後東海王司馬越改封璪爲江夏郡公。《晋書》卷三六有傳。　菑陽縣公：封爵名。菑陽，縣名。今地不詳。《宋書》卷六〇《荀伯子傳》作"蕭陽"，錢大昕《廿二史考異》卷二四云："《晋書·地理志》不見此二

縣名。”

［12］蘭陵：郡名。治承縣，在今山東棗莊市東南。

［13］江夏：郡名。治安陸縣，在今湖北雲夢縣。

［14］門下：官署名。魏晋南朝初爲門下諸省的泛稱。門下即黄門之下，其署設於宫禁中，其官得出入宫禁，爲皇帝的親近侍從。東晋時侍中省、散騎省、西省稱“門下三省”。南朝宋改散騎省爲集書省。

伯子爲妻弟謝晦薦達，爲尚書左丞，[1]出補臨川内史。[2]車騎將軍王弘稱伯子“沈重不華，有平陽侯之風”。[3]伯子常自矜藉蔭之美，[4]謂弘曰：“天下膏粱，[5]唯使君與下官耳，宣明之徒，不足數也。”遷散騎常侍，又上表曰：“百官位次，陳留王在零陵王上，[6]臣愚竊以爲疑。昔武王克殷，[7]封神農後於焦，[8]黄帝後於祝，[9]帝堯後於薊，[10]帝舜後於陳，[11]夏后後於杞，[12]殷後於宋。[13]杞、陳並爲列國，而薊、祝、焦無聞。斯則褒崇所承，優於遠代之顯驗也。是以《春秋》次序諸侯，宋居杞、陳之上，考之近代，事亦有徵。晋泰始元年，[14]詔賜山陽公劉康子弟一人爵關内侯，[15]衛公姬署、宋侯孔紹子弟一人駙馬都尉。又泰始三年，太常上言博士劉嘉等議，[16]稱衛公署於大晋在三恪之數，[17]應降稱侯。臣以爲零陵王位宜在陳留之上。”從之。

［1］尚書左丞：官名。尚書省屬官，與右丞共掌尚書都省庶務。率諸都令史監督稽核諸尚書曹、郎曹政務，督録近道文書章奏；監察糾彈尚書令、僕射、尚書等文武百官，號稱“監司”。分管宗廟祠祀、朝儀禮制、選授官吏等文書奏事，職權甚重。宋六品。

［2］臨川：郡名。治臨汝縣，在今江西撫州市臨川區西。　內史：官名。王國行政長官，掌治民，職如太守。

［3］車騎將軍：官名。位次驃騎將軍，在諸名號大將軍上，又作爲軍府名號加授重臣及州郡長官。宋二品。《宋書》卷六〇《荀伯子傳》同。丁福林《宋書校議》卷六〇云："考之本書《武帝紀》《文帝紀》及《王弘傳》等，王弘未嘗有車騎將軍之任，所任乃車騎大將軍也，時在元嘉二年八月至三年正月。此於'車騎'後恐佚'大'字。"（第242頁）　王弘：字休元，琅邪臨沂（今山東臨沂市）人。宋文帝元嘉二年（425），進號車騎大將軍。九年，進位太保。本書卷二一、《宋書》卷四二有傳。　平陽侯：封爵名。西漢時曹參封平陽侯，此應指曹參。曹參，沛（今江蘇沛縣）人。秦時爲獄掾，後從劉邦起兵。漢高祖六年（前201），封平陽侯。《史記》卷五四有世家、《漢書》卷三九有傳。

［4］藉蔭：指積有功勳的世家。《宋書·荀伯子傳》作"廕籍"。

［5］膏粱：指富貴人家。清趙紹祖《讀書偶記》卷六《膏粱》云："南北朝皆以膏粱爲美談，或以爲譽，或且自謙，非惡語也。故柳芳《世族論》曰：'三世有三公，曰膏粱。'"

［6］陳留王：封爵名。晉武帝代魏後，於泰始元年（265）封魏帝曹奐爲陳留王。此後，其後嗣一直襲封陳留王。宋武帝永初元年（420），陳留王曹虔嗣卒，其弟曹嗣秀襲封。曹嗣秀於孝武帝大明六年（462）卒。此時陳留王應爲曹嗣秀。陳留，郡名。治小黄縣，在今河南開封市東北。　零陵王：封爵名。宋武帝建宋後，於永初元年封晉恭帝司馬德文爲零陵王。司馬德文於永初二年薨。據《宋書》卷五《文帝紀》，元嘉二十五年，"零陵王司馬元瑜薨"。此時零陵王應爲司馬元瑜。零陵，郡名。治泉陵縣，在今湖南永州市。

［7］武王克殷：周武王討滅商紂王，建立周朝。武王，姬發。殷，商王朝。《史記》卷三《殷本紀》司馬貞索隱云："契始封商，其後裔盤庚遷殷，殷在鄴南，遂爲天下號。"

［8］神農：傳説中的人物。皇甫謐《帝王世紀》等以其爲三皇之

一。　焦：周諸侯國名。封國在今河南三門峽市陝州區。《史記》卷四《周本紀》裴駰集解云："《地理志》弘農陝縣有焦城，故焦國也。"

[9]黄帝：傳説中的帝王。名軒轅。《史記》卷一《五帝本紀》列其爲五帝之首。　祝：周諸侯國名。據銅器銘文載，爲妊姓。封國或云在今山東寧陽縣西北，或云在今山東肥城市東南，或云在今山東濟南市歷城區西南，或云在今山東濟南市萊蕪區東南，或云在今江蘇連雲港市贛榆區西北。《史記·周本紀》張守節正義云："《左傳》云：'祝其，實夾谷。'杜預云：'夾谷即祝其也。'服虔云：'東海郡祝其縣也。'"

[10]帝堯：傳説中的帝王。名放勳。《史記·五帝本紀》列爲五帝之一。　葪：周諸侯國名。封國在今北京，是以今北京城北葪丘而得名。《史記·周本紀》裴駰集解云："《地理志》燕國有葪縣。"百衲本同，汲古閣本、殿本作"薊"，二字同。

[11]帝舜：傳説中的帝王。名重華。《史記·五帝本紀》列爲五帝之一。　陳：周諸侯國名。嬀姓，封國在今河南周口市淮陽區。始封之君爲帝舜之後陳胡公滿。《史記》卷三六有《陳杞世家》。《史記·周本紀》張守節正義云："《括地志》云：'陳州宛丘縣在陳城中，即古陳國也。帝舜後遏父爲周武王陶正，武王賴其器用，封其子嬀滿於陳，都宛丘之側。'"

[12]夏后：指禹。名文命。封於夏，故稱夏后氏。　杞：周諸侯國名。姒姓，封國在今河南杞縣。始封之君爲夏禹之後東樓公。見《史記·陳杞世家》。《史記·周本紀》張守節正義云："《括地志》云：'汴州雍丘縣，古杞國。《地理志》云古杞國理此城。周武王封禹後於杞，號東樓公，二十一代爲楚所滅。'"

[13]宋：周諸侯國名。封國在今河南商丘南。《史記·周本紀》張守節正義云："今宋州也。"據《史記·周本紀》及《史記》卷三八《宋微子世家》，微子封於宋爲周武王之子周成王時事。

[14]泰始：西晋武帝司馬炎年號（265—274）。

[15]山陽公：封爵名。魏文帝代漢後，於黄初元年（220）封漢

獻帝爲山陽公。漢獻帝死後，其後嗣襲封。山陽，縣名。治所在今河南焦作市東南。《後漢書》卷九《孝獻帝紀》云："皇帝遜位，魏王丕稱天子。奉帝爲山陽公……都山陽之濁鹿城。"李賢注云："山陽，縣名，屬河内郡，故城在今懷州脩武縣西北。濁鹿一名濁城，亦名清陽城，在今懷州脩武縣東北。"　劉康：漢獻帝劉協之孫。三國魏時襲封山陽公，晋因之。晋武帝太康六年（285）薨。　關内侯：封爵名。位次列侯，有的食邑，有的不食邑。軍功爵第十九級。

[16]太常：官名。掌宗廟禮儀，位尊職閑。晋三品。　博士：官名。此處指太常博士。魏晋時爲太常屬官，掌引導乘輿，擬議王公以下謚號，參議朝廷禮儀典章。晋六品。　劉嘉：《宋書·荀伯子傳》作"劉憙"。丁福林《宋書校議》卷二四云："'劉熹'《南史·荀伯之傳》作'劉嘉'。考《晋書·宗室·高陽王睦傳》有泰始初博士祭酒劉熹議立廟事，或即此人。恐《南史》誤。"（第243頁）

[17]三恪：周朝新立，封前代三王朝的子孫，給以王侯名號，稱三恪，以示敬重。後世沿襲其制，新朝立，封前代三朝子孫以爵位。《左傳》襄公二十五年："庸以元女大姬配胡公，而封諸陳以備三恪。"杜預注云："周得天下，封夏殷二王後，又封舜後，謂之恪，并二王後爲一國，其禮轉降，示敬而已，故曰三恪。"《漢書》卷九九中《王莽傳中》顔師古注云："恪，敬也。言待之加敬，亦如賓也。周以舜後并杞、宋爲三恪也。"

爲御史中丞，莅職勤恪，有匪躬之稱。[1]立朝正色，衆咸憚之。凡所奏劾，莫不深相訶毁，[2]或延及祖禰，[3]示其切直。又頗雜嘲戲，故世人以此非之。補司徒左長史，[4]卒於東陽太守。[5]文集傳於世。[6]

[1]匪躬：忠心耿耿，不顧自身利害。《易·蹇卦》"王臣蹇蹇，匪躬之故"句孔穎達疏云："盡忠於君，匪以私身之故而不往濟

君，故曰匪躬之故。”

［2］訶毁：斥責詆毁。《宋書》卷六〇《荀伯子傳》作“謗毁”。

［3］祖禰：祖父與父親，亦泛指祖先。

［4］司徒左長史：官名。宋六品。

［5］卒於東陽太守：按，據《宋書·荀伯子傳》，卒於宋文帝元嘉十五年（438），年六十一。

［6］文集傳於世：《隋書·經籍志》未見著録，《舊唐書·經籍志上》有“《薛常侍傳》二卷，荀伯子撰”“《荀氏家傳》十卷，荀伯子撰”。

子赤松，爲尚書右丞，[1]以徐湛之黨，爲元凶所殺。[2]

［1］尚書右丞：官名。尚書省佐官，位次尚書，居尚書左丞下，與左丞共掌尚書省庶務。凡兵士百工名籍、内外庫藏穀帛、刑獄訴訟、軍械、田地、州郡租布、户籍等文書奏事皆屬之。宋六品。按，《宋書》卷六〇《荀伯子傳》作“尚書左丞”。丁福林《宋書校議》卷二四云：“宋本作‘左丞’，弘治本、北監本、毛本、殿本、局本作‘右丞’，本書《顔延之傳》亦作‘尚書左丞荀赤松’，未知孰是。今姑從宋本及《顔延之傳》作‘左丞’。議：《南史·荀伯子傳》於此作‘尚書右丞’。考《通鑑》卷一二七云元凶即僞位後，‘殺江、徐親黨尚書左丞荀赤松、右丞臧凝之等’，本書《臧燾傳》云凝之‘遷尚書右丞，以徐湛之黨，爲元凶所殺’，則赤松當爲尚書左丞。《南史》及弘治本等誤。”（第243頁）

［2］元凶：劉劭。字休遠，宋文帝長子。殺文帝自立，孝武帝及南譙王義宣等諸方鎮舉義兵討伐，兵敗被殺。本書卷一四、《宋書》卷九九有傳。

伯子族弟昶字茂祖，[1]與伯子絶服，[2]元嘉初，以文義至中書郎。昶子萬秋。

[1]昶：荀昶。《隋書·經籍志》著録“《集議孝經》一卷，晋中書郎荀昶撰，亡”“宋中書郎《荀昶集》十四卷”。

[2]絶服：禮制，稱五服以外的親屬爲絶服。五服分别爲斬衰、齊衰、大功、小功、緦麻。《資治通鑑》卷一五三《梁紀九》武帝中大通元年胡三省注云：“服至袒免則無服，謂之絶服。”服，按喪禮制度規定，死者親屬需按親疏差等穿戴相應的喪服。

萬秋字元寳，亦用才學自顯。昶見釋慧琳，謂曰：“昨萬秋對策，[1]欲以相示。”答曰：“此不須看。若非先見而答，貧道不能爲；若先見而答，貧道奴皆能爲。”昶曰：“此將不傷德道耶？”[2]答曰：“大德所以不德。”乃相對笑，竟不看焉。萬秋孝武初爲晋陵太守，[3]坐於郡立華林閤，置主衣、主書，[4]下獄免。前廢帝末，[5]爲御史中丞，卒官。

[1]對策：古代考試方式之一。主考人將所考政事、經義等問題書之於策，令應試者對答，觀其文辭以定高下。

[2]此將不傷德道耶：百衲本同，汲古閣本、殿本、中華本“德道”作“道德”。

[3]晋陵：郡名。治晋陵縣，在今江蘇常州市。

[4]主衣：官名。掌衣服器玩。　主書：官名。掌文書檔案。

[5]前廢帝：南朝宋前廢帝劉子業。小字法師，宋孝武帝長子。本書卷二、《宋書》卷七有紀。

徐廣字野人，[1]東莞姑幕人也。[2]父藻，都水使者。[3]兄邈，[4]太子前衛率。[5]家世好學，至廣尤精。百家數術，無不研覽。家貧，未嘗以産業爲意，妻中山劉謐之女忿之，[6]數以相讓，廣終不改。如此十數年，家道日弊，遂與廣離。後晋孝武帝以廣博學，[7]除爲秘書郎，校書秘閣，[8]增置職僚。

[1]野人：《晋書》卷八二《徐廣傳》、《宋書》卷五五《徐廣傳》作"野民"。本書避唐太宗李世民諱改。

[2]東莞：郡名。治莒縣，在今山東莒縣。　姑幕：縣名。治所在今山東諸城市。

[3]都水使者：官名。爲都水臺長官，管理全國河渠灌溉水運事務。晋四品。

[4]邈：徐邈。晋孝武帝時招延儒學之士，受太傅謝安舉薦，補中書舍人。後任爲太子前衛率，並授太子經。注《穀梁傳》。《晋書》卷九一有傳。

[5]太子前衛率：官名。東宫屬官。西晋惠帝置，與左、右、後衛率各領一軍，宿衛東宫，亦任征伐，地位頗重。東晋初廢，孝武帝太元年間復置。

[6]中山：郡國名。治盧奴縣，在今河北定州市。

[7]晋孝武帝：司馬曜。字昌明，東晋簡文帝第三子。《晋書》卷九有紀。

[8]秘閣：宫中藏書之處。《資治通鑑》卷一四〇《齊紀六》明帝建武二年胡三省注云："漢時書府，在外則有太常、太史、博士掌之，内則有延閣、廣内、石渠之藏。後漢則藏之東觀，晋有中外三閣經書。陸機《謝表》云'身登三閣'，謂爲秘書郎掌中外三閣秘書也，此秘閣之名所由始。"

隆安中，[1]尚書令王珣舉爲祠部郎。[2]李太后崩，[3]廣議服曰："太皇太后名位既正，體同皇極，[4]理制備盡，情禮彌申。《陽秋》之義，[5]母以子貴。既稱夫人，禮服從正。故成風顯夫人之號，[6]昭公服三年之喪，[7]子於父之所生，體尊義重。且禮祖不厭孫，固宜遂服無屈。而緣情立制，若嫌明文不存，則疑斯從重。謂應同於爲祖母後，齊衰三年。"[8]時從其議。

[1]隆安：東晋安帝司馬德宗年號（397—401）。

[2]尚書令：官名。尚書省長官，綜理全國政務，爲高級政務長官，參議大政，實權如宰相。如録尚書缺，則兼有宰相之名義。晋三品。　王珣：字元琳，琅邪臨沂（今山東臨沂市）人。《晋書》卷六五有附傳。

[3]李太后：名陵容。本爲宫人，生晋孝武帝。孝武帝太元十九年（394）尊爲皇太后。安帝即位，尊爲太皇太后。《晋書》卷三二有傳。

[4]皇極：皇帝。

[5]《陽秋》：《春秋》。東晋時避晋簡文帝母鄭太后阿春諱改稱《陽秋》。

[6]成風：春秋時魯莊公之妾，僖公之母。文公四年薨，以夫人之禮葬之。

[7]昭公服三年之喪：汲古閣本、殿本、百衲本同。中華本改"昭公"爲"文公"，其校勘記云："'文公'各本作'昭公'，《宋書》作'僖公'。錢大昕《廿二史考異》：'成風之薨不在僖公之世；且安帝於李后爲祖母，非僖公於成風之比。竊謂當是文公之譌也。'按錢説是，今據《通典·禮典》改。"按，應作"文公"。魯文公爲僖公之子，名興，公元前626年即位。成風即爲文公祖母。昭公爲襄公之子，名裯，公元前541年即位。

[8]齊衰：喪服的一種。以熟麻布製成，緝邊縫齊，故曰齊衰。

及會稽王世子元顯録尚書，[1]欲使百僚致敬，臺内使廣立議，由是内外並執下官禮，廣常爲愧恨。

[1]録尚書：官名。即録尚書事。初爲職銜名，始於東漢。當時政令、政務總於尚書臺，太傅、太尉、大將軍等加此名義始得總知國事，綜理政務，成爲真宰相。魏晋南北朝多以公卿權重者居之，總領尚書省政務，位在三公上。

義熙初，宋武帝使撰《車服儀注》，[1]仍除鎮軍諮議參軍，[2]領記室，封樂成縣五等侯。[3]轉員外散騎常侍，[4]領著作郎。二年，尚書奏廣撰成晋史。六年，遷驍騎將軍。[5]時有風雹爲災，廣獻言武帝，多所勸免。[6]又轉大司農，[7]領著作郎，遷秘書監。[8]

[1]《車服儀注》：未見著録，《隋書·經籍志二》有"《車服雜注》一卷，徐廣撰"。

[2]鎮軍諮議參軍：官名。即鎮軍將軍府諮議參軍。鎮軍，鎮軍將軍省稱。晋三品。

[3]樂成縣五等侯：封爵名。《宋書》卷五五《徐廣傳》同，《晋書》卷八二《徐廣傳》作"樂成侯"。樂成，縣名。治所在今浙江樂清市。

[4]員外散騎常侍：官名。散騎省屬官。初爲正員之外添差之散騎常侍，無員數，後爲定員官。初多授公族、宗室，雖是閑職，仍爲顯官。

[5]驍騎將軍：官名。與領軍、護軍、左右衛、游擊將軍合稱

六軍，掌宿衛宫廷。晋四品。

[6]多所勸免：汲古閣本、殿本、百衲本同。中華本改“免”作“勉”，其校勘記云：“‘勉’各本作‘免’，今改正。”免，通“勉”。不必改。

[7]大司農：官名。東晋、南朝時或置或省，所掌唯倉儲園苑及供膳之庶務。晋三品。

[8]秘書監：官名。晋武帝時以秘書併入中書省，罷此職。惠帝時復置，並統著作局，掌國史修撰，管理中外三閣圖書。晋三品。

初，桓玄篡位，安帝出宫，[1]廣陪列悲慟，哀動左右。及武帝受禪，恭帝遜位，[2]廣又哀感，涕泗交流。謝晦見之，謂曰：“徐公將無小過。”廣收淚答曰：“身與君不同，君佐命興王，逢千載嘉運。身世荷晋德，眷戀故主。”因更歔欷。[3]

[1]安帝：東晋安帝司馬德宗。字德宗，晋孝武帝長子。《晋書》卷一〇有紀。

[2]恭帝：東晋恭帝司馬德文。字德文，晋安帝母弟。《晋書》卷一〇有紀。

[3]歔（xū）欷（xī）：歎息，抽泣。

永初元年，[1]詔除中散大夫。[2]廣言墳墓在晋陵丹徒，[3]又生長京口，[4]息道玄忝宰此邑，[5]乞隨之官，歸終桑梓。[6]許之，贈賜甚厚。性好讀書，年過八十，[7]猶歲讀《五經》一遍。元嘉二年卒。

[1]永初：南朝宋武帝劉裕年號（420—422）。

[2]中散大夫：官名。多養老疾，無職事。

[3]丹徒：縣名。治所在今江蘇鎮江市丹徒區。

[4]京口：城名。在今江蘇鎮江市。

[5]息：兒子。

[6]桑梓：故鄉。《詩·小雅·小弁》："維桑與梓，必恭敬止。"朱熹集傳云："桑、梓二木。古者五畝之宅，樹之墻下，以遺子孫，給蠶食、具器用者也……言桑梓父母所植。"後借指故鄉或鄉親父老。

[7]年過八十：《晋書》卷八二《徐廣傳》云："年七十四，卒于家。"《宋書》卷五五《徐廣傳》亦云："元嘉二年，卒，時年七十四。"按，疑此有誤。

廣所撰《晋紀》四十二卷，[1]義熙十二年成，表上之。又有《答禮問》百餘條，[2]行於世。

[1]《晋紀》四十二卷：《晋書》卷八二《徐廣傳》、《宋書》卷五五《徐廣傳》皆云晋安帝義熙十二年（416），《晋紀》成，共四十六卷。《隋書·經籍志二》有"《晋紀》四十五卷，宋中散大夫徐廣撰"。

[2]《答禮問》：《隋書·經籍志一》有"《禮論答問》八卷，宋中散大夫徐廣撰。《禮論答問》十三卷，徐廣撰。《禮答問》二卷，徐廣撰，殘缺。梁十一卷"。馬宗霍《南史校證》云："疑即一書而流傳卷本有不同。新、舊《唐志》止載徐廣《禮論答問》九卷。"（第561頁）

時有高平郗紹亦作《晋中興書》，[1]數以示何法盛。法盛有意圖之，謂紹曰："卿名位貴達，不復俟此延譽。

我寒士，[2]無聞於時，如袁宏、干寶之徒，[3]賴有著述，流聲於後。宜以爲惠。”紹不與。至書成，在齋内厨中，法盛詣紹，紹不在，直入竊書。紹還失之，無復兼本，[4]於是遂行何書。

[1]高平：郡名。治昌邑縣，在今山東巨野縣南。　《晋中興書》：《隋書·經籍志二》有“《晋中興書》七十八卷。起東晋。宋湘東太守何法盛撰”。

[2]寒士：名位不顯的士人。

[3]袁宏：字彦伯，陳郡陽夏（今河南太康縣）人。撰《後漢紀》《三國名臣頌》《竹林名士傳》等。《晋書》卷九二有傳。　干寶：字令升，新蔡（今河南新蔡縣）人。著《晋紀》《搜神記》《春秋左氏義外傳》，又注《周易》《周禮》等。《晋書》卷八二有傳。殿本同，汲古閣本、百衲本作“于寶”。

[4]兼本：相同的本子，複本。

徐豁字萬同，廣兄子也。父邈，晋太子前衛率。豁宋永嘉初，[1]爲尚書左丞、山陰令，[2]精練法理，爲時所推。[3]元嘉初，爲始興太守，[4]表陳三事。文帝嘉之，賜絹二百匹，穀一千斛。[5]徙廣州刺史，未拜卒。[6]

[1]豁宋永嘉初：汲古閣本、殿本、百衲本同。中華本改“永嘉”爲“永初”，其校勘記云：“‘永初’各本作‘永嘉’，據《通志》改。按《宋書·良吏·徐豁傳》作‘永初’。”按，南朝宋無“永嘉”年號，“永初”是。

[2]山陰：縣名。治所在今浙江紹興市。

[3]精練法理，爲時所推：《宋書》卷九二《徐豁傳》作“精

練明理，爲一世所推”。

[4]始興：郡名。治曲江縣，在今廣東韶關市東南。

[5]斛：古代十斗爲一斛。南宋末改爲五斗爲一斛，兩斛爲一石。

[6]未拜卒：按，據《宋書·徐豁傳》，宋文帝元嘉“五年，以爲持節、督廣交二州諸軍事、寧遠將軍、平越中郎將、廣州刺史。未拜，卒，時年五十一”。

鄭鮮之字道子，滎陽開封人，[1]魏將作大匠渾之玄孫也。[2]祖襲，大司農，經爲江乘令，[3]因居縣境。父遵，尚書郎。[4]

[1]滎陽：郡名。治滎陽縣，在今河南滎陽市東北。　開封：縣名。治所在今河南開封市。

[2]將作大匠：官名。西漢景帝時由將作少府改稱。掌領徒隸修建宫室、宗廟、陵寢及其他土木工程，植樹於道旁。三國魏沿置，三品。　渾：鄭渾。字文公。歷仕魏武帝、文帝、明帝，明帝時任將作大匠。爲官清素，有治績。《三國志》卷一六有傳。

[3]江乘：縣名。治所在今江蘇句容市北。

[4]尚書郎：官名。尚書省諸曹長官。東晋尚書省分殿中、祠部、吏部、儀曹、三公、比部、金部、倉部、度支、都官、左民、駕部、庫部、中兵、外兵十五曹，各曹設尚書郎負責，隸屬列部尚書。晋六品。

鮮之下帷讀書，絶交遊之務。初爲桓偉輔國主簿。[1]先是，兗州刺史滕恬爲丁零翟所没，[2]屍喪不反。恬子羨仕官不廢，[3]論者嫌之。桓玄在荆州，使群僚溥議。[4]鮮之議曰："名教大極，忠孝而已。至乎變通抑引，每事輒殊。本而尋之，皆求心而遺迹。迹之所乘，遭遇或異。故聖人或就迹以助教，或因迹以成罪，屈申與奪，難可等齊，舉其阡陌，皆可終言矣。[5]天可逃乎？而伊尹廢君；[6]君可脅乎？而鬻拳見善；[7]忠可愚乎？而箕子同仁。[8]自此以還，殊實而齊聲，異譽而等美者，不可勝言。令如滕羨情事者，[9]或終身隱處，不關人事，或升朝理務，無譏前哲。通滕者則以無譏爲證，塞滕者則以隱處爲美。折其兩中，則異同之情可見矣。大聖人立教，[10]猶言有禮無時，君子不行。有禮無時，政以事有變通，不可宗一故耳。"[11]

[1]桓偉：字幼道，譙國龍亢（今安徽懷遠縣）人，桓温之子，桓玄兄。晋安帝隆安中，爲輔國將軍、南蠻校尉。事見《晋書》卷九八《桓温傳》、卷九九《桓玄傳》。　輔國主簿：官名。即輔國將軍府主簿。輔國，輔國將軍省稱。將軍名號。晋三品。主簿，典領文書簿籍，經辦事務。

[2]兖州：州名。治滑臺縣，在今河南滑縣東。　滕恬：《宋書》卷六四《鄭鮮之傳》同，《晋書》《資治通鑑》均作"滕恬之"。南陽西鄂（今河南南陽市）人，滕脩曾孫。晋孝武帝太元十一年（386），翟遼襲黎陽，被執。事見《晋書》卷九《孝武帝紀》、卷五七《滕脩傳》。按，汲古閣本、百衲本、中華本同。殿本作"滕怙"，誤。下同誤。　丁零：古族名。即敕勒。亦作釘靈。北朝、隋唐時又稱高車、鐵勒，游牧於獨洛水（今蒙古國土拉河）至西海（今中亞里海）之間，分屬東、西突厥。　翟：汲古閣本、殿本、百衲本同。中華本作"翟遼"，其校勘記云："各本並脱，據《晋書·滕脩傳》補。"按，應補"遼"字。翟遼，丁零首領翟真

之子，十六國時翟魏政權建立者。晉孝武帝太元十年，翟真被鮮于乞殺害後，翟遼逃奔黎陽太守滕恬之。十一年，翟遼殺死滕恬之，占據黎陽郡。十三年，自稱天王，建立翟魏政權，年號建光。十六年，去世，其子翟釗繼位。

［3］仕官：爲官。汲古閣本、殿本、百衲本同，中華本作“仕宦”。《宋書・鄭鮮之傳》亦作“仕宦”。按禮制，父母之喪，子女應守喪三年，不做官，不婚娶，不赴宴，不應考。滕恬之子滕羡於父死之後，仍繼續做官。

［4］群僚：殿本、百衲本同。汲古閣本作“郡僚”，誤。《宋書・鄭鮮之傳》亦作“群僚”。　溥議：汲古閣本、殿本、百衲本作“博議”。底本誤，應據諸本改。

［5］舉其阡陌，皆可終言矣：《宋書・鄭鮮之傳》“終言”作“略言”，丁福林《宋書校議》云：“《通志》亦作‘略言’，《南史》作‘終言’者，非也。”（第256頁）周一良《宋書札記》以爲“阡陌即大概之意”（《魏晋南北朝史札記》，第187頁）。則上句言，舉其大概，下句言皆可略言，“略言”更爲準確。

［6］伊尹：商湯大臣。曾放湯孫太甲於桐宫，執掌朝政，後太甲悔過，歸政於太甲。《史記》卷三《殷本紀》云：“帝太甲既立三年，不明，暴虐，不遵湯法，亂德，於是伊尹放之於桐宫。三年，伊尹攝行政當國，以朝諸侯。帝太甲居桐宫三年，悔過自責，反善，於是伊尹迺迎帝太甲而授之政。”

［7］鬻拳：春秋時楚文王大臣。曾勸諫楚王，楚王不聽，遂以兵臨之，迫使楚王聽從。事後又自刑以謝罪。《左傳》莊公十九年云：“初，鬻拳强諫楚子，楚子弗從，臨之以兵，懼而從之。鬻拳曰：‘吾懼君以兵，罪莫大焉。’遂自刖也。楚人以爲大閽，謂之大伯。君子曰：‘鬻拳可謂愛君矣，諫以自納於刑，刑猶不忘納君於善。’”

［8］箕子：商紂王大臣。紂昏亂淫泆，諫而不聽，佯狂爲奴。周武王滅商後，封箕子於朝鮮。與微子、比干並稱“三仁”。《史

記》卷三八《宋微子世家》云："太史公曰：孔子稱'微子去之，箕子爲之奴，比干諫而死，殷有三仁焉'。"

[9]令如滕羡情事者：汲古閣本、殿本、百衲本同。中華本改"令"作"今"，其校勘記云："'今'各本作'令'，據《通志》改。"按，據上下文意，"今"字是。

[10]大聖人立教：殿本、百衲本同，汲古閣本、中華本"大"作"夫"。《宋書·鄭鮮之傳》亦作"夫"。按，"夫"字是，句首語氣詞。

[11]不可宗一故耳：《宋書·鄭鮮之傳》"宗一"作"守一"。《通志》卷一三四、《册府元龜》卷八三〇亦作"守一"。

宋武帝起義兵，累遷御史中丞。性剛直，甚得司直之體。[1]外甥劉毅權重當時，[2]朝野莫不歸附，鮮之盡心武帝，獨不屈意於毅，毅甚恨焉。以與毅舅甥制不相糾，[3]使書侍御史丘洹奏彈毅輒宥傳詔羅道盛。[4]詔無所問。

[1]司直：官名。原爲丞相屬官，佐丞相舉不法，有監察職能。此處代指御史中丞。

[2]劉毅：字希樂，彭城沛（今江蘇沛縣）人。先與劉裕共討桓玄，興復晉室。後懷異心，與劉裕不和。劉裕出兵征討，於江陵兵敗自縊。《晉書》卷八五有傳。

[3]相糾：相互檢舉。

[4]書侍御史：官名。即治書侍御史。《宋書》卷六四《鄭鮮之傳》作"治書侍御史"，本書避唐高宗李治諱删"治"字。魏晉南北朝爲御史中丞佐貳，御史臺要職，分領侍御史諸曹，監察、彈劾較高級官員，亦奉命出使，收捕犯官等。南朝時不爲世族所重，梁武帝始重其選。晉六品。　輒：專擅，任意。

時新制，長吏以父母疾去官，禁錮三年。[1]山陰令沈淑任父疾去職，[2]鮮之因此上議曰："父母之疾而加以罪名，[3]悖義疾理，莫此爲大。謂宜從舊，於義爲允。"從之。於是自二品以上，父母及爲祖父母後者，墳墓崩毀及疾病，族屬輒去，並不禁錮。

[1]禁錮：禁止做官。

[2]沈淑任：汲古閣本、殿本、百衲本同。中華本改"淑"作"叔"，其校勘記云："'叔'各本作'淑'，據《宋書》改。按《宋書·沈演之傳》云'父叔任，吴山陰令'。"本書卷三六《沈演之傳》亦作"叔任"。《通典》卷一九《職官典一》、《通志》卷五一、《册府元龜》卷四七一皆作"沈叔任"。應改"淑"作"叔"。沈叔任，吴興武康（今浙江德清縣）人，沈演之父。初爲揚州主簿，高祖太尉參軍，吴山陰令。《宋書》卷六三有附傳。

[3]父母之疾而加以罪名：汲古閣本、殿本、百衲本同。中華本於句前補"今省"二字，其校勘記云："'今省'二字各本並脱，據《通典·職官典》補。按《宋書》有'省'字無'今'字。"馬宗霍《南史校證》云："按'父母之疾'上《宋書》本傳有'省'字，省者，視也，謂父母有疾去官歸視也，《南史》删去，非是。"（第562頁）按，馬説是，據《宋書》補"省"字，句意即明。

劉毅當鎮江陵，[1]武帝會於江寧，[2]朝士畢集。毅素好摴蒱，[3]於是會戲。帝與毅斂局，各得其半，積錢隱人，毅呼帝併之。先擲得雉，[4]帝甚不悦，良久乃答之，四坐傾屬。[5]既擲得盧，[6]毅意大惡，謂帝曰："知公不以大坐席與人。"鮮之大喜，徒跣繞床大叫，[7]聲聲相續，毅甚不平，謂之曰："此鄭君何爲者？"無復甥舅之敬。

[1]江陵：縣名。治所在今湖北荆州市荆州區。

[2]江寧：縣名。治所在今江蘇南京市江寧區江寧街道。

[3]摴（chū）蒱（pú）：亦作樗蒲。古代的一種博戲。以擲骰决勝負。晋時尤盛行。

[4]雉：樗蒲的彩名。《資治通鑑》卷九三《晋紀十五》明帝太寧三年胡三省注云："晋人多好樗蒱，以五木擲之，其采有黑犢，有雉，有盧；得盧者勝。"

[5]傾屬（zhǔ）：注視。

[6]盧：樗蒲的勝彩。擲五子全黑爲盧。

[7]徒跣：赤脚。

帝少事戎旅，不經涉學，及爲宰相，頗慕風流。時或談論，人皆依違不敢難。鮮之難必切至，未嘗寬假。[1]與帝言，要須帝理屈，然後置之。帝有時甦恧變色，[2]感其輸情，[3]時人謂爲"格佞"。[4]

[1]寬假：寬容，寬貸。

[2]甦恧（nǜ）：羞愧。

[3]輸情：表達真情。

[4]格佞：匡正諂媚之意。格，正也。匡正，糾正。

十二年，武帝北伐，[1]以爲右長史。[2]鮮之曾祖晋江州長史哲墓在開封，求拜省，帝以騎送之。及入咸陽，[3]帝遍視阿房、未央故地，[4]悽愴動容，問鮮之秦、漢所以得喪。鮮之具以賈誼《過秦》對。[5]帝曰："及子嬰而亡,[6]已爲晚矣。然觀始皇爲人,[7]智足見是非,所任不得人,何也?”答曰:“夫佞言似忠,奸言似信,中人以上,乃可語上。始皇未及中人,所以暗於識士。”前至渭濱,[8]帝復歎曰:“此地寧復有吕望邪?”[9]鮮之曰:“昔葉公好龍而真龍見,[10]燕昭市骨而駿足至。[11]明公以旰食待士,[12]豈患海内無人。”帝稱善者久之。

[1]武帝北伐:指晋安帝義熙十二年(416),後秦皇帝姚興去世,姚泓即位,後秦内部叛亂,劉裕趁機北討後秦政權。次年,滅後秦。

[2]右長史:官名。東漢末曹操爲丞相時分長史爲左、右,總領相府諸曹。魏晋南朝時相國、丞相、司徒府例置,其餘諸公唯置長史一員,加崇者方置左、右。據《宋書》卷六四《鄭鮮之傳》,其先由御史中丞轉爲司徒左長史,則此右長史似應爲司徒右長史。

[3]咸陽:秦朝都城。在今陝西咸陽市東。

[4]阿房:秦宫名。築於秦始皇三十五年(前212),未完成而始皇死,二世繼續修建。遺址北起今陝西西安市三橋鎮西北之新軍寨、後圍寨,南至王寺村、和平村,北緣縱長五千米,東以皂河爲界,西迄西安市長安區小蘇村、紀陽村,横寬五千米(參見王學理《“阿房宫”“阿房前殿”與“前殿阿房”的考古學解讀》,黄留珠、魏全瑞主編《周秦漢唐文化研究》第4輯,三秦出版社2006年版,第37—44頁)。　未央:漢宫名。在秦章臺基礎上修建。位於漢長安城地勢最高的西南角龍首原上,因在長安城安門大街之西,又稱西宫。《資治通鑑》卷一一《漢紀三》高祖七年胡三省注云:“未央宫在長安城西南隅,周迴二十八里。《元和志》曰:東距長樂宫一里,中隔武庫。《括地志》:未央宫,在雍州長安縣西北十里長安故城中。”

[5]賈誼:洛陽(今河南洛陽市)人。漢文帝時,召爲博士。

後爲梁懷王太傅，梁王墜馬死，自傷爲傅失職，歲餘亦死，年三十三。《漢書》卷四八有傳。

［6］子嬰：秦二世死後，被趙高立爲秦王。與其子誅殺趙高。劉邦入關後，子嬰降。後被項羽派人殺死。

［7］始皇：秦始皇嬴政。統一六國，建立秦國。《史記》卷六有《秦始皇本紀》。

［8］渭濱：渭水之濱。周文王於此遇姜太公。

［9］吕望：吕尚。本姓姜，名尚，字牙。吕爲其先祖封地，故又從其封姓。家貧年老，垂釣於渭濱，遇周文王。與語，文王大悦，曰“吾太公望子久矣”故又稱“太公望”。武王時尊爲師尚父，輔武王滅殷。封於齊營丘。

［10］葉公好龍而真龍見：典出《新序・雜事》：“君之好士也，有似葉公子高之好龍也。葉公子高好龍，鉤以寫龍，鑿以寫龍，屋室雕文以寫龍，於是天龍聞而下之。”

［11］燕昭市骨而駿足至：據《新序・雜事》載：燕昭王即位後，厚幣求賢，問策於郭隗，“隗曰：‘臣聞古之人君，有以千金求千里馬者，三年不能得。涓人言於君曰：“請求之。”君遣之，三月，得千里馬，馬已死，買其骨五百金，反以報君。君大怒曰：“所求者生馬，安用死馬，捐五百金。”涓人對曰：“死馬且市之五百金，況生馬乎，天下必以王爲能市馬，馬今至矣。”於是不能期年，千里馬至者二。今王誠必欲致士，請從隗始，隗且見事，况賢於隗者乎，豈遠千里哉。’於是昭王爲隗築宮而師之。樂毅自魏往，鄒衍自齊往，劇辛自趙往，士争走燕。”燕昭，燕昭王。戰國時燕國國君。燕王噲之子。齊破燕後即位，卑身厚幣招納賢能。昭王二十八年（前 284），樂毅率軍攻齊，入齊都臨淄。

［12］旰食：晚食。指忙於政事不能按時吃飯。

宋國初建，[1]轉奉常。[2]赫連勃勃陷關中，[3]武帝復欲北討，鮮之表諫。及踐祚，[4]遷太常、都官尚書。[5]時傅亮、謝晦位遇日隆，范泰嘗衆中讓誚鮮之曰：[6]"卿與傅、謝俱從聖主有功關、洛，[7]卿乃居僚首，今日答颯，[8]去人遼遠，何不肖之甚。"鮮之熟視不對。

[1]宋國：東晋末劉裕的封國。晋安帝義熙十二年（416），以徐州的彭城、沛、蘭陵、下邳、淮陽、山陽、廣陵，兖州的高平、魯、泰山十郡封劉裕爲宋公。

[2]奉常：官名。南朝諸霸府所建王國或置，稱帝後即改太常。

[3]赫連勃勃：字屈孑，朔方郡朔方縣（今陝西靖邊縣）人。十六國時夏開國皇帝。《晋書》卷一三〇有載記。

[4]踐祚：登上皇位。

[5]太常：官名。列卿之一。南朝禮儀郊廟制度由尚書八座及儀曹裁定，太常位尊職閑。宋三品。　都官尚書：官名。尚書省都官曹長官，掌管都官、水部、庫部、功論四曹。職掌刑獄徒隸、水利庫藏等。宋三品。

[6]讓誚：責讓譏諷。

[7]有功關、洛：指從宋武帝北伐事。關、洛，關中、洛陽。

[8]答颯：萎靡不振的樣子。

鮮之爲人通率，在武帝坐，言無所隱晦，亦甚憚焉。[1]而隱厚篤實，贍恤親故，遊行命駕，或不知所適，隨御者所之。尤爲武帝所狎。上曾内殿宴飲，朝貴畢至，唯不召鮮之。坐定，謂群臣曰："鄭鮮之必當自來。"俄而外啓尚書鄭鮮之詣神獸門求啓事，[2]帝大笑引入。其被遇如此。以從征功，封龍陽縣五等子。[3]

[1]言無所隱晦，亦甚憚焉：《宋書》卷六四《鄭鮮之傳》作“言無所隱，時人甚憚焉”。《册府元龜》卷四六〇同《宋書·鄭鮮之傳》。中華本校勘記云：“‘晦亦’《宋書》作‘時人’，觀上范泰讓誚鮮之，疑《宋書》是。《通志》改作‘言無所隱晦，人甚憚焉’。當亦有見於是。”馬宗霍《南史校證》以“言無所隱，晦亦甚憚焉”爲斷，以爲“晦”指謝晦（第563頁）。可備一說。

[2]神獸門：建康宫城門名。即神虎門，本書避唐高祖李淵祖父李虎諱改。與東面雲龍門東西相對。

[3]龍陽縣五等子：封爵名。獎賞功臣的虚封。錢大昕《廿二史考異》卷二四云：“五等之封，但假虚號，未有户邑，蓋出一時權宜之制。”龍陽，縣名。治所在今湖南漢壽縣。

景平中，徐、傅當權，出爲豫章太守。時王弘爲江州刺史，竊謂人曰：“鄭公德素，[1]先朝所禮，方於前代鍾元常、王景興之流。[2]今徐、傅出以爲郡，抑當有以。”[3]尋有廢立事。

[1]德素：德性，德行。

[2]鍾元常：鍾繇。字元常，潁川長社（今河南長葛市）人。《三國志》卷一三有傳。　王景興：王朗。字景興，東海郯（今山東郯城縣）人。《三國志》卷一三有傳。

[3]有以：有緣故。

元嘉三年，弘入爲相，舉鮮之爲尚書右僕射。[1]四年卒。[2]文集行于世。[3]子愔，始安太守。[4]

[1]尚書右僕射：官名。位在左僕射下，與左僕射共掌尚書省

日常政務，並聯署諸曹奏事，參議大政，諫諍得失，兼領祠部（一般與祠部不並置）、儀曹二曹。宋三品。

[2]四年卒：按，據《宋書》卷六四《鄭鮮之傳》，卒年六十四。追贈散騎常侍、金紫光禄大夫。

[3]文集行于世：《隋書·經籍志四》著録“宋太常卿《鄭鮮之集》十三卷”，注云“梁二十卷，録一卷”。

[4]始安：郡名。治始安縣，在今廣西桂林市。《宋書·鄭鮮之傳》作“始興”。

裴松之字世期，河東聞喜人也。[1]祖昧，光禄大夫。[2]父珪，正員外郎。[3]

[1]河東：郡名。治安邑縣，在今山西夏縣西北。　聞喜：縣名。治所在今山西聞喜縣。

[2]光禄大夫：官名。作爲在朝顯職的加官，以示優崇。或授予年老有病者爲致仕之官，亦常用爲卒後贈官，無職掌。晋三品。

[3]正員外郎：疑此有誤。時有正員郎和員外郎，而無正員外郎。正員郎即編制内的散騎侍郎，員外郎爲編制外的散騎侍郎。西晋始設員外散騎侍郎，不限員額。

松之博覽墳籍，[1]立身簡素。年二十，拜殿中將軍。[2]此官直衛左右，晋孝武太元中，[3]革選名家以參顧問，始用瑯琊王茂之、會稽謝輶，[4]皆南北之望。

[1]墳籍：典籍。古有《三墳》《五典》之説，《後漢書》卷四五《周興傳》“《三墳》之篇，《五典》之策”句李賢注云：“伏羲、神農、黄帝之書曰《三墳》；少昊、顓頊、高辛、唐、虞之書曰

《五典》也。”後常用“墳籍”“墳典”等稱古代典籍。

[2]殿中將軍：官名。西晋時分隸左、右衛將軍，朝會宴饗及乘輿出入，直侍左右，夜開宫城諸門，則執白虎幡監之，多選清望之士充任。東晋孝武帝太元中改選，以門閥居之。晋六品。

[3]太元：東晋孝武帝司馬曜年號（376—396）。

[4]瑯琊：郡名。治開陽縣，在今山東臨沂市北。　王茂之：琅邪臨沂（今山東臨沂市）人，王敬弘之父。官至晋陵太守。

義熙初，爲吴興故彰令，[1]在縣有績。入爲尚書祠部郎。松之以世立私碑，有乖事實，上表陳之，以爲“諸欲立碑者，宜悉令言上，爲朝議所許，然後聽之，庶可以防遏無徵，[2]顯彰茂實”。[3]由是普斷。

[1]吴興：郡名。治烏程縣，在今浙江湖州市。　故彰：殿本、百衲本、中華本同，汲古閣本作“故鄣”。《宋書》卷六四《裴松之傳》亦作“故鄣”。按，據《晋書·地理志下》《宋書·州郡志一》，吴興郡下有故鄣縣，無故彰縣。“故鄣”是。故鄣，縣名。治所在今浙江安吉縣西北。

[2]無徵：没有實據。

[3]茂實：盛美的德業。

武帝北伐，領司州刺史，[1]以松之爲州主簿，[2]轉中從事。[3]既尅洛陽，松之居州行事。宋國初建，毛德祖使洛陽，[4]武帝敕之曰：“裴松之廊廟之才，[5]不宜久居邊務，今召爲太子洗馬，[6]與殷景仁同，可令知之。”

[1]司州：州名。治虎牢，在今河南滎陽市汜水鎮。

[2]州主簿：官名。典領文書簿籍，經辦事務，爲刺史喉舌耳目。

[3]中從事：官名。即治中從事史。本書避唐高宗李治諱省“治”字，又簡稱中從事。州刺史屬官。掌文書案卷衆事。《宋書》卷六四《裴松之傳》作“治中從事史”。

[4]毛德祖：滎陽陽武（今河南原陽縣）人。《晋書》卷八一、《宋書》卷九五有附傳。

[5]廊廟之才：能承擔國家重任的棟梁之才。

[6]今召爲太子洗馬：汲古閣本、殿本、百衲本同。中華本改“太子”爲“世子”，其校勘記云：“‘世子’各本作‘太子’，據《宋書》改。按上言‘宋國初建’，是劉裕尚未稱帝，其子不得稱太子。”太子洗馬，官名。東宫屬官。掌圖書經籍，賓贊受事。太子出，則前驅導威儀。晋七品。

時議立五廟樂，松之以妃臧氏廟用樂亦宜與四廟同。[1]除零陵内史，徵爲國子博士。[2]

[1]臧氏：宋武帝臧皇后。名愛親，東莞（今山東莒縣）人。本書卷一一、《宋書》卷四一有傳。

[2]國子博士：官名。西晋武帝時立國子學，置一員，以教授生徒儒學，取履行清淳、通明典義者爲之。並應對殿堂，備咨詢顧問。

元嘉三年，誅司徒徐羡之等，分遣大使巡行天下，並兼散騎常侍，[1]班宣二十四條詔書。松之使湘州，[2]甚得奉使之義，論者美之。

［1］散騎常侍：官名。集書省長官，侍從左右，掌圖書文翰，諫諍拾遺，以收納轉呈文書奏事爲主。宋三品。

［2］湘州：州名。治臨湘縣，在今湖南長沙市。

轉中書侍郎。[1]上使注陳壽《三國志》，[2]松之鳩集傳記，[3]廣增異聞。既成奏之，上覽之曰："裴世期爲不朽矣。"

［1］中書侍郎：官名。南朝時擬詔出令之職仍歸中書省，但事權悉由中書舍人執掌，侍郎職閑官清，成爲諸王起家官，如缺監、令，或亦主持中書省務。宋五品。

［2］陳壽：字承祚，巴西安漢（今四川南充市）人。少好學，師事同郡譙周，初仕蜀。蜀平入晋，張華舉爲孝廉，除佐著作郎。後又爲著作郎。時人稱其善叙事，有良史之才。《晋書》卷八二有傳。

［3］鳩集：聚集，收集。

出爲永嘉太守，[1]勤恤百姓，吏人便之。後爲南琅邪太守，[2]致仕，[3]拜中散大夫。尋爲國子博士，進太中大夫。[4]使續成何承天國史，未及撰述，卒。[5]

［1］永嘉：郡名。治永寧縣，在今浙江温州市。

［2］南琅邪：郡名。南朝宋改琅邪郡置，治金城，在今江蘇句容市西北。齊武帝永明元年（483）移治白下城，在今江蘇南京市北金川門外幕府山南麓。

［3］致仕：辭職退休。據《宋書》卷六四《裴松之傳》，裴松之於宋文帝元嘉十四年（437）致仕。

［4］太中大夫：官名。魏晉南北朝皆置，多用以安置老疾退免的九卿等大臣，無職事。

［5］卒：按，據《宋書·裴松之傳》，於宋文帝元嘉二十八年卒，時年八十。

子駰，南中郎參軍。[1]松之所著文論及《晉記》，[2]駰注司馬遷《史記》，[3]並行於世。駰子昭明。

［1］南中郎參軍：官名。即南中郎將參軍事。南中郎，南中郎將省稱。與東、西、北中郎將並稱四中郎將，職權頗重。或率師征伐，或鎮守某地，地位高於一般雜號將軍。宋四品。

［2］文論及《晉記》：汲古閣本、百衲本同，殿本"晉記"作"晉紀"。《隋書·經籍志》著録"《集注喪服經傳》一卷，宋太中大夫裴松之撰""《三國志》六十五卷，叙録一卷，晉太子中庶子陳壽撰，宋太中大夫裴松之注""《裴氏家傳》四卷，裴松之撰""宋太中大夫《裴松之集》十三卷"。未見《晉記》。《舊唐書·經籍志》《新唐書·藝文志》亦未見著録。

［3］注司馬遷《史記》：《隋書·經籍志二》著録"《史記》八十卷，宋南中郎外兵參軍裴駰注"。司馬遷，字子長，漢左馮翊夏陽（今陝西韓城市）人。《漢書》卷六二有傳。

昭明少傳儒史之業，宋泰始中爲太學博士。[1]有司奏太子婚，納徵用玉璧虎皮，[2]未詳何所準擬。昭明議："《禮》'納徵儷皮'。鄭云'皮爲庭實，[3]鹿皮也'，晉太子納妃注'以虎皮二'。[4]太元中，公主納徵，虎豹皮各一。此豈謂婚禮不詳。王公之差，故取虎豹文蔚以尊其事。[5]虎豹雖文，而徵禮所不言；熊羆雖古，[6]而婚禮所不及；珪璋雖美，[7]或爲用各異。今宜準經誥，凡諸僻謬，[8]一皆詳正。”於是有司參議，加珪璋豹熊羆皮各二。

［1］泰始：南朝宋明帝劉彧年號（465—471）。

［2］納徵：古代婚禮有六禮，一曰納采，二曰問名，三曰納吉，四曰納徵，五曰請期，六曰親迎。《儀禮・士昏禮》云：“納徵，玄纁，束帛，儷皮，如納吉禮。”鄭玄注云：“徵，成也。使使者納幣，以成昏禮。用玄纁者，象陰陽備也。束帛十端也，《周禮》曰：凡嫁子取妻，入幣純帛無過五兩。儷，兩也。執束帛以致命，兩皮爲庭實。皮，鹿皮。”

［3］鄭：鄭玄。字康成，北海高密（今山東高密市）人。注《周易》《尚書》《毛詩》《儀禮》《禮記》《論語》等，又著《天文七政論》《毛詩譜》等，百餘萬言。《後漢書》卷三五有傳。　庭實：陳列朝堂的貢獻之物。《國語・晋語四》“庭實旅百”句韋昭注：“庭實，庭中之陳也。”

［4］晋太子納妃注：馬宗霍《南史校證》云：“按‘注’謂儀注也。”（第565頁）

［5］文蔚：文采蔚然。《易・革卦》云：“君子豹變，其文蔚也。”

［6］羆（pí）：亦稱馬熊或人熊。

［7］珪璋：玉製的禮器。

［8］僻謬：乖僻謬誤。汲古閣本、百衲本同，殿本作“僻繆”。

元徽中，[1]出爲長沙郡丞。罷任，刺史王藴之謂曰：[2]“卿清貧必無還資，湘中人士有須一禮之命者，我不愛也。”昭明曰：“下官忝爲郡佐，不能光益上府，豈以鴻都之事,[3]仰累清風。”歷祠部通直郎。[4]

[1]元徽：南朝宋後廢帝劉昱年號（473—477）。

[2]刺史王藴之謂曰：汲古閣本、殿本、百衲本同。中華本删“之”字，其校勘記云:“‘藴’下各本有‘之’字，據《宋書·王景文傳》兄子藴附傳删。”《南齊書》卷五三《裴昭明傳》作“刺史王藴謂之曰”。作“王藴”是。王藴，字彦深，小字阿益，琅邪臨沂（今山東臨沂市）人。宋後廢帝元徽時曾任湘州刺史。本書卷二三、《宋書》卷八五有附傳。

[3]鴻都之事：賣官求財之事。《後漢書》卷五二《崔寔傳》云:“靈帝時，開鴻都門榜賣官爵，公卿州郡下至黄綬各有差。”

[4]祠部通直郎：疑此有誤。通直郎爲通直散騎侍郎省稱，祠部無通直郎。丁福林《南齊書校議》據《南齊書·禮志上》、《梁書》卷三〇《裴子野傳》等考證，以爲，此應爲叙其歷官“祠部郎，通直郎”（中華書局 2010 年版，第 354—355 頁）。通直郎，官名。通直散騎侍郎省稱。西晋武帝時置員外散騎侍郎四人，東晋元帝時使二人與散騎侍郎通員當直，故稱。屬散騎省，職同散騎侍郎，參平尚書奏事，兼掌侍從、諷諫，地位較高。南朝屬集書省，宋以後地位漸低，常授衰老之士，多爲加官，不被人重。

齊永明二年使魏,[1]武帝謂曰:[2]“以卿有將命之才，使還當以一郡相賞。”還爲始安内史。郡人龔玄宜云:[3]“神人與其玉印玉板書，不須筆，吹紙便成字。”自稱龔聖人，以此惑衆，前後郡太守敬事之。昭明付獄案罪。及還，甚貧罄，武帝曰:“裴昭明當罷郡，還遂無宅，我不讀書，不知古人中誰可比之。”遷射聲校尉。[4]

［1］永明：南朝齊武帝蕭賾年號（483—493）。　二年：公元484年。殿本同，汲古閣本、百衲本、中華本作“三年”。《南齊書》卷五三《裴昭明傳》亦作“三年”。丁福林《南齊書校議》卷五三云：“《南史·武帝紀》載永明四年二月，‘壬午，使通直郎裴昭明聘於魏’，所記時間有異。”（第356頁）據《魏書》卷九八《蕭賾傳》，“九年，遣輔國將軍劉纘、通直郎裴昭明朝貢。十年，又遣昭明與冠軍參軍司馬迪之朝貢”，所記爲北魏孝文帝太和九年、十年事，即公元485、486年。作“二年”誤。

［2］武帝：南朝齊武帝蕭賾。字宣遠，小諱龍兒，齊高帝長子。本書卷四、《南齊書》卷三有紀。

［3］龔玄宜：《南齊書》卷五三《裴昭明傳》作“龔玄宣”。

［4］射聲校尉：官名。與屯騎、步兵、長水、越騎校尉並稱五校尉。侍衛武官，不領兵，用以安置勳舊老臣。齊官品不詳。

九年復北使。建武初，[1]爲王玄邈安北長史、廬陵太守。[2]明帝以其在事無啓奏，[3]代還責之，昭明曰：“臣不欲競執關鍵故耳。”

［1］建武：南朝齊明帝蕭鸞年號（494—498）。

［2］王玄邈：字彦遠，太原祁（今山西祁縣）人。本書卷一六、《南齊書》卷二七有附傳。　安北長史：官名。即安北將軍府長史。掌府中庶務。安北，安北將軍省稱。與安東、安西、安南將軍並稱四安將軍。爲出鎮某一地區的軍事長官，或作爲刺史等地方官員兼理軍務的加官，權任很重。齊官品不詳。丁福林《南齊書校議》據《南齊書》卷二七《王玄邈傳》考證，王玄邈此時爲平北將軍，安北將軍是其死後贈官。以爲此“安北長史”乃“平北長史”之訛（第356頁）。　廬陵：殿本同，汲古閣本、百衲本作“廣陵”。《南齊書》卷五三《裴昭明傳》亦作“廣陵”。

［3］明帝：南朝齊明帝蕭鸞。字景栖，小諱玄度，始安王蕭道生子。少孤，被齊高帝撫養，恩過諸子。本書卷五、《南齊書》卷六有紀。

昭明歷郡皆清勤，常謂人曰："人生何事須聚畜，一身之外亦復何須。子孫若不才，我聚彼散。若能自立，則不如一經。"故終身一不事産業。[1]中興二年卒。[2]子子野。

［1］故終身一不事産業：《南齊書》卷五三《裴昭明傳》作"故終身不治産業"。

［2］中興：南朝齊和帝蕭寶融年號（501—502）。

子野字幾原，生而母魏氏亡，爲祖母殷氏所養。殷柔明有文義，以章句授之。年九歲，殷氏亡，泣血哀慟，[1]家人異之。

［1］泣血：形容極度悲傷。《禮記·檀弓上》云："高子皋之執親之喪也，泣血三年。"鄭玄注云："言泣無聲如血出。"

少好學，善屬文，[1]仕齊爲江夏王行參軍。[2]遭父憂去職。初，父寢疾彌年，子野禱請備至，涕泗霑濡。[3]父夜夢見其容，且召視如夢，[4]俄而疾間，[5]以爲至孝所感。命著《孝感傳》，固辭乃止。及居喪，每之墓所，草爲之枯。有白兔白鳩馴擾其側。[6]

［1］屬文：撰寫文章。《漢書》卷三六《楚元王傳》“能屬文”句顔師古注云：“屬文，謂會綴文辭也。”屬，綴也。

［2］江夏王：蕭鋒。字宣穎，齊高帝第十二子。高帝建元三年（481），封爲江夏王。海陵王延興元年（494），蕭鸞當權，殺諸王，與書責之，亦被殺。本書卷四三、《南齊書》卷三五有傳。行參軍：官名。諸公軍府屬官，參掌府曹事，位在正參軍之下。晋初制度，中央除拜者爲參軍，諸府自辟者爲行參軍。晋末以後行參軍亦可除拜，唯品階例低於參軍。《梁書》卷三〇《裴子野傳》無“行”字。

［3］霑濡：浸濕。

［4］且召視如夢：汲古閣本、殿本、百衲本同，中華本據《通志》卷一四一改“且”爲“旦”。按，據文意，疑“旦”是。

［5］疾間：疾病好轉。

［6］馴擾：順服。

梁天監初，[1]尚書僕射范雲嘉其至行，[2]將表奏之，會雲卒不果。樂安任昉有盛名，[3]爲後進所慕，遊其門者，昉必推薦。子野於昉爲從中表，獨不至，昉亦恨焉，故不之善。

［1］天監：南朝梁武帝蕭衍年號（502—519）。

［2］尚書僕射：官名。尚書省次官，或單置，或並置左、右。南朝尚書令爲宰相之任，位尊權重，不親庶務，尚書省由僕射主持，諸曹奏事由左、右僕射審議聯署。兼領祠部（一般與祠部不並置）、儀曹二曹。梁、陳時尚書令常缺，僕射實爲尚書省主官。梁十五班。　范雲：字彦龍，南鄉舞陰（今河南泌陽縣）人。本書卷五七、《梁書》卷一三有傳。

［3］樂安：郡名。治高苑縣，在今山東鄒平市東北。　任昉：

字彦升（《梁書》作“彦昇”），樂安博昌（今山東博興縣）人。本書卷五九、《梁書》卷一四有傳。

久之，兼廷尉正，[1]時三官通署獄，[2]子野嘗不在，同僚輒署其名。奏有不允，子野從坐免職。或勸言請有司，[3]可無咎，子野笑曰：“雖慙柳季之道，[4]豈因訟以受服。”[5]自此免黜久之，終無恨意。中書郎范縝與子野未遇，[6]聞其行業而善焉。會遷國子博士，[7]乃上表讓之，有司以資歷非次，[8]不爲通。

[1]兼：官制術語。以本官兼任其他官職。　廷尉正：官名。南朝梁、陳時爲廷尉卿屬官，地位高於廷尉監、平，但公牘須三官聯署，以互相監督。梁六班。

[2]時三官通署獄：《梁書》卷三〇《裴子野傳》作“時三官通署獄牒”。馬宗霍《南史校證》云：“謂署名於牒上也，《南史》删去，非是。”（第566頁）其説可從。

[3]或勸言請有司：《梁書·裴子野傳》作“或勸言諸有司”。馬宗霍《南史校證》云：“‘言諸’是，‘諸’猶‘於’也。”（第566頁）其説可從。

[4]柳季：柳下惠。姓展，名禽，字季，柳下是其號。曾爲典獄之官，三次被罷黜而不改其行。事見《論語》《孟子》等。《論語·微子》云：“柳下惠爲士師，三黜。人曰：‘子未可以去乎？’曰：‘直道而事人，焉往而不三黜？枉道而事人，何必去父母之邦？’”

[5]因訟以受服：典出《易·訟卦》：“上九：或錫之鞶帶，終朝三褫之。象曰：以訟受服，亦不足敬也。”孔穎達疏云：“釋終朝三褫之義。以其因訟得勝，受此錫服，非德而受，亦不足可敬。”

[6]中書郎：官名。梁九班。　范縝：字子真，南鄉舞陰（今

河南泌陽縣）人。本書卷五七有附傳，《梁書》卷四八有傳。

［7］國子博士：官名。南朝梁時置國學。掌教授國子生。梁九班。

［8］非次：不符合常規。

後爲諸既令，[1]在縣不行鞭罰，人有争者，示之以理，百姓稱悦，合境無訟。

［1］諸既：縣名。即諸暨。治所在今浙江諸暨市。汲古閣本、殿本、百衲本作“諸暨”。

初，子野曾祖松之，宋元嘉中受詔續修何承天宋史，未成而卒，子野常欲繼成先業。及齊永明末，沈約所撰《宋書》稱“松之已後無聞焉”。[1]子野更撰爲《宋略》二十卷，[2]其叙事評論多善，而云“戮淮南太守沈璞，[3]以其不從義師故也”。約懼，徒跣謝之，請兩釋焉。歎其述作曰：“吾弗逮也。”蘭陵蕭琛言其評論可與《過秦》《王命》分路揚鑣。[4]於是吏部尚書徐勉言之於武帝，[5]以爲著作郎，[6]掌修國史及起注。[7]頃之，兼中書通事舍人，[8]尋除通直員外，[9]著作、舍人如故。敕又掌中書詔誥。

［1］沈約：字休文，吴興武康（今浙江德清縣）人。本書卷五七、《梁書》卷一三有傳。　松之已後無聞焉：錢大昕《廿二史考異》卷三六云：“今《宋書》無此文，蓋與子野釋恨之後改去之耳。”

［2］《宋略》二十卷：《隋書·經籍志二》著録“《宋略》二十

卷，梁通直郎裴子野撰”。已佚，《文苑英華》卷七五四收其《總論》。

[3]淮南：郡名。僑治江南，後割于湖爲境，在今安徽當塗縣。　沈璞：字道真。沈約之父。本書卷五七、《宋書》卷一〇〇有附傳。

[4]蕭琛：字彦瑜。本書卷一八有附傳，《梁書》卷二六有傳。　《王命》：《王命論》，班彪著。是一篇有關帝王受命的論述。《漢書》卷一〇〇《叙傳上》有其文。　分路揚鑣：亦作分道揚鑣。比喻各有造詣，才力相當。

[5]吏部尚書：官名。尚書省吏部曹長官，位居列曹尚書之首，主管官吏銓選考課獎懲。梁十四班。　徐勉：字脩仁，東海郯（今山東郯城縣）人。本書卷六〇、《梁書》卷二五有傳。　武帝：南朝梁武帝蕭衍。字叔達，小字練兒，南蘭陵（今江蘇常州市武進區）中都里人。本書卷六、卷七，《梁書》卷一至卷三有紀。

[6]著作郎：官名。梁六班。

[7]起注：百衲本同，汲古閣本、殿本、中華本作“起居注”。按，應補“居”字。

[8]中書通事舍人：官名。魏晋時於中書省内置，掌傳宣詔命。南朝沿置，宋時漸用寒士及皇帝親信任此職，奪中書侍郎草擬詔書之權。梁、陳除“通事”二字，稱中書舍人，任起草詔令之職，參與機密，權力日重。多由他官兼領。梁四班。

[9]通直員外：此應有誤，《梁書》卷三〇《裴子野傳》作“通直正員郎”。中華本校勘記云：“‘通直員外’《梁書》作‘通直正員郎’。《册府元龜》四五四作‘通直正員外郎’。按通直正員郎、通直正員外郎非一官。”

時西北遠邊有白題及滑國遣使由岷山道入貢，[1]此二國歷代弗賓，莫知所出。子野曰：“漢潁陰侯斬胡白題將一人。[2]服虔注云：[3]‘白題，胡名也。’又漢定遠侯擊虜，[4]入滑，[5]此其後乎。”時人服其博識。敕仍使撰《方國使圖》，廣述懷來之盛，自要服至于海表，[6]凡二十國。子野與沛國劉顯、南陽劉之遴、陳郡殷芸、陳留阮孝緒、吴郡顧協、京兆韋稜皆博學，[7]深相賞好，顯尤推重之。時長平侯蕭勱、范陽張纘每討論墳籍，[8]咸折衷於子野。

[1]白題：古國名。其先蓋匈奴之别種胡。其地當在今巴基斯坦控制的克什米爾北部巴爾蒂斯坦地區。參見清丁謙《梁書夷貊傳地理考證》。一説當在今烏兹别克斯坦的布哈拉西南。本書卷七九、《梁書》卷五四有傳。　滑國：古國名。即嚈噠。又作挹怛、厭怛、挹闐等。東羅馬史家稱之爲白匈奴。其地在今中亞阿姆河以南，都拔底延城，在今阿富汗北部瓦齊拉巴德。本書卷七九、《梁書》卷五四有傳。　岷山：山名。即岷山。在今四川松潘縣北。汲古閣本同，殿本、百衲本作“岷”。“岷”“岷”爲“岷”異體字。

[2]潁陰侯：灌嬰。睢陽（今河南商丘市）人。初販繒爲業，秦末，以中涓從事漢高祖。高祖六年（前201），封潁陰侯。《史記》卷九五、《漢書》卷四一有傳。潁陰，縣名。治所在今河南許昌市。

[3]服虔：字子慎，河南滎陽（今河南滎陽市）人。著《春秋左氏傳解》。東晋元帝時，立《春秋左傳》杜氏、服氏博士各一人。唐孔穎達正義專用杜注，服注遂亡。今有清人輯佚本。《後漢書》卷七九有傳。

[4]定遠侯：班超。字仲升，扶風平陵（今陝西咸陽市）人，班固弟。漢明帝永平十六年（73），從奉車都尉竇固出擊匈奴，又率吏士三十六人使西域。漢和帝永元三年（91），爲西域都護。七年，封定遠侯。《後漢書》卷四七有傳。定遠，《後漢書·班超傳》

李賢注云:“《東觀記》曰:‘其以漢中郡南鄭之西鄉户千封超爲定遠侯。’故城在今洋州西鄉縣南。”馬宗霍《南史校證》云:“檢《後漢書·班超傳》無‘擊虜入滑’之事,亦不見‘八滑’之名,惟《西域傳》車師後部王條有云:‘順帝永建元年,班勇率後王農奇子加特奴及八滑等,發精兵擊北虜呼衍王,破之,勇於是上立加特奴爲後王,八滑爲後部親漢侯。’據此,則‘八滑’蓋車師後部王子之名,《梁書》所載子野之言,當指此事。但班勇於安帝延光中爲西域長史,未嘗襲其父超定遠侯爵,則子野所稱定遠侯不審别有所據,抑或誤記。至於《南史》就《梁書》之文删去‘從之’二字,而改‘八滑’爲‘入滑’,斯乃謬之甚者,校《南史》者未聞舉出,是所當正也。”(第567頁)按,馬説是。班超死後,其長子班雄嗣。雄卒,子班始嗣,於漢順帝永建五年(130),因殺其妻陰城公主,腰斬。班勇爲班超少子,未見其襲爵記載。

[5]入滑:汲古閣本、殿本、百衲本同。中華本作“八滑從之”,其校勘記云:“‘八滑’各本作‘入滑’,又各本脱‘從之’二字,據《梁書》正補。按《後漢書·西域車師後王傳》,班勇‘率後王農哥子加特奴及八滑等,發精兵擊北虜呼衍王’。此‘八滑’下當有‘從之’二字,文意始足。”按,應從《梁書》卷三〇《裴子野傳》作“八滑從之”。

[6]要服:五服之一。古人將天下分爲甸服、侯服、綏服、要服、荒服,圍繞王畿,每五百里爲一服。《史記》卷二《夏本紀》云:“令天子之國以外五百里甸服……甸服外五百里侯服……侯服外五百里綏服……綏服外五百里要服……要服外五百里荒服。”卷四《周本紀》云:“要服者貢。”　海表:猶言海外。四境之外僻遠之處。

[7]沛國:郡名。治相縣,在今安徽濉溪縣西北。　劉顯:字嗣芳,沛國相(今安徽濉溪縣)人。本書卷五〇有附傳,《梁書》卷四〇有傳。　南陽:郡名。治宛縣,在今河南南陽市。　劉之遴:字思貞,南陽涅陽(今河南鄧州市)人。本書卷五〇有附傳,

《梁書》卷四〇有傳。　陳郡：郡名。治陳縣，在今河南周口市淮陽區。　殷芸：字灌蔬，陳郡長平（今河南西華縣）人。本書卷六〇有附傳，《梁書》卷四一有傳。　陳留：郡名。治小黄縣，在今河南開封市東北。　阮孝緒：字士宗，陳留尉氏（今河南尉氏縣）人。本書卷七六、《梁書》卷五一有傳。　吴郡：郡名。治吴縣，在今江蘇蘇州市。　顧協：字正禮，吴郡吴（今江蘇蘇州市）人。本書卷六二、《梁書》卷三〇有傳。　京兆：郡名。治長安縣，在今陝西西安市西北。　韋稜：字威直，京兆杜陵（今陝西西安市長安區）人。本書卷五八、《梁書》卷一二有附傳。

[8]長平侯：汲古閣本、殿本、百衲本同。中華本據《梁書》卷二四《蕭景傳》改作"吴平侯"。按，《梁書·裴子野傳》亦作"吴平侯"。蕭勱爲吴平侯蕭景之子、襲父爵。"吴平侯"是。吴平，縣名。治所在今江西樟樹市西。　蕭勱：字文約。本書卷五一有附傳。　范陽：郡名。治涿縣，在今河北涿州市。　張纘：字伯緒，范陽方城（今河北固安縣）人。本書卷五六、《梁書》卷三四有附傳。

繼母曹氏亡，居喪過禮，服闋，再遷員外郎。[1]普通七年，[2]大舉北侵，敕子野爲《移魏文》，受詔立成。武帝以其事體大，[3]召尚書僕射徐勉、太子詹事周捨、鴻臚卿劉之遴、中書侍郎朱异集壽光殿以觀之，[4]時並歎服。武帝目子野曰："其形雖弱，其文甚壯。"俄又敕爲書喻魏相元乂。[5]其夜受旨，子野謂可待旦方奏，未之爲也，及五鼓，[6]敕催令速上。子野徐起操筆，昧爽便就。[7]及奏，武帝深嘉焉。自是諸符檄皆令具草。

[1]員外郎：官名。員外散騎侍郎省稱。初爲正員散騎侍郎的

添差，後成定員官，屬散騎省，爲閑散之職。初多以公族、功臣子弟充任，後常用以安置閑退官員，多爲榮譽頭銜。梁三班。

［2］普通：南朝梁武帝蕭衍年號（520—527）。

［3］武帝以其事體大：殿本、百衲本同。汲古閣本“大”作“人”，誤。《梁書》卷三〇《裴子野傳》亦作“大”。

［4］太子詹事：官名。東宫屬官。掌東宫内外庶務。梁十四班。　周捨：字昇逸，汝南安成（今河南汝南縣）人。本書卷三四有附傳，《梁書》卷二五有傳。　鴻臚卿：官名。南朝梁、陳時由大鴻臚改名。掌朝會時贊導禮儀。梁九班。　中書侍郎：官名。南朝時擬詔出令之職仍歸中書省，但事權悉由中書舍人執掌，侍郎職閑官清，成爲諸王起家官，如缺監、令，或亦主持中書省務。梁以功高者一人主省事，成爲中書省實際長官。梁九班。　朱异：字彦和，吴郡錢唐（今浙江杭州市）人。本書卷六二、《梁書》卷三八有傳。　壽光殿：南朝梁建康宫殿名。梁武帝曾在此讀書講學、宴會群臣、編纂書籍。

［5］元叉：字伯儁，小字夜叉。北魏宗室。《魏書》卷一六、《北史》卷一六有附傳。

［6］五鼓：即五更。《顔氏家訓·書證》云：“漢、魏以來，謂爲甲夜、乙夜、丙夜、丁夜、戊夜；又云鼓，一鼓、二鼓、三鼓、四鼓、五鼓；亦云一更、二更、三更、四更、五更，皆以五爲節。”

［7］昧爽：黎明，天將亮未亮之時。

子野爲文典而速，[1]不尚靡麗，制多法古，與今文體異。當時或有詆訶者，[2]及其末，翕然重之。或問其爲文速者，子野答云：“人皆成於手，我獨成於心。”

［1］典：典雅。

［2］詆訶：詆毁，斥責。

遷中書侍郎、鴻臚卿，領步兵校尉。[1]子野在禁省十餘年，默静自守，未嘗有所請謁。[2]外家及中表貧乏，所得奉悉給之。無宅，借官地二畝，起茅屋數間，妻子恒苦飢寒，唯以教誨爲本，子姪祇畏，[3]若奉嚴君。[4]劉顯常以師道推高之。末年深信釋教，終身飯麥食蔬。中大通二年卒。[5]先是，子野自占死期不過戊戌歲，[6]是年自省移疾，[7]謂同官劉之亨曰：[8]“吾其逝矣。”遺命務存儉約。武帝悼惜，爲之流涕。贈散騎常侍，[9]即日舉哀。先是，五等君及侍中以上乃有謚，[10]及子野特以令望見嘉，賜謚貞子。

[1]步兵校尉：官名。據《隋書·百官志上》，南朝梁時改步兵校尉爲步騎校尉，另有太子步兵校尉。步騎校尉與屯騎、越騎、長水、射聲並稱五校尉。侍衛武官，不領兵，用以安置勳舊老臣。梁七班。

[2]請謁：請求。

[3]祇畏：敬畏。

[4]嚴君：指父親。

[5]中大通二年卒：按，據《梁書》卷三〇《裴子野傳》，卒年六十二。中大通，南朝梁武帝蕭衍年號（529—534）。

[6]子野自占死期不過戊戌歲：中華本“戊戌”爲“庚戌”，其校勘記云：“按中大通二年爲庚戌歲，據《梁書》改。”按，“庚戌”是。

[7]移疾：猶移病。上書稱病。《漢書》卷三六《楚元王傳》“移病出”句顏師古注云：“移病者，移書言病也。一曰言以病移出，不居官府。”《後漢書》李賢注、《資治通鑑》胡三省注皆采前説。

[8]劉之亨：字嘉會，南陽涅陽（今河南鄧州市）人，劉之遴弟。本書卷五〇、《宋書》卷四〇有附傳。

[9]散騎常侍：官名。梁十二班。

[10]侍中：官名。南朝齊、梁、陳時爲門下省長官。愈加顯貴。於侍奉生活起居、侍從左右、顧問應對、諫諍糾察等侍從本職外，兼掌出納、璽封詔奏，有封駁權，參預機密政務，上親皇帝，下接百官，官顯職重，時號“門下”，或以宰相目之。多選美姿容、有文才、與皇帝親近者任之。梁十二班。

子野少時集注《喪服》《續裴氏家傳》各二卷，抄合後漢事四十餘卷。又敕撰《衆僧傳》二十卷，《百官九品》二卷，《附益謚法》一卷，《方國使圖》一卷，文集二十卷：並行於世。[1]又欲撰《齊梁春秋》，始草創，未就而卒。及葬，湘東王爲之墓誌銘，[2]陳于藏內。[3]邵陵王又立墓誌，[4]堙于羨道。[5]羨道列誌，自此始焉。子騫，官至通直郎。[6]

[1]“子野少時集注《喪服》”至“並行於世”：《隋書·經籍志》著録“《喪服傳》一卷。梁通直郎裴子野撰”“《宋略》二十卷。梁通直郎裴子野撰”“《衆僧傳》二十卷。裴子野撰”“梁鴻臚卿《裴子野集》十四卷”。《百官九品》《附益謚法》《方國使圖》未見著録。《舊唐書·經籍志》《新唐書·藝文志》亦未見。

[2]湘東王：蕭繹。字世誠，小字七符，梁武帝第七子。武帝天監十三年（514），封湘東郡王。後即位爲梁元帝。本書卷八、《梁書》卷五有紀。湘東，郡名。治臨烝縣，在今湖南衡陽市。

[3]藏內：墓穴之中。

[4]邵陵王：蕭綸。字世調，小字六真，梁武帝第六子。武帝

天監十三年，封邵陵郡王。侯景反後，率衆討伐。本書卷五三、《梁書》卷二九有傳。邵陵，郡名。治邵陵縣，在今湖南邵陽市。

[5]羨道：墓道。

[6]通直郎：官名。即通直散騎侍郎。梁六班。

何承天，東海郯人也。[1]五歲喪父。母徐廣姊也，聰明博學，故承天幼漸訓義。宋武起義初，撫軍將軍劉毅鎮姑熟，[2]板爲行參軍。[3]毅嘗出行，而鄢陵縣吏陳滿射鳥，[4]箭誤中直帥，雖不傷人，處法棄市。[5]承天議曰："獄貴情斷，疑則從輕。昔有驚漢文帝乘輿馬者，[6]張釋之劾以犯蹕，[7]罪止罰金。何者？明其無心於驚馬也。故不以乘輿之重，加於異制。今滿意在射鳥，非有心於中人。案律過誤傷人三歲刑，況不傷乎？徵罰可也。"[8]

[1]東海：郡名。治郯縣，在今山東郯城縣。　郯：縣名。治所在今山東郯城縣。

[2]姑熟：城名。亦作姑孰。在今安徽當塗縣。汲古閣本、殿本、百衲本同，中華本作"姑孰"。

[3]板：官制術語。諸王公府署任官員稱"板"。

[4]鄢陵：縣名。治所在今河南鄢陵縣西北。

[5]棄市：古代於鬧市執行死刑，並將尸體棄置街頭示衆。

[6]漢文帝：劉恒。漢高祖之子。《史記》卷一〇、《漢書》卷四有紀。

[7]張釋之：字季，南陽堵陽（今河南方城縣）人。漢文帝時任廷尉，持法平允。《史記》卷一〇二、《漢書》卷五〇有傳。

[8]徵罰：吏民有罪，徵錢穀以贖罪。汲古閣本、殿本、百衲

本同。中華本據《宋書》卷六四《何承天傳》改作“微罰”。《通志》卷一三四作“徵罰”，《册府元龜》卷六一五作“徵罰”。

宋臺建，[1]爲尚書祠部郎，與傅亮共撰朝儀。謝晦鎮江陵，請爲南蠻長史。[2]晦進號衛將軍，[3]轉諮議參軍，領記室。

[1]宋臺建：指晋安帝義熙十二年（416）封劉裕爲宋公，置宋國官署。

[2]南蠻長史：官名。即南蠻校尉長史。南蠻，南蠻校尉省稱。西晋武帝時置，治襄陽。東晋初省，後復置，改治江陵。南朝沿置，掌管荆州、江州少數民族事務。統兵，立府。多由地位較高的將軍及南中郎將兼領，且多兼任荆州刺史或都督周圍數州諸軍事。宋四品。

[3]衛將軍：官名。位在諸名號大將軍之上，多作爲軍府名號，以加大臣、重要州郡長官，無具體職掌。南朝時常以中書監、尚書令等權臣兼任，統兵出征。宋二品。

元嘉三年，晦將見討，問計於承天，曰：“大小既殊，逆順又異，境外求全，上計也。以腹心領兵戍義陽，[1]將軍率衆於夏口一戰。[2]若敗，即趍義陽，以出北境，此其次也。”晦良久曰：“荆楚用武之國，[3]且當决戰，走不晚也。”及晦下，承天留府不從。到彦之至馬頭，[4]承天自詣歸罪，見宥。後兼尚書左丞。

[1]義陽：郡名。治平陽縣，在今河南信陽市。

[2]夏口：城名。在今湖北武漢市武昌區。

[3]荆楚：地區名。在今湖南、湖北一帶。

[4]到彦之：字道豫，彭城武原（今江蘇邳州市）人。本書卷二五有傳。　馬頭：地名。在今安徽懷遠縣馬頭城。

吴興餘杭人薄道舉爲劫，[1]制同籍朞親補兵。[2]道舉從弟代公、道生等並爲劫大功親，[3]非應在補讁之例。法以代公等母存爲朞親，則子宜隨母補兵。承天議曰："尋劫制，同籍朞親補兵，大功則不在例。[4]婦人三從，[5]既嫁從夫，夫死從子。今道舉爲劫，若其叔父尚存，應制補讁，[6]妻子營居，[7]固其宜也。但爲劫之時，叔父已殁，代公、道生並是從弟，大功之親，不合補讁。今若以叔母爲朞親，令代公隨母補兵，既乖大功不讁之制，又失婦人三從之道。由於主者守朞親之文，不辯男女之異。[8]謂代公等母子並宜見原。"

[1]餘杭：縣名。治所在今浙江杭州市餘杭區西南。

[2]朞親：按喪禮制度規定，服喪期爲一年的親屬。

[3]大功親：喪服五服之一。服期九月。其服用熟麻布做成，較齊衰稍細，較小功爲粗，故稱大功。參見《儀禮·喪服》。

[4]大功則不在例：中華本據《通典》卷一六七《刑法典》於"例"前補"此"字。

[5]三從：舊禮制認爲婦女應該做到在家從父，出嫁從夫，夫死從子，謂之"三從"。《儀禮·喪服》云："婦人有三從之義，無專用之道。故未嫁從父，既嫁從夫，夫死從子。"

[6]應制補讁：汲古閣本、殿本、百衲本同，中華本"應制"作"制應"。《宋書》卷六四《何承天傳》亦作"制應"。

[7]營居：在罪犯管制區中居住。是對因罪籍没之人的懲罰

方式。

[8]辯：汲古閣本、殿本、百衲本同，中華本作“辨”。

承天爲性剛愎，[1]不能屈意朝右，[2]頗以所長侮同列，[3]不爲僕射殷景仁所平。出爲衡陽内史。昔在西方與士人多不協，在郡又不公清，爲州司所糾，被收繫獄，會赦免。

[1]剛愎：倔强固執。

[2]朝右：朝中顯貴。古時尚右，位列朝右者多爲顯貴。

[3]同列：同僚。

十六年，除著作佐郎，[1]撰國史。承天年已老，而諸佐郎並名家年少。潁川荀伯子嘲之，常呼爲妳母。[2]承天曰：“卿當云鳳凰將九子，妳母何言邪?”尋轉太子率更令，[3]著作如故。

[1]著作佐郎：官名。秘書省屬官。協助著作郎撰寫國史及起居注。宋六品。

[2]妳（nǎi）母：乳母。

[3]太子率更令：官名。隸太子詹事。與太子家令、太子僕並號太子三卿。掌太子宫殿門衛及賞罰等事。宋五品。

時丹陽溧陽丁況等久喪而不葬，[1]承天議曰：“《禮》云‘還葬’，當謂荒儉一時，故許其稱財而不求備。丁況三家數十年中葬輒無棺櫬，[2]實由淺情薄恩同於禽獸者耳。竊以丁寶等同伍積年，未嘗勸之以義，繩之以法。十六年冬，既無新科，又未申明舊制，有何嚴切，欻然相糾。[3]或由鄰曲分争，以興此言。如聞在東諸處，比例既多，[4]江西、淮北尤爲不少。若但謫此三人，殆無所肅，開其一端，則互相恐動。臣愚爲況等三家，[5]且可勿問，因此附定制旨：若人葬不如法，同伍當即糾言。三年除服之後，[6]不得追相告引。"

［1］溧陽：縣名。治所在今江蘇南京市高淳區。　久喪而不葬：汲古閣本、殿本、百衲本同。《宋書》卷六四《何承天傳》作"久喪不葬"。中華本於"不"後補"棺"字，其校勘記云："'棺'字各本並脱。據下'葬輒無棺櫬'，則非'不葬'，乃無棺櫬。王鳴盛《十七史商榷》六一謂'"不"下脱"棺"字'，今從補。"

［2］數十年：汲古閣本、殿本、百衲本同。中華本改作"數年"，其校勘記云："'數年'各本作'數十年'，王懋竑《讀書記疑》、王鳴盛《十七史商榷》六一並謂'十'字衍文，今從删。"中華修訂版《宋書·何承天傳》據本書、《册府元龜》卷五七六補作"數十年"。

［3］欻然：忽然。

［4］比例既多：汲古閣本、殿本、百衲本同。中華本據《册府元龜》卷五七六改"比"作"此"。中華修訂版《宋書·何承天傳》亦作"比"。

［5］臣愚爲況等三家：汲古閣本、殿本、百衲本同。中華本據《宋書·何承天傳》改"爲"作"謂"。《册府元龜》卷五七六亦作"謂"。按，據文意，"謂"字是。

［6］除服：脱去喪服。謂守喪期滿。

十九年，立國子學，[1]以本官領國子博士。皇太子講《孝經》，[2]承天與中庶子顔延之同爲執經。[3]頃之，遷御史中丞。

[1]國子學：專收貴族子弟，與太學並立。南北朝時，或設國子學，或設太學，或兩者同設。

[2]皇太子：元凶劉劭。六歲立爲太子。

[3]中庶子：官名。即太子中庶子。東宫屬官。侍從太子，掌奏事、諫議，與太子中舍人共掌文翰。宋五品。丁福林《宋書校議》卷六四云："繆鉞《顔延之年譜》：'按延之爲中庶子，在元嘉三年徵入之後十一年貶永嘉太守之前。據本傳所載，自元嘉十七年復起用之後，所歷諸官，如御史中丞、國子祭酒、司徒左長史、秘書監、光禄勳、太常，未嘗復爲中庶子。此處史文稱"中庶子顔延之"，蓋誤以前官稱之也。'"（第257頁） 顔延之：字延年，琅邪臨沂（今山東臨沂市）人。本書卷三四、《宋書》卷七三有傳。

時魏軍南伐，文帝訪群臣捍禦之略。承天上《安邊論》，凡陳四事：其一，移遠就近，以實内地；其二，浚復城隍，[1]以增阻防；其三，纂偶車牛，以飾戎械；[2]其四，計丁課仗，勿使有闕。文多不載。[3]

[1]城隍：城墻與護城河。

[2]纂偶車牛，以飾戎械：《宋書》卷六四《何承天傳》同。丁福林《宋書校議》卷六四云："'以飾戎械'，《通鑑》卷一二四作'以載糧械'。觀下文云：'爲車伍伯兩。參合鉤連，以衛其衆。設使城不可固，平行趨險，賊所不能干。'則作'以載糧械'疑是。"（第257頁）按，《册府元龜》卷四七一同本書，《通典》卷一四

八、卷一九六作“以飭戎械”，“飾”“飭”通，整治之義。據《宋書·何承天傳》“爲車伍伯兩。參合鉤連，以衛其衆。設使城不可固，平行趨險，賊所不能干”，此車牛似非爲運輸之用，應是作爲禦敵作戰之用，“以飾戎械”似更爲符合文意。

[3]文多不載：《安邊論》内容詳見《宋書·何承天傳》。

承天素好弈棋，[1]頗用廢事。又善彈箏。文帝賜以局子及銀裝箏。[2]承天奉表陳謝，上答曰：“局子之賜，何必非張武之金邪。”[3]

[1]弈：百衲本同，汲古閣本、殿本作“奕”。“弈”“奕”音同義别，但古籍常混用。

[2]局子：棋具。

[3]張武之金：《漢書》卷四《文帝紀》載，漢文帝時，張武收受金錢，文帝並未治其罪，而是發御府金錢賜之，以愧其心。張武，漢文帝在藩邸時親信，文帝即位後命爲郎中令，後又爲車騎將軍。

承天博見古今，爲一時所重。張永嘗開玄武湖遇古冢，[1]冢上得一銅斗，有柄。文帝以訪朝士。承天曰：“此亡新威斗。[2]王莽三公亡，[3]皆賜之。一在冢外，一在冢内。時三台居江左者，[4]唯甄邯爲大司徒，[5]必邯之墓。”俄而永又啓冢内更得一斗，復有一石銘“大司徒甄邯之墓”。時帝每有疑議，必先訪之，信命相望於道。承天性褊促，[6]嘗對主者厲聲曰：“天何言哉，四時行焉，百物生焉。”文帝知之，應遣先戒曰：“善候伺顔色，[7]如其不悦，無須多陳。”

[1]張永：字景雲，吴郡吴（今江蘇蘇州市）人。本書卷三一、《宋書》卷五三有附傳。　玄武湖：在今江蘇南京市東北。本名後湖，規模較今玄武湖大。據説宋文帝元嘉年間湖中見黑龍，故稱玄武湖。西北通長江，向南由青溪溝通淮水（秦淮河）。南朝時爲屯駐戰船、水軍演練之所。　遇：汲古閣本、殿本、中華本同，百衲本作“過”。

[2]亡新威斗：王鳴盛《十七史商榷》卷六一《威斗》云：“何氏焯曰：《漢書》邯終大司馬，銘不得爲大司徒，死在王莽始建國四年壬申，天鳳四年丁丑八月乃鑄威斗，不應追納諸墓。又威斗，莽欲以厭勝衆兵，令司命負之，莽出在前，入在御旁，司命孔仁左杖威節、右負威斗，即其職也。當莽之漸臺，猶抱持符命威斗，似亦非賜臣下送終之器。此説恐全屬附會。”新，王莽建立的政權，國號新。威斗，《漢書》卷九九下《王莽傳下》云：天鳳四年“八月，莽親之南郊，鑄作威斗。威斗者，以五石銅爲之，若北斗，長二尺五寸，欲以厭勝衆兵。既成，令司命負之，莽出在前，入在御旁”。

[3]王莽：字巨君，漢元帝皇后之侄。漢平帝死後，立兩歲的劉嬰爲帝，居攝踐祚，自稱“假皇帝”。初始元年（8）稱帝，改國號爲新，年號始建國。《漢書》卷九九上、中、下有傳。　三公：古代輔助國君的三位最高官員的總稱。王莽時以大司馬、大司徒、大司空爲三公。

[4]三台：三公别稱。　江左：江東。長江下游以東地區。

[5]甄邯：孔光女婿。王莽稱帝，以爲大司馬。始建國四年（12）卒。事迹主要見於《漢書·王莽傳》。　大司徒：官名。漢末三公之一。漢哀帝時以丞相之名不見於經書，改稱大司徒，位列大司馬之下。錢大昭《漢書辨疑》引《漢官儀》云：“王莽時，議以漢無司徒官，故定三公之號曰大司馬、大司徒、大司空。”

[6]褊（biǎn）促：性格急躁。

[7]善候伺顔色：汲古閣本、殿本同，百衲本、中華本“伺”

作“何”。

二十四年，承天遷廷尉，未拜，上欲以爲吏部郎，[1]已受密旨，承天宣漏之，坐免官。卒於家，年七十八。

［1］上欲以爲吏部郎：《宋書》卷六四《何承天傳》作“上欲以爲吏部”。以爲吏部當指爲吏部尚書。未知孰是。

先是《禮論》有八百卷，[1]承天删減，并各以類相從，[2]凡爲三百卷，并《前傳》、《雜語》、所《纂文》及文集，並傳於世。[3]又改定《元嘉曆》，[4]改漏刻用二十五箭，[5]皆從之。曾孫遜。

［1］《禮論》：《隋書·經籍志一》著録“《禮論》三百卷，宋御史中丞何承天撰”。

［2］承天删減，并各以類相從：殿本同，汲古閣本、百衲本、中華本“并各”作“并合”。若作“并合”，應從上句讀，作“承天删減并合，以類相從”。《宋書》卷六四《何承天傳》亦作“并合”。

［3］《前傳》、《雜語》、所《纂文》及文集，並傳於世：《隋書·經籍志》著録“《春秋前傳》十卷，何承天撰”，“《春秋前雜傳》九卷，何承天撰”，“宋御史中丞《何承天集》二十卷。梁三十二卷，亡”。《舊唐書·經籍志上》著録“《纂文》三卷，何承天撰”，《新唐書·藝文志一》亦有著録。所《纂文》及文集，《宋書》卷六四《何承天傳》作“《纂文》、論”，疑“所”爲衍文。

［4］《元嘉曆》：中國古代曆法。何承天在徐廣《七曜曆》的基礎上，又經四十餘年的考校制定而成。宋文帝元嘉二十二年

（445）施行。梁武帝天監九年（510）被《大明曆》取代。

［5］改漏刻用二十五箭：後漢《四分曆》《景初曆》均用四十八箭，是因爲自冬至到夏至太陽黄緯每增減二度用一箭。何承天發現上半年和下半年對應的節氣晷影相同，晝夜刻度也相同，故當用相同的箭，於是全年衹需用二十五箭。

遜字仲言，八歲能賦詩，弱冠，[1]州舉秀才。南鄉范雲見其對策，[2]大相稱賞，因結忘年交。謂所親曰："頃觀文人，質則過儒，[3]麗則傷俗，其能含清濁，中今古，見之何生矣。"沈約嘗謂遜曰："吾每讀卿詩，一日三復，猶不能已。"其爲名流所稱如此。

［1］弱冠：古代男子二十成人，初加冠，因未及壯年，故稱"弱冠"。《禮記·曲禮》"二十曰弱冠"句孔穎達疏云："二十成人，初加冠，體猶未壯，故曰弱也。"

［2］南鄉：郡名。治南鄉縣，在今河南淅川縣西南。

［3］質則過儒：殿本、百衲本同，汲古閣本"儒"作"懦"。《梁書》卷四九《何遜傳》亦作"儒"。

梁天監中，兼尚書水部郎，[1]南平王引爲賓客，[2]掌記室事，後薦之武帝，與吴均俱進倖。[3]後稍失意，帝曰："吴均不均，何遜不遜。未若吾有朱异，信則異矣。"自是疏隔，希復得見。卒於仁威廬陵王記室。[4]

［1］尚書水部郎：官名。尚書省水部曹長官。掌水道工程舟楫橋梁等。梁五班。

［2］南平王：蕭偉。字文達，梁文帝第八子，梁武帝弟。武帝

天監元年（502），封建安郡王。六年，進號中權將軍。十七年，改封南平郡王。本書卷五二、《梁書》卷二二有傳。南平，郡名。治潺陵縣，在今湖北公安縣西。

［3］吴均：字叔庠，吴興故鄣（今浙江安吉縣）人。本書卷七二、《梁書》卷四九有傳。

［4］仁威：官名。仁威將軍省稱。與智威、勇威、信威、嚴威將軍並稱五威將軍。梁十六班。　廬陵王：蕭續。字世訢，梁武帝第五子。武帝天監八年，封廬陵郡王。本書卷五三、《梁書》卷二九有傳。

初，遜爲南平王所知，深被恩禮，及聞遜卒，命迎其柩而殯藏焉，并餼其妻子。[1]東海王僧孺集其文爲八卷。[2]

［1］餼（xì）：贈送食物。

［2］王僧孺：字僧孺，東海郯（今山東郯城縣）人。本書卷五九、《梁書》卷三三有傳。　集其文爲八卷：《隋書·經籍志四》著録"梁仁威記室《何遜集》七卷"。《舊唐書·經籍志下》《新唐書·藝文志四》著録"《何遜集》八卷"。

初，遜文章與劉孝綽並見重，[1]時謂之何、劉。梁元帝著論論之云："詩多而能者沈約，少而能者謝朓、何遜。"[2]

［1］劉孝綽：本名冉，字孝綽，彭城（今江蘇徐州市）人。本書卷三九有附傳，《梁書》卷三三有傳。

［2］謝朓：字玄暉，陳郡陽夏（今河南太康縣）人。本書卷一

九有附傳，《南齊書》卷四七有傳。

遜從叔僩字彥夷，[1]亦以才著聞，宦遊不達，[2]作《拍張賦》以喻意。末云："東方曼倩發憤於侏儒，[3]遂與火頭食子稟賜不殊。"位至臺郎。[4]

[1]僩：何僩。馬宗霍《南史校證》云："按《梁書》本傳無此文，《南史·袁彖傳》：'于時何澗亦稱才子。'疑與此爲一人，'僩''澗'異字，或傳寫之誤。《隋書·經籍志》集部別集類小注載梁有義興郡丞《何僩集》三卷。"（第571頁）王鳴盛《十七史商榷》卷六〇《何澗》亦以爲與本書卷二六《袁彖傳》中"何澗"爲一人，且"澗"字誤，名應爲"僩"。

[2]宦遊不達：外出做官而不得志。

[3]東方曼倩發憤於侏儒：應即指《漢書》卷六五《東方朔傳》所載，漢武帝初即位徵天下舉賢才，東方朔上書自薦但未得召見，遂欺騙侏儒之事。《漢書·東方朔傳》云："久之，朔紿騶朱儒，曰：'上以若曹無益於縣官，耕田力作固不及人，臨衆處官不能治民，從軍擊虜不任兵事，無益於國用，徒索衣食，今欲盡殺若曹。'朱儒大恐，啼泣。朔教曰：'上即過，叩頭請罪。'居有頃，聞上過，朱儒皆號泣頓首。上問：'何爲？'對曰：'東方朔言上欲盡誅臣等。'上知朔多端，召問朔：'何恐朱儒爲？'對曰：'臣朔生亦言，死亦言。朱儒長三尺餘，奉一囊粟，錢二百四十。臣朔長九尺餘，亦奉一囊粟，錢二百四十。朱儒飽欲死，臣朔飢欲死。臣言可用，幸異其禮；不可用，罷之，無令但索長安米。'上大笑，因使待詔金馬門，稍得親近。"曼倩，即東方朔。字曼倩，平原厭次（今山東德州市陵城區）人。

[4]臺郎：官名。即尚書臺郎官，尚書郎別稱。南朝宋、齊置員二十郎，爲尚書省諸郎曹長官，分曹執行政務。章奏由中書、門

下轉呈代奏。梁增至二十三郎，奏對始可不經轉呈，徑上皇帝。

時有會稽虞騫工爲五言，名與遜埒，[1]官至王國侍郎。[2]後又有會稽孔翁歸、濟陽江避並爲南平王大司馬府記室。[3]翁歸工爲詩，避博學有思理，注《論語》《孝經》。二人並有文集。

[1]埒（liè）：等同。

[2]王國侍郎：官名。王國屬官。掌贊相威儀，通傳教令。

[3]濟陽：郡名。治濟陽縣，在今河南蘭考縣東北。

論曰：夫令問令望，[1]詩人所以作詠，有禮有法，前哲由斯播美。觀夫范、荀二公，並以學業自著，而干時之譽，不期俱不爲弘。[2]雖才則有餘而望乃不足。蔚宗藝用有過人之美，迹其行事，何利害之相傾。[3]徐廣動不違仁，義兼儒行。鮮之時稱"格佞"，斯不佞矣。松之雅道爲貴，寔光載德。承天素訓所資，無慙舅氏，美矣乎。

[1]令問：美好的聲譽。殿本、百衲本同，汲古閣本作"令聞"。"問""聞"通。　令望：美好的名聲。

[2]不期俱不爲弘：殿本同，汲古閣本、百衲本"不"作"本"。

[3]相傾：相互矛盾。

南史　卷三四

列傳第二十四

顔延之 子竣 從子師伯　沈懷文 子沖 從兄曇慶
周朗 族孫顒 顒子捨 捨弟子弘正 弘讓 弘直 子確[1]

[1]子確：大德本、汲古閣本同，殿本作“弘直子確”。

顔延之字延年，琅邪臨沂人也。[1]曾祖含，[2]晋左光禄大夫。[3]祖約，[4]零陵太守。[5]父顒，[6]護軍司馬。[7]延之少孤貧，居負郭，[8]好讀書，無所不覽，文章冠絶當時。好飲酒，不護細行。[9]年三十猶未昏。妹適東莞劉穆之子憲之。[10]穆之聞其美才，將仕之，先欲相見，延之不往也。

[1]琅邪：郡名。治開陽縣，在今山東臨沂市北。　臨沂：縣名。治所在今山東臨沂市。

[2]含：顔含。字弘都。少有操行，以孝聞。官至光禄勳。《晋書》卷八八有傳。

[3]左光禄大夫：《宋書》卷七三《顔延之傳》、《晋書·顔含傳》作“右光禄大夫”，故此本書誤，應爲“右光禄大夫”。右光

禄大夫，官名。光禄勳屬官，多爲在朝顯職的加官，以示優崇。晋二品。

[4]約：即顔約。顔含第三子。事見《晋書·顔含傳》。

[5]零陵：郡名。治泉陵縣，在今湖南永州市。

[6]顒：《宋書·顔延之傳》作“顯”。

[7]護軍司馬：官名。護軍將軍司馬，參贊軍務，位在護軍長史下。

[8]負郭：靠近城郭。《史記》卷六九《蘇秦列傳》：“且使我有雒陽負郭田二頃，吾豈能佩六國相印乎！”司馬貞索隱云：“負者，背也，枕也。近城之地，沃潤流澤，最爲膏腴，故曰‘負郭’也。”

[9]細行：小節。

[10]東莞：郡名。治莒縣，在今山東莒縣。　劉穆之：字道和，小字道民。隨劉裕起兵，平桓玄，討劉毅。官至尚書左僕射。劉裕稱帝後，追封南康郡公。本書卷一五、《宋書》卷四二有傳。　憲之：洪頤煊《諸史考異》云：“按《劉穆之傳》，穆之三子，長子慮之、中子式之、少子貞之，無名憲之者。”按，疑憲、慮形似而訛。

後爲宋武帝豫章公世子中軍行參軍。[1]及武帝北伐，有宋公之授，[2]府遣延之慶殊命。行至洛陽，[3]周視故宫室，盡爲禾黍，悽然詠《黍離篇》。[4]道中作詩二首，[5]爲謝晦、傅亮所賞。[6]

[1]宋武帝：劉裕。字德輿，小字寄奴。本書卷一、《宋書》卷一至卷三有紀。　豫章公：封爵名。即豫章郡公。此爲劉裕的封爵。豫章，郡名。治南昌縣，在今江西南昌市。　世子：可繼承公爵的嫡長子。此指劉裕長子劉義符，後立爲少帝。　中軍行參軍：官名。即中軍將軍行參軍。掌參議軍事。

[2]宋公之授：指晋安帝册封劉裕爲宋公。

[3]府遣延之慶殊命。行至洛陽：《宋書》卷七三《顔延之傳》作“府遣一使慶殊命，參起居。延之與同府王參軍俱奉使至洛陽”，可知顔延之是與參軍王允之同行至洛陽。洛陽，縣名。治所在今河南洛陽市東北。

[4]《黍離篇》：《詩·王風》篇名。爲行役者傷時之詩，感慨荒蕪的景象。

[5]作詩二首：指《北使洛》《還至梁城作》。詩詳見《文選》。

[6]謝晦：字宣明，陳郡陽夏（今河南太康縣）人。初爲建威府中兵參軍。入宋，封武昌縣公。與徐羡之、傅亮廢少帝，迎立文帝。文帝後誅殺徐羡之，謝晦兵敗被殺。本書卷一九、《宋書》卷四四有傳。　傅亮：字季友，北地靈州（今寧夏吴忠市北武市）人。本書卷一五、《宋書》卷四三有傳。

武帝受命，補太子舍人。[1]鴈門周續之隱廬山，[2]儒學著稱。永初中，[3]徵詣都下，[4]開館以居之。武帝親幸，朝彦畢至。[5]延之宫官列卑，[6]引升上席。上使問續之三義，[7]續之雅杖辭辯，延之每以簡要連挫續之。上又使還自敷釋，[8]言約理暢，莫不稱善。再遷太子中舍人。[9]時尚書令傅亮自以文義一時莫及，[10]延之負其才，不爲之下，亮甚疾焉。廬陵王義真待之甚厚，[11]徐羡之等疑延之爲同異，[12]意甚不悦。

[1]太子舍人：官名。太子東宫屬官，掌文章書記等事。宋七品。

[2]鴈門：郡名。治廣武縣，在今山西代縣西南。　周續之：字道祖，雁門廣武人。徙居豫章建昌（今江西奉新縣）。與劉遺民、

陶淵明並稱“尋陽三隱”。本書卷七五、《宋書》卷九三有傳。廬山：山名。在今江西九江市。

［3］永初：南朝宋武帝劉裕年號（420—422）。

［4］都下：京都、京城。時南朝宋都城建康，在今江蘇南京市。

［5］朝彦：朝廷俊才。

［6］宫官列卑：《宋書》卷七三《顔延之傳》作“官列猶卑”。宫官，此指延之所任太子舍人。

［7］三義：據《宋書》卷九三《周續之傳》，指《禮記》“慠不可長”“與我九齡”“射於矍圃”之義。

［8］敷釋：鋪叙闡釋。

［9］太子中舍人：官名。東宫屬官，選舍人中品學兼優者充任。與太子中庶子共掌東宫文翰，侍從規諫太子，糾正違闕。宋六品。

［10］尚書令：官名。南朝宋時爲尚書省長官，綜理全國政務，參議大政，位尊權重，實權如宰相，如加録尚書事頭銜，則兼有宰相名義。宋三品。

［11］廬陵王義真：劉義真。宋武帝次子。初封桂陽縣公，武帝永初元年封廬陵王。少帝時廢爲庶人，後被殺。文帝時復舊封。本書卷一三、《宋書》卷六一有傳。廬陵王，封爵名。即廬陵郡王。廬陵，郡名。治石陽縣，在今江西吉水縣東北。

［12］徐羡之：字宗文，東海郯（今山東郯城縣）人。與劉裕一起起兵，宋時官至司空。武帝卒後，與謝晦、傅亮等廢黜少帝，迎立文帝，後爲文帝所誅。本書卷一五、《宋書》卷四三有傳。

少帝即位，[1]累遷始安太守。[2]領軍將軍謝晦謂延之曰：[3]“昔荀勗忌阮咸，[4]斥爲始平郡，[5]今卿又爲始安，可謂‘二始’。”黄門郎殷景仁亦謂之曰：[6]“所謂人惡俊異，[7]世疵文雅。”[8]延之之郡，道經汨潭，[9]爲湘州刺史張邵《祭屈原文》以致其意。[10]

［1］少帝：南朝宋少帝劉義符。小字車兵，宋武帝長子。在位期間居喪無禮、游戲無度，廢爲營陽王。後被殺。本書卷一、《宋書》卷四有紀。

［2］始安：郡名。治始安縣，在今廣西桂林市。

［3］領軍將軍：官名。禁軍統帥，掌管禁衛軍和京都諸軍。宋三品。

［4］荀勗：字公曾。潁川潁陰（今河南許昌市）人。早年仕魏，晋時拜中書監，又領秘書監。曾與阮咸論音律，自以爲不及，遂忌，使咸出補始平太守。《晋書》卷三九有傳。　阮咸：字仲容，陳留尉氏（今河南尉氏縣）人，阮籍兄子。竹林七賢之一。妙解音律，善彈琵琶。《晋書》卷四九有附傳。

［5］始平：郡名。晋時治槐里縣，在今陝西興平市東南。

［6］黄門郎：官名。黄門侍郎的簡稱。南朝宋時爲門下省次官，與侍中俱掌門下衆事。侍從皇帝，顧問應對，出行陪乘。宋五品。殷景仁：陳郡長平（今河南西華縣）人。宋少帝時任黄門郎，後深爲文帝信任，官至揚州刺史。本書卷二七、《宋書》卷六三有傳。

［7］人惡俊異：《宋書》卷七三《顔延之傳》“人”作“俗”，馬宗霍《南史校證》云:“《南史》例避‘世’字，疑原作‘時’。”（湖南教育出版社 2008 年版，第 572 頁）

［8］疵：誹謗。

［9］汨潭：地名。即汨羅，也稱羅潭、汨渚。在今湖南湘陰縣、汨羅市邊境。屈原投江處。

［10］湘州：州名。治臨湘縣，在今湖南長沙市。　張邵：字茂宗，吴郡吴（今江蘇蘇州市）人。以佐命功封臨沮伯，初爲荆州刺史，後分荆州立湘州，以其爲湘州刺史。本書卷三二、《宋書》卷四六有傳。

元嘉三年，[1]羡之等誅，徵爲中書侍郎，[2]轉太子中庶子，[3]領步兵校尉，[4]賞遇甚厚。延之既以才學見遇，當時多相推服，唯袁淑年倍小延之，[5]不相推重。延之忿於衆中折之曰："昔陳元方與孔元駿齊年文學，[6]元駿拜元方於牀下，今君何得不見拜？"淑無以對。

[1]元嘉：南朝宋文帝劉義隆年號（424—453）。

[2]中書侍郎：官名。中書省次官，自擬詔、出令之權歸中書舍人後，侍郎遂成爲職閑官清之職，爲諸王起家官。如中書監、令缺，可主持中書省工作。宋五品。

[3]太子中庶子：官名。東宫屬官，掌東宫奏章，直侍左右。宋五品。

[4]步兵校尉：官名。皇帝的侍衛武官，隸屬中領軍，不領兵，用以安置勳舊武臣。宋四品。

[5]袁淑：字陽源，陳郡陽夏（今河南太康縣）人。本書卷二六有附傳，《宋書》卷七〇有傳。

[6]陳元方：陳紀。字元方。潁川許（今河南許昌市）人，陳寔子。《後漢書》卷六二有附傳。　齊年：同年登科。

延之疏誕，不能取容當世，[1]見劉湛、殷景仁專當要任，[2]意有不平。常言"天下事豈一人之智所能獨了"。辭意激揚，每犯權要。又少經爲湛父柳後將軍主簿，[3]至是謂湛曰："吾名器不升，當由作卿家吏耳。"湛恨焉，言於彭城王義康，[4]出爲永嘉太守。[5]延之甚怨憤，乃作《五君詠》，以述竹林七賢，[6]山濤、王戎以貴顯被黜。[7]詠嵇康云：[8]"鸞翮有時鎩，[9]龍性誰能馴。"詠阮籍云：[10]"物故不可論，途窮能無慟。"詠阮咸云："屢薦不入官，一麾乃出守。"[11]詠劉伶云：[12]"韜精日沉飲，[13]誰知非荒宴。”此四句蓋自序也。湛及義康以其辭旨不遜，大怒，欲黜爲遠郡。文帝與義康詔曰：[14]“宜令思愆里閭，猶復不悛，當驅往東土；乃至難恕者，自可隨事録之。”於是延之屏居不豫人間者七載。[15]

[1]取容：討好他人以求容身。《宋書》卷七三《顔延之傳》作“斟酌”。

[2]劉湛、殷景仁專當要任：劉湛先任太子詹事，後爲領軍將軍。殷景仁先爲領軍將軍，後轉尚書僕射。劉湛，字弘仁，南陽涅陽（今河南鄧州市）人。本書卷三五、《宋書》卷六九有傳。

[3]柳：劉柳。字叔惠。官至尚書右僕射。《晉書》卷六一有附傳。　後將軍主簿：官名。後將軍府屬官。掌領府内文書簿籍。其品秩隨府主地位的高低而不同。

[4]彭城王義康：劉義康。宋武帝四子。官至大將軍、司徒，權傾天下，爲文帝所忌，出爲江州刺史。後以范曄謀反事，被貶爲庶人。本書卷一三、《宋書》卷六八有傳。彭城王，封爵名。即彭城郡王。彭城，郡名。治彭城縣，在今江蘇徐州市。

[5]永嘉：郡名。治永寧縣，在今浙江温州市。

[6]竹林七賢：魏晉時山濤、阮籍、嵇康、向秀、劉伶、阮咸、王戎七人，常集於竹林之下，被稱爲“竹林七賢”。《三國志》卷二一《魏書·嵇康傳》注引《魏氏春秋》：“（嵇康）與陳留阮籍、河内山濤、河南向秀、籍兄子咸、琅邪王戎、沛人劉伶相與友善，遊於竹林，號爲七賢。”

[7]山濤：字巨源，河内懷縣（今河南武陟縣）人。竹林七賢之一。曾任尚書吏部郎，主持選務。《晉書》卷四三有傳。　王戎：字濬沖，琅邪臨沂（今山東臨沂市）人。竹林七賢之一。官至司徒，無所建樹。然處亂不驚，在危難中仍談笑自若，唯其性極儉嗇，以此獲譏於世。《晉書》卷四三有傳。　被黜：被黜退、被排

除。《五君詠》中山濤、王戎被排除在外。

[8]嵇康：字叔夜，譙國銍（今安徽宿州市）人。竹林七賢之一。好老莊，精音律。《晋書》卷四九有傳。

[9]翮（hé）：鳥的翅膀。

[10]阮籍：字嗣宗，陳留尉氏（今河南尉氏縣）人，阮瑀子。好老莊，善詩賦。《晋書》卷四九有傳。

[11]一麾乃出守：貶義詞。麾，揮斥、排擠。周一良《宋書札記》云："胡紹煐《文選箋證》卷二二云：'據此則一麾出守非佳話。柳宗元表"入命作牧，一麾出守"，遂用爲守郡故事，恐誤。'後人用一麾出守典故者甚多，多不復解爲貶義矣。"（《魏晋南北朝史札記》，中華書局 1985 年版，第 202 頁）

[12]劉伶：字伯倫，沛國（今江蘇沛縣）人。竹林七賢之一。性嗜酒，肆意放蕩。《晋書》卷四九有傳。

[13]韜精：即韜光。意爲把自己的才華掩蓋起來。

[14]文帝：南朝宋文帝劉義隆。小字車兒，宋武帝第三子。本書卷二、《宋書》卷五有紀。

[15]屏居：隱居。

中書令王球以名公子遺務事外，[1]與延之雅相愛好，每振其罄匱。[2]晋恭思皇后葬，[3]應須百官，皆取義熙元年除身。[4]以延之兼持，[5]邑吏送札，延之醉，投札於地曰："顏延之未能事生，焉能事死。"[6]文帝嘗召延之，傳詔頻不見，常日但酒店裸袒挽歌，了不應對，他日醉醒乃見。帝嘗問以諸子才能，延之曰："竣得臣筆，測得臣文，㚟得臣義，躍得臣酒。"何尚之嘲曰：[7]"誰得卿狂？"答曰："其狂不可及。"尚之爲侍中在直，延之以醉詣焉。尚之望見便陽眠，[8]延之發簾熟視曰："朽木難彫。”尚之謂左右曰:“此人醉甚可畏。”閑居無事，爲庭誥之文以訓子弟。[9]

[1]中書令：官名。中書省長官之一。自納奏、擬詔、出令之權歸中書舍人後，中書監、令多爲重臣的加官。宋三品。　王球：字蒨玉（《宋書》作“倩玉”），琅邪臨沂（今山東臨沂市）人。官至尚書僕射。本書卷二三有附傳，《宋書》卷五八有傳。　名公子：名公之子。王球父王謐官至司徒，故有此稱。

[2]罄匱：罄竭匱乏。

[3]晉恭思皇后：晉恭帝褚皇后。名靈媛，河南陽翟（今河南禹州市）人。《晉書》卷三二有傳。

[4]義熙：東晉安帝司馬德宗年號（405—418）。　除身：即告身，任命書。

[5]兼持：中華本、中華本《宋書》皆據《建康實録》改“兼侍中”。按，此底本有誤，應改爲“侍中”。侍中，官名。門下省長官，可出入殿省，入宮議政，兼統宮廷内侍諸署。掌侍從皇帝，出納王命，諫諍得失。宋三品。

[6]未能事生，焉能事死：此語原出《論語・先進》:“子曰：未能事人，焉能事鬼。”“事生”即“事人”，“事死”即“事鬼”，義同。

[7]何尚之：字彦德，盧江灊（今安徽霍山縣）人。宋文帝元嘉年間曾任丹陽尹，於城南講學，招聚生徒，時稱“南學”。本書卷三〇、《宋書》卷六六有傳。

[8]陽眠：即佯眠，假裝睡覺。陽，古同“佯”。

[9]誥：大德本、殿本、汲古閣本作“誥”。

劉湛誅後，起延之爲始興王濬後軍諮議參軍、御史中丞。[1]在任從容，無所舉奏。遷國子祭酒、司徒左長史。[2]何尚之素與延之狎,[3]書與王球曰:“延之有後命,教府無復光輝。”[4]坐啓買人田不肯還直,[5]尚書左丞荀赤松奏之曰:[6]“求田問舍,前賢所鄙。延之唯利是視,輕冒陳聞,[7]依傍詔恩,抵捍餘直,垂及周年,猶不畢了。昧利苟得,無所顧忌。延之昔坐事屏斥,[8]復蒙抽進,[9]而曾不悛革,[10]怨誹無已。[11]交游闒茸,[12]沈迷麴蘖,[13]横興譏謗,詆毁朝士。仰竊過榮,增憤薄之性,[14]私恃顧眄,[15]成彊梁之心。[16]外示寡求,内懷奔競,干禄祈遷,[17]不知極已。預宴班觴,肆詈上席。[18]山海容含,[19]每存遵養。愛兼雕蟲,未忍遐棄。而驕放不節,日月彌甚。臣聞聲問過情,孟軻所耻,[20]况聲非外來,問由己出。雖心智薄劣,而高自比擬,客氣虚張,[21]曾無愧畏。[22]豈可復弼亮五教,[23]增耀台階。請以延之訟田不實,妄干天聽,以强陵弱,[24]免所居官。”詔可。後爲秘書監,[25]光禄勳,[26]太常。[27]

[1]始興王濬:劉濬。宋文帝第二子。與太子劉劭共行巫蠱,事泄,劉劭殺文帝自立,兵敗被殺。本書卷一四、《宋書》卷九九有傳。始興王,封爵名。即始興郡王。始興,郡名。治曲江縣,在今廣東韶關市東南。　後軍諮議參軍:官名。後軍將軍府屬官,其位在列曹參軍上。　御史中丞:官名。御史臺長官。掌督察百官,糾彈不法。領治書侍御史、侍御史,常受命領兵,出督軍旅。宋四品。

[2]國子祭酒:官名。國子學長官,掌教授生徒儒學,主管國子學。宋三品。　司徒左長史:官名。司徒府屬官,總管府内各曹,也參預政務。宋六品。

[3]狎(xiá):親密。

[4]輝：大德本、殿本、汲古閣本作“暉”。

[5]坐啓買人田不肯還直：因爲奏請買别人的田地但不付錢而犯罪。

[6]尚書左丞：官名。尚書省屬官。與尚書右丞分掌尚書都省事務，糾駁諸司文案，監察百官，分管禮制、官吏選授等。宋六品。 荀赤松：宋文帝元嘉末任尚書左丞，是徐湛之黨羽，爲元凶劉劭所殺。

[7]陳聞：陳述上聞。

[8]屏斥：斥退。

[9]抽進：選拔提升。

[10]悛革：悔改，改過。

[11]無已：無盡，無止。

[12]闒（tà）茸：庸碌低劣的人。

[13]麴糵（niè）：酒麯。此處指酒。麴，大德本、殿本同，汲古閣本作“麯”。

[14]憤薄：怒氣充溢、奔涌。

[15]顧眄：眷顧，看重。

[16]彊梁：强横，强暴。

[17]干禄：求功名利禄。

[18]肆詈（lì）：肆意謾罵。

[19]山海容含：有山海一樣高深的容量。意指皇帝對顔延之的高度寬容。

[20]聲問過情，孟軻所恥：語出《孟子·離婁下》：“故聲聞過情，君子恥之。”聲問，即聲聞。“聞”與“問”通。指名聲、聲譽。此處荀赤松把“聲”和“問”分開來解釋，聲爲聲譽，問爲譽論。

[21]客氣：言行虚浮，不够真誠。《左傳》定公八年：“盡客氣也。”楊伯峻注：“客氣者，言非出於衷心。”

[22]愧畏：慚愧畏懼。

［23］五教：五常之教，即以父義、母慈、兄友、弟恭、子孝五種倫理道德進行教育。

［24］陵：大德本同，殿本、汲古閣本作"淩"。

［25］秘書監：官名。秘書省長官，掌圖書經籍。宋三品。

［26］光禄勳：官名。漢代九卿之一，掌宫殿門户宿衛，地位重要。南朝宋時僅掌宫殿門户名籍，職任已輕。宋三品。

［27］太常：官名。南朝時掌宗廟禮儀，位尊職閑。宋三品。

時沙門釋慧琳以才學爲文帝所賞，[1]朝廷政事多與之謀，遂士庶歸仰。上每引見，常升獨榻，[2]延之甚疾焉。因醉白上曰："昔同子參乘，袁絲正色。[3]此三台之坐，[4]豈可使刑餘居之。"[5]上變色。

［1］沙門：又稱桑門、娑門，原爲古印度婆羅門各派思潮出家者的通稱，佛教興起後，遂成爲佛教僧侣的專稱。《後漢紀》卷一〇《明帝紀下》："沙門者，漢言息心，蓋息意去欲而歸於無爲也。"　釋慧琳：本姓劉，秦郡秦（今江蘇南京市六合區）人。出家於冶城寺，宋文帝元嘉中，參預朝廷大事。著有《孝經注》一卷、《莊子·逍遥遊篇注》一卷、集九卷，皆佚。釋，爲佛教僧侣的通姓。

［2］獨榻：單獨的小榻。

［3］同子參乘，袁絲正色：同子陪皇帝坐車，袁絲見之態度非常嚴肅。意爲同子没資格參乘，故袁絲正色相對。按，袁絲，即爰盎，字絲。"袁"通"爰"。同子即趙談。典出《漢書》卷四九《爰盎傳》："宦者趙談，以數幸，常害盎，盎患之。盎兄子種爲常侍騎，諫盎曰：'君衆辱之，後雖惡君，上（文帝）不復信。'於是上朝東宫，趙談驂乘。盎伏車前曰：'臣聞天子所與共六尺輿者，皆天下豪英。今漢雖乏人，陛下獨奈何與刀鋸之餘共載？'於是上笑，

下趙談，談泣下車。”

［4］三台之坐：三公的座位。三台，星名。《晋書·天文志上》：“三台六星，兩兩而居……在人曰三公，在天曰三台。”故以三台星喻三公。

［5］豈可使刑餘居之：怎能讓和尚坐呢。刑餘，受過刑的人，此指和尚。按古代的倫理道德觀念，身體髮膚受之父母，不可損傷，衹有被判髡鉗刑的罪人纔剃髮，而和尚剃光頭，故蔑稱之爲刑餘。

延之性既褊激，兼有酒過，肆意直言，曾無回隱，[1]故論者多不與之，謂之顔彪。居身儉約，不營財利，布衣蔬食，獨酌郊野。當其爲適，傍若無人。三十年，致事。[2]

［1］回隱：回避隱晦。

［2］致事：同“致仕”。辭官。

元凶殺立，[1]以爲光禄大夫。[2]長子竣爲孝武南中郎諮議參軍。[3]及義師入討，竣定密謀，[4]兼造書檄。劭召延之示以檄文，問曰：“此筆誰造？”延之曰：“竣之筆也。”又問：“何以知之？”曰：“竣筆體，臣不容不識。”劭又曰：“言辭何至乃爾？”延之曰：“竣尚不顧老臣，何能爲陛下。”劭意乃釋，由是得免。

［1］元凶：劉劭。宋文帝長子。弑文帝自立，兵敗被殺。本書卷一四、《宋書》卷九九有傳。　殺：大德本、殿本、汲古閣本作“弑”。

[2]光禄大夫：官名。屬光禄勳。養老疾，無職事。多用於贈官或加官。宋三品。

[3]孝武：宋孝武帝劉駿。字休龍，小字道民，宋文帝第三子。本書卷二、《宋書》卷六有紀。　南中郎諮議參軍：官名。即南中郎將府諮議參軍。劉駿即皇帝位前曾任南中郎將。

[4]竣定密謀:《宋書》卷七三《顔延之傳》作“竣參定密謀”，馬宗霍《南史校證》言此“參”字不可省（第574頁）。

孝武登祚，以爲金紫光禄大夫，[1]領湘東王師。[2]嘗與何偃同從上南郊，[3]偃於路中遥呼延之曰:“顔公!”延之以其輕脱，怪之，答曰:“身非三公之公，又非田舍之公，又非君家阿公，何以見呼爲公?”[4]偃羞而退。

[1]金紫光禄大夫：官名。光禄大夫爲銀章青綬，如加賜金章紫綬則爲金紫光禄大夫。禄賜、班位、冠幘、佩玉，置吏卒羽林及卒，諸所賜給與特進同。以爲加官者，唯假章綬、禄賜、班位，不别給車服、吏卒。宋二品。

[2]領：官制術語。即以較高官兼理較低官之職事。　湘東王師：官名。王國屬官。掌輔導國王。宋六品。湘東王，即宋明帝劉彧。字休炳，小字榮期，宋文帝第十一子。初封淮陽王，後改封湘東王。前廢帝死後，自立爲帝。本書卷三、《宋書》卷八有紀。

[3]何偃：字仲弘，廬江灊（今安徽霍山縣）人，何尚之子。宋武帝時官至吏部尚書。本書卷三〇有附傳，《宋書》卷五九有傳。

[4]“偃於路中遥呼延之曰”至“何以見呼爲公”：王鳴盛《十七史商榷》卷六一《顔公》云:“以稱公爲輕脱，自漢有之，高祖稱所送徒曰公等，見本紀。晁錯父稱錯爲公，見《錯傳》，是也。《北史·李幼廉傳》:‘齊文宣與語及楊愔，誤稱爲楊公。’此蓋平日熟稱不覺，故致此誤，則北朝朝士相呼爲公，亦與南朝同。”輕脱，

輕佻。

竣既貴重，權傾一朝，凡所資供，延之一無所受。器服不改，宅宇如舊，常乘羸牛車，[1]逢竣鹵簿，[2]即屏住道側。又好騎馬遨游里巷，遇知舊輒據鞌索酒，[3]得必傾盡，欣然自得。嘗語竣曰："平生不喜見要人，今不幸見汝。"見竣起宅，謂曰："善爲之，無令後人笑汝拙也。"表解師職，加給親信二十人。[4]

[1]常乘羸牛車：《宋書》卷七三《顏延之傳》作"常乘羸牛笨車"，《資治通鑑》卷一二八《宋紀十》孝武帝孝建三年同《宋書》，胡三省注云："笨，部本翻，竹裹也；一曰，不精也。"馬宗霍《南史校證》言此"笨"字不當删（第574頁）。

[2]鹵簿：古代皇帝或高級官吏出行時的儀仗和警衛。

[3]據鞌：跨坐在馬鞍上。

[4]親信：政府賜給官員的服役人員，是官員占有的可合法役使的勞動力。　二十人：《宋書·顏延之傳》作"三十人"。

嘗早候竣，遇賓客盈門，竣方卧不起，延之怒曰："恭敬撙節，[1]福之基也。驕佷傲慢，[2]禍之始也。況出糞土之中，而升雲霞之上，傲不可長，其能久乎。"

[1]撙節：節制，約束。

[2]傲：大德本、殿本同，汲古閣本作"敖"。

延之有愛姬，非姬食不飽，寢不安。姬憑寵，嘗盪延之墜牀致損，[1]竣殺之。延之痛惜甚至，常坐靈上哭曰：“貴人殺汝，非我殺汝。”以冬日臨哭，忽見妾排屏風以壓延之，延之懼墜地，因病。孝建三年卒，[2]年七十三。贈特進，[3]謚曰憲子。

[1]盪：同“蕩”。摇動，晃動。

[2]孝建：南朝宋孝武帝劉駿年號（454—456）。

[3]特進：官名。原爲對大臣的一種優待，後成爲正式加官名號，用以安置閑退大臣及用作卒後贈官。《通典》卷三四《職官典》：“漢制，諸侯功德優盛，朝廷所敬異者，賜位特進，位在三公下。”宋二品。按，《宋書》卷七三《顔延之傳》作“追贈散騎常侍、特進，金紫光禄大夫如故”。

延之與陳郡謝靈運俱以辭采齊名，[1]而遲速縣絶。[2]文帝嘗各敕擬《樂府·北上篇》，延之受詔便成，靈運久之乃就。延之嘗問鮑照己與靈運優劣，[3]照曰：“謝五言如初發芙蓉，自然可愛。君詩若鋪錦列繡，亦雕繢滿眼。”延之每薄湯惠休詩，[4]謂人曰：“惠休制作，委巷中歌謡耳，方當誤後生事。”[5]是時議者以延之、靈運自潘岳、陸機之後，[6]文士莫及，江右稱潘、陸，[7]江左稱顔、謝焉。[8]

[1]陳郡：郡名。治陳縣，在今河南周口市淮陽區。　謝靈運：陳郡陽夏（今河南太康縣）人，謝玄孫。晋時襲爵康樂公。喜游山水，工詩文，有文集傳世。本書卷一九、《宋書》卷六七有傳。

[2]遲速：快慢。　縣絶：即懸絶，相差極遠。縣，同“懸”。

[3]鮑照：字明遠，東海（今山東郯城縣）人。宋文帝元嘉中，爲太學博士、中書舍人。文辭贍逸，長於樂府，著有《鮑參軍

集》。本書卷一三、《宋書》卷五一有附傳。

[4]湯惠休：即釋惠休。僧人。事見《宋書》卷七一《徐湛之傳》。

[5]後生事：大德本、殿本、汲古閣本作“後事”。

[6]靈運：大德本、殿本、汲古閣本作“靈惠”。按，底本不誤。　潘岳：字安仁，滎陽中牟（今河南中牟縣）人。晉代文學家。《晉書》卷五五有傳。　陸機：字士衡，吴郡（今江蘇蘇州市）人。晉代文學家。《晉書》卷五四有傳。

[7]江右：也稱江西。魏禧《日録雜説》：“江東稱江左，江西稱江右，蓋自江北視之，江東在左，江西在右耳。”其地本指今安徽蕪湖市、江蘇南京市長江河段以西地區。

[8]江左：也稱江東。其地本指今安徽蕪湖市、江蘇南京市長江河段以東地區。因東晋、南朝皆都建康（今江蘇南京市），故時人又稱其統治下的全部地區爲江左。

竣字士遜，延之長子也。早有文義，爲宋孝武帝撫軍主簿，[1]甚被嘉遇，竣亦盡心補益。元嘉中，上不欲諸王各立朋黨，將召竣補尚書郎。[2]江湛以爲在府有稱，[3]不宜回改，乃止。隨府轉安北、領軍、北中郎府主簿。[4]

[1]撫軍主簿：官名。即撫軍將軍府主簿。掌領府内文書簿籍。其品秩隨府主地位的高低而不同。時宋孝武帝劉駿任撫軍將軍、南豫州刺史。

[2]尚書郎：官名。尚書省諸郎曹長官，分隸各列曹尚書，分曹執行政務。宋六品。

[3]江湛：字徽淵，本書避唐高祖李淵諱作“徽深”，濟陽考城（今河南民權縣）人。歷任左衛將軍、吏部尚書，爲劉劭所殺。

本書卷三六有附傳，《宋書》卷七一有傳。

[4]隨府轉：即隨著府主不同時期官職的變化而任不同名義的府主簿。　安北：官名。即安北將軍。四安將軍之一，多爲出鎮北方某地區的軍事長官，權任很重。宋三品。　領軍：《宋書》卷七五《顔竣傳》作"鎮軍"，據本書卷二《宋孝武帝紀》、《宋書》卷六《孝武帝紀》孝武帝曾任"鎮軍將軍"，故此應據《宋書》改爲"鎮軍"。鎮軍，即鎮軍將軍。主要爲中央軍職，亦可出任地方軍事長官。宋三品。　北中郎府：大德本、汲古閣本同，殿本作"北郎中府"。按，底本不誤。

初，沙門釋僧含精有學義，[1]謂竣曰："貧道常見讖記，[2]當有真人應符，[3]名稱次第，屬在殿下。"[4]後竣在彭城，嘗於親人敘之，言遂宣布，聞於文帝。時元凶巫蠱事已發，[5]故上不加推案。[6]

[1]學義：學問，學識。

[2]讖記：即讖書。記載讖語的書，上面記載有所謂將來要應驗的預言、預兆。

[3]真人：此指所謂得天下的真命天子。

[4]殿下：此指武陵王劉駿。

[5]巫蠱：古代稱巫師使用邪術加害於人之事。按，宋文帝末年，皇太子劉劭召女巫嚴道育入宫，以玉人爲文帝之形，埋於含章殿前，行鬼神事。後事泄露，文帝欲廢太子，劉劭遂弑文帝自立，後兵敗自殺。

[6]推案：推究審問。

孝武鎮尋陽，[1]遷南中郎記室。[2]三十年春，以父延之致仕，固求解職，賜假未發，而文帝崩問至，[3]孝武舉兵入討，轉諮議參軍，[4]領軍録事，[5]任總内外，并造檄書。[6]孝武發尋陽，便有疾，自沈慶之以下並不堪相見，[7]唯竣出入卧内，斷决軍機。時孝武屢經危篤，不任諮稟，凡厥衆務，竣皆專斷施行。

[1]尋陽：郡名。治柴桑縣，在今江西九江市西南。

[2]南中郎記室：官名。即南中郎將府記室參軍。記室，即記室參軍，又稱記室參軍事。記室曹長官，掌文疏表奏。時劉駿任南中郎將、江州刺史。

[3]崩問：皇帝駕崩的消息。崩，古代對帝王或皇后死的專稱。

[4]諮議參軍：官名。又稱諮議參軍事。王府、公府、州軍府皆置爲僚屬。掌顧問諫議，其位在諸參軍上。

[5]領軍録事：《宋書》卷七五《顔竣傳》作“領録事”。按，此底本誤，應據《宋書》改。

[6]檄書：檄文。古代官府用以徵召、曉喻、聲討的文書。

[7]沈慶之：字弘先，吴興武康（今浙江德清縣）人。隨宋孝武帝討伐劉劭有功，封南昌縣公。後又平定豫州刺史魯爽、竟陵王劉誕叛亂，封始興郡公。官至太尉，爲前廢帝所殺。本書卷三七、《宋書》卷七七有傳。

孝武踐祚，歷侍中、左衛將軍，[1]封建城縣侯。[2]孝建元年，轉吏部尚書，[3]領驍衛將軍，[4]留心選舉，自强不息。任遇既隆，奏無不可。後謝莊代竣領選，[5]意多不行。竣容貌嚴毅；莊風姿甚美，賓客喧訴，常歡笑答之。人言顔竣瞋而與人官，[6]謝莊笑而不與人官。

[1]左衛將軍：官名。爲禁衛軍主要統帥之一，權任很重，多由皇帝親信擔任。領宿衛營兵，侍直殿内。宋四品。

[2]建城縣侯：封爵名。建城，縣名。治所在今江西高安市。縣侯，即開國縣侯。食邑爲縣，位在開國公下，開國伯上。

[3]吏部尚書：官名。尚書省吏部曹長官，位居列曹尚書之上，掌官吏銓選考課，職任隆重。宋三品。

[4]驍衛將軍：《宋書》卷七五《顔竣傳》作"驍騎將軍"。按，底本誤。驍騎將軍，官名。皇帝侍衛武官，是護衛宫廷的親軍六軍之一。宋四品。

[5]謝莊：字希逸，陳郡陽夏（今河南太康縣）人。宋孝武帝時曾任吏部尚書，上書反對以門第選才。本書卷二〇有附傳，《宋書》卷八五有傳。

[6]瞋：《宋書·顔竣傳》作"嗔"，馬宗霍《南史校證》云："《説文》口部：'嗔，盛氣也。'目部：'瞋，張目也。'《廣韻》十七真云：'瞋，怒也。嗔，上同。'是二字可通用。"（第576頁）

南郡王義宣、臧質等反，[1]以竣兼領右將軍。[2]義宣、質諸子藏匿建康、秣陵、湖熟、江寧縣界，[3]孝武大怒，免丹楊尹褚湛之官，[4]收四縣官長，以竣爲丹楊尹，加散騎常侍。[5]

[1]南郡王義宣：劉義宣。宋武帝第七子。文帝時初封竟陵王，改封南譙王，孝武帝時又改南郡王。助孝武帝即位，進位丞相。孝建元年（454）起兵，兵敗被殺。本書卷一三、《宋書》卷六八有傳。南郡，郡名。治江陵縣，在今湖北荆州市荆州區。 臧質：字含文，東莞莒（今山東莒縣）人。初爲中軍行參軍，後以功遷雍州刺史。隨南郡王劉義宣起兵，兵敗被殺。本書卷一八有附傳，《宋書》卷七四有傳。

[2]領右將軍：《宋書》卷七五《顔竣傳》作“領軍”。

[3]建康：縣名。治所在今江蘇南京市。　湖熟：縣名。治所在今江蘇南京市江寧區湖熟街道。　江寧：縣名。治所在今江蘇南京市江寧區江寧街道。

[4]丹楊尹：官名。京師所在丹陽郡長官，掌京城行政諸務並詔獄，地位頗重。宋三品。丹陽，郡名。治建康縣，在今江蘇南京市。　褚湛之：字休玄，河南陽翟（今河南禹州市）人。初尚宋武帝第七女始安哀公主，後公主薨，復尚武帝第五女吴郡宣公主。官至尚書左僕射，封都鄉侯。本書卷二八、《宋書》五二有附傳。

[5]散騎常侍：官名。散騎省（集書省）長官。掌侍從皇帝左右，獻納得失，主掌圖書文翰、文章、撰述、諫諍拾遺，收納轉呈文書奏事。宋三品。

先是，竣未有子，而司馬江夏王義恭諸子爲元凶所殺，[1]至是各産男，上自爲制名，名義恭子爲伯禽，以比魯公伯禽，[2]周公之子。[3]名竣子爲辟强，[4]以比漢侍中辟强，[5]張良之子也。[6]

[1]司馬：《宋書》卷七五《顔竣傳》作“大司馬”，本書卷一三《江夏文獻王義恭傳》言其於宋孝武帝即位後“進位太傅，領大司馬”，則此應從《宋書》作“大司馬”。大司馬，官名。三公之一，名義上爲最高軍事首領，實爲重臣加官，不常置。宋一品。　江夏王義恭：劉義恭。宋武帝第五子。太子劉劭殺文帝，義恭投武陵王劉駿，擁其即位，進太傅。後與柳元景謀廢前廢帝，事敗被殺。本書卷一三、《宋書》卷六一有傳。江夏王，封爵名。即江夏郡王。江夏，郡名。治夏口城，在今湖北武漢市武昌區。

[2]伯禽：周公旦長子，爲魯國始封之祖。周公東征，討平武庚和管、蔡叛亂後，還政於周成王。成王將商奄（今山東曲阜市）

封伯禽爲魯公，並賜以殷民六族。

[3]周公：周公旦，周武王之弟。周初賢臣。曾佐成王平定武庚與三監之亂，並爲周王朝制禮作樂，建立一套系統的政治制度。事見《史記》卷三三《魯周公世家》。

[4]强：大德本同，殿本作“疆”，汲古閣本作“彊”。“强”同“彊”，底本不誤，“疆”字誤。

[5]辟强：張辟彊。張良子。漢時官至侍中。漢惠帝死後，張辟彊建議丞相陳平拜外戚吕台、吕産、吕禄爲將，應和吕后，以免殺身之禍。事見《史記》卷九《吕太后本紀》。

[6]張良：字子房，城父（今安徽亳州市）人。本爲韓貴族，後輔佐漢高祖劉邦建立漢朝，並設法穩定漢初形勢，爲劉邦最重要的謀士。《史記》卷五五有《留侯世家》，《漢書》卷四〇有傳。

先是，元嘉中鑄四銖錢，[1]輪郭形制與五銖同，[2]用費無利，[3]故百姓不盜鑄。及孝武即位，又鑄孝建四銖，所鑄錢形式薄小，輪郭不成，於是人間盜鑄者雜以鉛錫，[4]並不牢固。又翦鑿古錢以取其銅，錢轉薄小，稍違官式。[5]雖重制嚴刑，人吏官長坐死免者相係，而盜鑄彌甚，百物踊貴，[6]人患苦之。乃立品格，[7]薄小無輪郭者悉加禁斷。[8]始興公沈慶之議：“宜聽人鑄錢。置署，樂鑄之家皆居署内。去春所禁新品，一時施用，今鑄悉依此格。萬税三千，嚴檢盜鑄，并禁翦鑿。數年之間，公私豐贍，[9]銅盡事息，姦僞自止。禁鑄則銅轉成器，開鑄則器化爲財。”上下其事於公卿，竣議曰：“今云開署放鑄，誠所欲同，但慮采山事絶，[10]器用日耗。[11]銅既轉少，器亦彌貴。設器直一千，[12]則鑄之減半，[13]爲之無利，雖令不行。”時議者又以銅難得，欲鑄二銖錢。

竣又議曰："今鑄二銖，恣行新細，[14]於官無解於乏，而人大興，[15]天下之貨，將糜碎至盡。[16]空曰嚴禁，而利深難絶，不過一二年間，其弊不可復救。此其甚不可一也。使姦人意騁，[17]而貽厥愆謀，[18]此又甚不可二也。富商得志，貧人困窘，此又甚不可三也。若使交益深重，[19]尚不可行，況又未見利，而衆弊如此，失筭當時，取誚百代乎。"前廢帝即位，[20]鑄二銖，形式轉細，官錢每出，人間即模效之，而大小厚薄皆不及也。無輪郭，不磨鑢，[21]如今之翦鑿者，謂之耒子錢。[22]景和元年，[23]沈慶之啓通私鑄，由是錢貨亂敗，一千錢長不盈三寸，[24]大小稱此，謂之鵝眼錢；[25]劣於此者謂之綖環錢。[26]貫之以縷，入水不沉，隨手破碎，市井不復料數，[27]十萬錢不盈一掬。[28]斗米一萬，商貨不行。明帝初，[29]唯禁鵝眼、綖環，其錢皆通用。[30]復禁人鑄，官署亦廢，尋復普斷，唯用古錢。

[1]四銖錢：重四銖的銅鑄幣。在中國古代貨幣鑄造史上，隋唐以前爲"量名錢"階段，有别於以後的"年號錢"階段。一般以貨幣重量爲錢的名稱。《漢書》卷四《文帝紀》："更造四銖錢。"顔師古注引應劭云："文帝以五分錢太輕小，更作四銖錢，文亦曰'半兩'，今民間半兩錢最輕小者是也。"銖，古代重量單位，二十四銖爲一兩。

[2]輪郭：亦作輪廓。指錢的内外邊緣，外圓爲輪，内方爲郭。五銖：錢幣名。即五銖錢。漢武帝元狩五年（前118）始鑄，重五銖，上篆"五銖"二字。此種錢對後代影響很大，自漢歷魏、晋、六朝至隋皆續有鑄造，通行達六百年之久。

[3]用費無利：《宋書》卷七五《顔竣傳》作"用利損，無利"，

中華本據改。《資治通鑑》卷一二八《宋紀十》孝武帝孝建三年作“用費無利”，胡三省注：“言鑄一錢之費適當一錢之用，無贏利也。”

［4］雜以鉛錫：鉛錫價賤，盜鑄者大量摻入銅幣中以獲利。鉛錫性脆硬，比例過大，則使錢幣易斷裂破碎，不牢固。

［5］官式：官方規定鑄幣的大小輕重厚薄等模式和規格。

［6］踊貴：物價上漲。

［7］品格：物品的質量、規格，此指錢幣的規格。

［8］輸：大德本、汲古閣本、殿本作“輪”。按，此底本誤。

［9］豐贍：豐富饒多。

［10］采山：開采礦産。此應指銅礦開采。

［11］器用日耗：現存的日用銅器日漸消耗。

［12］直一千：值一千錢。

［13］鑄之減半：鑄成銅幣僅有原價的一半，即僅餘五百錢。

［14］恣行：任意而行。　新細：新的薄劣之錢。細，即上謂細物，薄小僞劣之錢。

［15］而人大興：《宋書·顔竣傳》作“而民姦巧大興”，此疑本書脱“姦巧”二字。

［16］糜碎至盡：謂貨幣體系將全部分崩離析，瓦解崩潰。糜碎，糜爛粉碎。

［17］意騁：隨意放縱。

［18］貽厥愆謀：遺留下那個罪過之謀。愆，罪過，過失。

［19］交益：交換取益。

［20］前廢帝：南朝宋前廢帝劉子業。繼宋孝武帝即帝位，性凶殘。本書卷二、《宋書》卷七有紀。

［21］磨鑢：磨治，磨光銼平。

［22］耒子：民間模仿官錢鑄造貨幣的稱謂。大德本、《宋書·顔竣傳》、《資治通鑑》卷一三〇《宋紀十二》同，殿本、汲古閣本作“來子”，《通典·食貨典九》作“萊子”。

[23]景和：南朝宋前廢帝劉子業年號（465）。

[24]長：此指一千錢疊壓在一起的厚度。

[25]鵝眼錢：專指古代一種劣質的錢，似以鵝眼之小來比喻錢幣。

[26]綖環錢：環薄細如綫，故名。綖，同“綫”。

[27]料數：計數。謂錢過於薄小，以堆計而無須點數。

[28]一掬：兩手所捧。

[29]明帝：南朝宋明帝劉彧。字休炳，小字榮期，宋文帝第十一子。初封淮陽王，後改封湘東王。前廢帝死後，自立爲帝。本書卷三、《宋書》卷八有紀。

[30]其錢皆通用:《宋書·顔竣傳》作“其餘皆通用”。按，作“餘”是。

竣自散騎常侍、丹楊尹加中書令。[1]表讓中書令，見許。時歲旱人飢，竣上言禁粣一月，[2]息米近萬斛。復代謝莊爲吏部尚書，領太子右衛率，[3]未拜，丁父憂。裁踰月，起爲右將軍，[4]丹楊尹如故。竣固辭，表十上不許。遣中書舍人戴寶明抱竣登車，[5]載之郡舍。賜以布衣一襲，絮以綵綸，遣主衣就衣諸體。

[1]中書令：官名。中書省長官。南朝中書省掌納奏、擬詔、出令，然權歸中書舍人，監、令多用作重臣加官。中書令位次略低於中書監。宋三品。

[2]禁粣:《宋書》卷七五《顔竣傳》“粣”作“餳”，馬宗霍《南史校證》云:“按‘粣’《宋書》本傳作‘餳’，是。《説文》米部無‘粣’字，食部云:‘餳，飴和饊者也，從食，易聲。’音徐盈切。飴即糖也。字書或作‘餳’，音徒郎切，分爲兩字，非。‘粣’見《集韻》，音與糖同，訓曰‘精米’，則義與糖異，不可不辨。

殿本《南史考證》又謂‘粡一本作糃，乃俗僞字。’”（第577頁）按，《正字通·米部》：“糃，與餳同。”若糃同餳，則此二字兩可，若如馬宗霍所言，則此應從《宋書》，存疑。禁餳，禁止製糖，以節約糧食。

[3]太子右衛率：《宋書·顔竣傳》作“太子左衛率”。

[4]右將軍：官名。地位略高於雜號將軍。不典禁軍，不與朝政，多用作加官。宋三品。

[5]中書舍人：官名。中書通事舍人的簡稱。掌收納，呈轉文書奏章，後漸奪中書侍郎草擬詔令之任，爲皇帝親信。品低而權重。宋七品。　戴寶明：《資治通鑑》卷一二八《宋紀十》作“戴明寶”。按，《通鑑》是，應從改。戴明寶，南東海丹徒（今江蘇鎮江市丹徒區）人。本書卷七七、《宋書》卷九四有傳。

竣藉蕃朝之舊臣，[1]每極陳得失。上自即吉之後，[2]宫内頗有醜論，又多所興造。竣諫争懇切，並無所回避。上意甚不悦，多不見從。竣自謂才足幹時，[3]恩舊莫比，[4]當務居中，[5]永執朝政。而所陳多不被納，疑上欲疏之，乃求出以卜時旨。大明元年，[6]以爲東揚州刺史。[7]所求既許，便憂懼無計。至州又丁母艱，不許去職，聽送喪還都，恩待猶厚，竣彌不自安。每對親故，頗懷怨憤。又言朝廷違謬，人主得失。

[1]蕃朝之舊臣：蕃王府中的幕僚舊臣。指劉駿未當皇帝之前爲武陵王時，顔竣已爲其幕府之臣。蕃，大德本、殿本、汲古閣本作“藩”。

[2]即吉：謂居喪期滿。古代除去喪服後纔能參與吉禮，故稱。吉，大德本、殿本同，汲古閣本作“告”，誤。

[3]幹時：治世，用世。

[4]恩舊：受天子恩寵的舊臣。

[5]當務居中：《宋書》卷七五《顔竣傳》作“當贊務居中”。馬宗霍《南史校證》言此“贊”字不應刪（第577頁）。

[6]大明：南朝宋孝武帝劉駿年號（457—464）。

[7]東揚州：州名。治山陰縣，在今浙江紹興市。

及王僧達被誅，[1]謂爲所讒構，[2]臨死陳竣前後忿懟，[3]恨言不見從。僧達所言，頗相符會，[4]上乃使御史中丞庾徽之奏竣：[5]“窺覘國柄，[6]潛圖久執。受任選曹，[7]驅扇滋甚，[8]出尹京輦，形勢彌放。傳詔犯憲，[9]舊須啓聞，[10]而竣以通訴忤己，輒加鞭辱，罔顧威靈，莫此爲甚。懷挾姦數，[11]包藏隱慝，豫聞中旨，[12]罔不宣露。[13]罰則委上，[14]善必歸己，脅懼上宰，[15]激動閭閻。[16]末慮上聞，内懷猜懼，僞請東牧，[17]以卜天旨。[18]既獲出藩，[19]怨詈方肆，[20]反脣腹誹，[21]方之已輕。[22]前冬母亡，詔賜還葬，事畢不去，盤桓經時。方搆間勳貴，[23]造立同異，[24]遂以己被斥外，國道將顛。兼行闕於家，[25]早負世議，天倫怨毒，[26]親交震駭。[27]街談道説，非復風聲，宜加顯戮，[28]以昭盛化。請以見事免竣所居官，下太常削爵土。”[29]上未欲便加大戮，且止免官。竣頻啓謝罪，并乞性命。上愈怒，詔答曰：“憲司所奏，[30]非宿昔所以相期。卿受榮遇，政當極此。訕訐怨憤，[31]已孤本望，乃復過煩思慮，[32]懼不全立，豈爲下事上誠節之至邪。”[33]

［1］王僧達：琅邪臨沂（今山東臨沂市）人，王弘子。宋孝武時官至中書令。本書卷二一有附傳，《宋書》卷七五有傳。

［2］謂爲所讒構：《宋書》卷七五《顔竣傳》作“謂爲竣所讒構”，底本疑脱“竣”字。

［3］忿懟：怨恨。忿，憤怒。懟，怨恨。

［4］符會：符合。

［5］庾徽之：字景猷，潁川鄢陵（今河南鄢陵縣）人。事見《宋書》卷八四《孔覬傳》。

［6］國柄：國家大權。

［7］選曹：指吏部尚書。

［8］驅扇：亦作驅煽。驅策煽動。

［9］傳詔：官名。傳達皇帝詔命的官員。　犯憲：犯法。

［10］啓聞：啓奏皇帝批准（纔能處罪）。

［11］懷挾：包藏。

［12］中旨：皇帝的意旨。

［13］宣露：透露，顯露。

［14］罰則委上：把誅罰都委過於皇帝。

［15］脅懼：威脅恐嚇。　上宰：宰輔之臣。

［16］激動：鼓動，煽動。　閭閻：鄉里，此泛指百姓。

［17］東牧：指東揚州刺史。

［18］卜：推測，估計。　天旨：皇帝心意。

［19］出藩：出任地方，到地方任職。

［20］怨詈（lì）：怨恨咒駡。詈，駡，責駡，咒駡。

［21］反脣：謂唇動，表示心中不服。

［22］方之已輕：比較顔竣的做法已是罪行爲輕。

［23］搆間：挑撥離間。

［24］造立同異：製造對立。同異，偏義詞，此處指異。

［25］行闕：不任官職。闕，官位空缺。

［26］天倫：天然倫次。指兄弟。

[27]親交：知交，親近之友。

[28]顯戮：明正典刑，當衆處决。

[29]下太常削爵土：太常職掌封爵名籍的管理（東晋、南朝省宗正，其屬官歸太常），如貶削爵名封土，例詔令下太常。

[30]憲司：魏晋以來御史的别稱。

[31]訕訐：詆毁攻訐。

[32]過煩思慮：一心衹爲自己的活命花費腦筋。

[33]下事上：以在下之臣服事在上之君主。　至：達到了頂點。

及竟陵王誕爲逆，[1]因此陷之，言通於誕。召御史中丞庾徽之於前立奏，奏成，詔先打折足，然後於獄賜死，妻息宥之以遠。[2]子辟强徙交州，[3]又於宫亭湖沈殺之。[4]竣文集行於世。[5]

[1]竟陵王誕：劉誕。字休文，宋文帝第六子。初封廣陵王，改封隨郡王，復改封竟陵王。本書卷一四、《宋書》卷七九有傳。竟陵，郡名。治石城，在今湖北鍾祥市。

[2]妻息宥之以遠：妻兒得到赦免，流放遠方。妻息，妻子兒女。宥，寬恕。遠，邊遠，遠地。

[3]交州：州名。治龍編縣，在今越南北寧省仙游縣東。

[4]宫亭湖：湖名。即古彭蠡湖，後專指鄱陽湖。

[5]竣文集行於世:《隋書·經籍志四》著録宋東揚州刺史《顔竣集》十四卷並目録，《舊唐書·經籍志下》《新唐書·藝文志四》著録《顔竣集》十三卷。

竣弟測亦以文章見知，官至江夏王義恭大司馬録事參軍。[1]以兄貴爲憂，先竣卒。

[1]録事參軍：官名。公府、將軍府、州刺史開軍府者皆置。録事曹長官，掌總録衆曹文簿，兼舉彈善惡。位在列曹參軍上。

明帝即位，詔曰："延之昔師訓朕躬，情契兼重。前記室參軍、濟陽太守㚟，[1]伏事蕃朝，綢繆恩舊，可擢爲中書侍郎。"㚟，延之第三子也。

[1]濟陽：郡名。治濟陽縣，在今河南蘭考縣東北。

顔師伯字長深，[1]竣族兄也。父邵，剛正有局力，[2]爲謝晦領軍司馬。[3]晦鎮江陵，[4]請爲諮議參軍，領録事，[5]軍府之務悉委焉。邵慮晦有禍，求爲竟陵太守。未及之郡，會晦見討，邵飲藥死。

[1]長深：《宋書》卷七七《顔師伯傳》作"長淵"，本書避唐高祖李淵諱改。

[2]局力：度量和才幹。

[3]領軍司馬：官名。即領軍將軍府司馬。軍府高級幕僚。掌參贊軍務，管理府内武職。其品秩隨府主地位的高低而不同。

[4]江陵：縣名。治所在今湖北荆州市荆州區。

[5]録事：官名。即録事參軍。

師伯少孤貧，涉獵書傳，頗解聲樂。弟師仲妻，臧質女也。質爲徐州，[1]辟師伯爲主簿。孝武爲徐州，師伯仍爲輔國、安北行參軍。[2]主景文時爲諮議參軍，[3]愛其諧敏，[4]進之孝武，以爲徐州主簿。善於附會，大被知遇。及去鎮，師伯以主簿送故。[5]

[1]徐州：州名。治彭城縣，在今江蘇徐州市。

[2]輔國、安北行參軍：官名。即輔國將軍府行參軍和安北將軍府行參軍。劉義賓曾任輔國將軍，劉駿曾任安北將軍。

[3]主景文：大德本、殿本、汲古閣本作“王景文”。按，底本誤，應據諸本改。王景文，名彧，因與宋明帝同名，以字行。琅邪臨沂（今山東臨沂市）人。其妹爲宋明帝皇后，明帝立，封江安縣侯。明帝病重，擔心其以帝舅之重而有異心，遂賜死。本書卷二三、《宋書》卷八五有傳。

[4]諧敏：詼諧敏捷。

[5]及去鎮，師伯以主簿送故：此指宋孝武帝離任徐州，以師伯爲送故主簿。送故主簿，官名。南朝時，州郡長官離任，伴送離任長官至其他任所或京師者爲“送故主簿”，多由長官親信擔任。

孝武鎮尋陽，啓文帝請爲南中郎府主簿，文帝不許，謂典籤曰：[1]“中郎府主簿，那得用顔師伯。”孝武啓爲長流正佐，[2]帝又曰：“朝廷不能除之，卿可自板，[3]然亦不宜署長流。”乃板爲參軍刑獄。[4]及討元凶，轉主簿。

[1]典籤：官名。原爲州府掌管文書的佐吏。南朝宋時多以年幼的皇子出鎮，皇帝委派親信擔任此職協助處理政事。每州府數人，一歲中輪番還京，匯報地方情況，成爲皇帝升黜地方長官的主要依據。品階不高，實權却重，甚至控制諸王和州刺史。

[2]長流正佐：官名。長流參軍的代稱。爲長流曹長官，掌盜賊徒流事。

[3]卿：《宋書》卷七七《顔師伯傳》作“郎”。馬宗霍《南史校證》云：“疑‘郎’字是。孝武爲文帝之子，故以郎稱之。”（第578頁）　自板：官制術語。指不由中央吏部正式任命，而由地方軍政長官自行選用，爲州府的户曹行板文委派的官職。

[4]乃板爲參軍刑獄：《宋書·顔師伯傳》作“世祖乃板爲參軍事，署刑獄”。

孝武踐祚，以爲黄門侍郎，累遷侍中。大明元年，封平都縣子。[1]親幸隆密，群臣莫二。多納貨賄，家累千金。孝武嘗與師伯摴蒱，[2]帝擲得雉，大悦，謂必勝。師伯後得盧，帝失色，師伯遽斂子曰：“幾作盧。”爾日，師伯一輸百萬。仍遷吏部尚書、右軍將軍。[3]上不欲威權在下，[4]前後領選者唯奉行文書，師伯專精獨斷，[5]奏無不可。

[1]平都縣子：封爵名。平都，縣名。治所在今江西安福縣東南。縣子，即開國縣子。位在開國伯下。按，《宋書》卷七七《顔師伯傳》載食邑五百户。

[2]摴蒱：古代的一種游戲。投擲有顔色的五顆木子，得采有盧、雉、犢、白等稱，以擲出的顔色決勝負。

[3]右軍將軍：官名。與前軍、後軍、左軍將軍合稱四軍將軍。掌宫禁宿衛。宋四品。

[4]上不欲威權在下：《宋書·顔師伯傳》作“上不欲威柄在人”，《資治通鑑》卷一二八《宋紀十》孝武帝大明二年作“帝不欲權在臣下”。

[5]專精獨斷：《宋書·顔師伯傳》作“專情獨斷”。

七年，爲尚書右僕射。[1]時分置二選，[2]陳郡謝莊、琅邪王曇生並爲吏部尚書。[3]師伯子舉周旋寒人張奇爲公車令，[4]上以奇資品不當，[5]使兼市買丞，[6]以蔡道惠代之。令史潘道栖、諸道惠、顔褘之、元從夫、任澹之、石道兒、黄難、周公選等抑道惠敕，[7]使奇先到公車，不施行奇兼市買丞事。師伯坐以子預職，[8]莊、曇生免官，道栖、道惠棄市，褘之等六人鞭杖一百。師伯尋領太子中庶子，雖被黜挫，愛任如初。

[1]尚書右僕射：官名。尚書省次官，並置左、右。南朝尚書令爲宰相之任，位尊權重，不親庶務，尚書省由僕射主持，諸曹奏事由左、右僕射審議聯署。右僕射與祠部尚書通職，位左僕射下。宋三品。

[2]分置二選：指宋孝武帝大明二年（458）增吏部尚書爲二員，以削弱其權任。

[3]王曇生：琅邪臨沂（今山東臨沂市）人，王弘之之子。宋明帝時與四方藩鎮謀反，兵敗歸降被赦。本書卷二四、《宋書》卷九三有附傳。

[4]師伯子舉周旋寒人張奇爲公車令：丁福林《宋書校議》據本卷上下文意考究，師伯“六子並幼”，不可能舉張奇爲公車令，舉者應爲師伯本人，故認爲“師伯”後之“子”字衍，應删（上海古籍出版社 2002 年版，第 315 頁）。周旋，周一良《宋書札記》：“周旋乃親密往來之意。”（《魏晋南北朝史札記》，第 205 頁）寒人，門第低微的人。公車令，官名。隸門下省，掌受章表。

[5]資品：資格和品級。資，家庭地位及父兄的資品。是指九

品中正的品級，不是官爵的品級。

[6]市買丞：官名。掌收買宫中所用果實生料諸物。

[7]令史：官名。此指吏曹都令史。兩晋以來尚書省置都令史八人，協助尚書左、右丞管理都省事務，監督諸曹尚書，參與政要。權任雖重，用人常輕。　潘道栖、諸道惠、顔禕之、元從夫、任澹之、石道兒、黄難、周公選：事多不詳，唯知黄難後曾任上饒令，宋明帝之初，爲以鄧琬爲首的反叛勢力所殺。諸道惠，汲古閣本、殿本同，百衲本作“褚道惠”。

[8]預：《宋書》卷七七《顔師伯傳》作“領”。

孝武臨崩，師伯受遺詔輔幼主，尚書侍中事專以委之。[1]廢帝即位，復還即真，加領衛尉。[2]

[1]尚書侍中事：《宋書》卷七七《顔師伯傳》、《資治通鑑》卷一二九《宋紀十一》孝武帝大明八年作“尚書中事”。馬宗霍《南史校證》言疑本書傳寫誤衍（第579頁）。

[2]衛尉：官名。專掌宫禁及京城防衛。宋三品。

師伯居權日久，天下輻凑，[1]游其門者，爵位莫不踰分。多納貨賄，家産豐積，妓妾聲樂，盡天下之選，園池第宅，冠絶當時，驕奢淫恣，爲衣冠所疾。[2]又遷尚書僕射，領丹楊尹。廢帝欲親朝政，轉師伯爲左僕射。以吏部尚書王景文爲右僕射。奪其京尹，又分臺任。師伯至是始懼，與柳元景謀廢立。[3]

[1]輻凑：集中，聚集。

[2]衣冠：古代士以上等級方可戴冠，故借指士大夫、縉紳。

[3]柳元景：字孝仁，河東解（今山西臨猗縣）人。宋孝武帝時封巴東郡公，後受詔輔佐幼主，前廢帝殺戴法興，元景憂懼，遂與顔師伯謀廢前廢帝，事泄被殺。本書卷三八、《宋書》卷七七有傳。

初，師伯專斷朝事，不與沈慶之參懷，[1]謂令史曰："沈公爪牙者耳，安得預政事。"慶之聞而切齒，乃泄其謀。尋與太宰江夏王義恭同誅，[2]六子皆見殺。明帝即位，謚曰荒。

[1]參懷：共同商議。

[2]尋與太宰江夏王義恭同誅：《宋書》卷七七《顔師伯傳》言其被殺時"年四十七，六子並幼"。太宰，官名。西晋置太師、太傅、太保三上公，因避司馬師諱，改太師爲太宰，居上公之首。常與太師、太保並掌朝政，爲宰相之任。東晋、南朝作贈官，多用以安置元老勳舊大臣，名義尊榮，無職掌。宋一品。

沈懷文字思明，吴興武康人也。[1]祖寂，晋光禄勳。[2]父宣，新安太守。[3]

[1]吴興：郡名。治烏程縣，在今浙江湖州市。　武康：縣名。治所在今浙江德清縣西。

[2]光禄勳：官名。九卿之一。掌宫殿門户名籍，南朝職任漸輕。晋三品。

[3]新安：郡名。治始新縣，在今浙江淳安縣西北。現已没入千島湖。

懷文少好玄理，[1]善爲文章，爲《楚昭王二妃詩》，見稱於世。爲江夏王義恭東閤祭酒。[2]丁父憂，新安郡送故豐厚，[3]奉終禮畢，餘悉班之親戚，一無所留。文帝聞而嘉之，賜奴婢六人。服闋，[4]除尚書殿中郎。[5]隱士雷次宗被徵居鍾山，[6]後南還廬江。[7]何尚之設祖道，[8]文義之士畢集。[9]爲連句詩，懷文所作尤美，辭高坐。[10]隨王誕領襄陽，[11]出爲後軍主簿，[12]與諮議參軍謝莊共掌辭令，領義成太守。[13]

[1]玄理：精微、深奥的玄學義理。

[2]東閤祭酒：官名。王府、公府、丞相府、將軍府皆置爲僚屬。掌禮賢良，導賓客。

[3]送故：贈送財物助辦喪事。

[4]服闋：喪服期滿。

[5]尚書殿中郎：官名。尚書省殿中曹長官，亦稱殿中郎中。屬尚書左僕射，爲親近皇帝的文學侍從官員，常代擬詔敕，故多用文學之士。宋六品。

[6]雷次宗：字仲倫，豫章南昌（今江西南昌市）人。少入廬山，事沙門釋慧遠。後築館於鍾山，爲太子及諸王講《喪服經》。本書卷七五、《宋書》卷九三有傳。　鍾山：山名。即今江蘇南京市城東紫金山。

[7]廬江：《宋書》卷八二《沈懷文傳》作"廬岳"。按，疑底本誤，應從《宋書》改。廬岳，山名。即今江西九江市南廬山。

[8]祖道：古代爲出行者祭祀路神，並飲宴送行。

[9]畢：殿本同，大德本、汲古閣本作"必"。

[10]辭高坐：大德本、殿本、汲古閣本作"辭高一坐"，《宋書·沈懷文傳》亦作"辭高一座"，疑底本誤，應據諸本改。

[11]隨王誕：劉誕。見前“竟陵王誕”條。　領：《宋書·沈懷文傳》作“鎮”。　襄陽：縣名。治所在今湖北襄陽市。時爲雍州和襄陽郡的治所。

[12]後軍主簿：官名。即後軍將軍府主簿。時劉誕爲後將軍、雍州刺史。

[13]義成：郡名。治均縣，在今湖北丹江口市。

元嘉二十八年，誕當爲廣州，[1]欲以懷文爲安南府記室，[2]先除通直郎。[3]懷文固辭南行，上不悦。弟懷遠納東陽公主養女王鸚鵡爲妾，[4]元凶行巫蠱，鸚鵡豫之，事洩，懷文因此失調，爲治書侍御史。[5]

[1]廣州：州名。治番禺縣，在今廣東廣州市。

[2]安南府記室：官名。即安南將軍府記室參軍。時徵劉誕爲安南將軍、廣州刺史。記室參軍，諸王府、公府、將軍府皆置，爲記室曹長官，掌文疏表奏。

[3]通直郎：官名。東晋元帝時使員外散騎侍郎二人與散騎侍郎通員當值，故謂之通直散騎侍郎，簡稱通直郎。南朝屬集書省，掌文學侍從，諫諍糾劾，收納章奏，至宋地位較輕，常授衰老之士，多爲加官。宋五品。

[4]懷遠：沈懷遠。《宋書》卷八二有附傳。　東陽公主：劉英娥。宋文帝長女，與劉劭同爲袁皇后所生。　王鸚鵡：本爲東陽公主婢女，後勾連劉劭等，捲入皇宫權力鬬争，失敗後被鞭殺。其事見《宋書》卷九九《元凶劭傳》。王，大德本、殿本同，汲古閣本作“玉”。按，《宋書》卷八二《沈懷文傳》亦作“王”。按，底本不誤。

[5]治書侍御史：官名。御史中丞佐貳，以監察和審理疑獄爲職任，不爲世族所重。宋六品。錢大昕《廿二史考異》卷三六云：

"《南史》避唐高宗名，故'治書侍御史'但云'書侍御史'，此文後人所添。"

元凶殺立，[1]以爲中書侍郎。孝武入討，呼之使作符檄，[2]固辭。劭大怒，會殷沖救得免。[3]託疾落馬，間行奔新亭，以爲竟陵王誕驃騎録事參軍、淮陵太守。[4]時國哀未釋，[5]誕欲起内齋。[6]懷文以爲不可，乃止。尋轉楊州中從事史。[7]時議省録尚書，[8]懷文以爲非宜，上議不從。遷别駕從事史。[9]

[1]殺：大德本、殿本、汲古閣本作"弑"。

[2]孝武入討，呼之使作符檄：馬宗霍《南史校證》云："按'呼之'上《宋書》本傳有'劭'字，斷不可省，劭斥元凶也。《南史》删去，似是孝武呼之矣。但殿本《南史考證》謂'呼之上應從《宋書》加上字'，則又誤以'劭'爲'上'。史於元凶未有以'上'稱之者。"（第580頁）符檄，官府移檄等文書的統稱。

[3]殷沖：字希遠，陳郡長平（今河南西華縣）人。其侄女即劉劭王妃，歷任侍中、護軍、司隸校尉等職，後被宋孝武帝賜死。本書卷二七、《宋書》卷五九有附傳。

[4]驃騎録事參軍：官名。即驃騎將軍府録事參軍。時劉誕進號驃騎大將軍。　淮陵：《宋書》卷八二《沈懷文傳》作"淮南"。未知孰是，存疑。

[5]國哀：國喪。古代皇帝去世，全國在一定時期内服喪。

[6]内齋：家居的房屋。

[7]中從事史：官名。即治中從事史。州之佐吏，掌衆曹文書事，地位尊崇。宋六品。

[8]録尚書：官名。即録尚書事。作爲職銜名始於東漢，時政務總於尚書臺，太傅、太尉、大將軍等加此可綜理政務，爲真宰

相。後沿之。宋孝武帝時不欲威權外假，遂省。後置省無常，置則爲正式官號，爲尚書省長官。

[9]別駕從事史：官名。州部佐吏，因從刺史行部，別乘傳車，故謂之別駕。主吏員選舉。宋六品。

及江夏王義恭遷，西陽王子尚爲揚州，[1]居職如故。時熒惑守南斗，[2]上乃廢西州舊館，[3]使子尚移居東城以厭之。[4]懷文曰："天道示變，宜應之以德，今雖空西州，恐無益也。"不從，而西州竟廢。

[1]西陽王子尚：劉子尚。字孝師，宋孝武帝第二子。初封西陽王，後改封豫章王。孝武帝大明三年（459），分浙江西立王畿，以浙江東爲揚州，以子尚爲刺史，加都督。本書卷一四、《宋書》卷八〇有傳。西陽王，封爵名。即西陽郡王。西陽，郡名。治西陽縣，在今湖北黄岡市黄州區東。

[2]熒惑：星名。即火星。古代占星家以爲它的出現預示地面會有灾凶之禍。　南斗：星名。即斗宿。有星六顆，在北斗以南，形似斗，故稱。按古代分野説，地面與天上星次相對應，斗宿所指爲下之揚州，故有下文避居之事。

[3]西州：城名。東晋元帝時築，在今江蘇南京市朝天宫西望仙橋一帶。東晋、南朝爲揚州刺史治所。

[4]東城：城名。即東府城。在今江蘇南京市通濟門附近，臨秦淮河。

大明二年，遷尚書吏部郎，[1]時朝議欲依古制置立王畿，[2]揚州移居會稽，[3]猶以星變故也。懷文曰："周制封畿，[4]漢置司隸，[5]各因時宜，非存相反。安人定國，其揆一也。苟人心所安，天亦從之。[6]必改今追古，乃致平一。[7]神州舊壞，[8]歷代相承，異於邊州，或置或罷。既物情不悦，[9]容虧化本。”[10]又不從。

[1]尚書吏部郎：官名。尚書省吏部曹長官，屬吏部尚書。掌官吏銓選、任免事宜。位在諸曹郎之上。宋六品。

[2]古制：三代，尤指周代制度。　王畿：由中央直接管理的地區，有别於地方分封的諸侯國。

[3]移居：《宋書》卷八二《沈懷文傳》作“移治”，本書避唐高宗李治諱改。　會稽：郡名。治山陰縣，在今浙江紹興市。

[4]封畿：王都周圍地區。

[5]司隸：即司隸校尉部。漢武帝置，初爲監察區，轄京師附近三輔（京兆尹、左馮翊、右扶風）、三河（河東、河内、河南）和弘農七郡。東漢成爲行政區，治所在今河南洛陽市。西晉改爲司州。東晉罷，其職歸揚州刺史。

[6]天亦從之：大德本、汲古閣本同，殿本作“天必從之”。

[7]必改今追古，乃致平一：《宋書·沈懷文傳》作“未必改今追古，乃致平壹”，馬宗霍《南史校證》云：“詳上下文意，本謂不必依古，《南史》於‘必改’之上删去‘未’字，全失原意。”（第580頁）

[8]壞：大德本、汲古閣本、殿本作“壤”。按，底本誤。

[9]物情：衆情，人心。

[10]容：或許，可能。　化本：教化之本。

三年，子尚移鎮會稽。遷撫軍長史，[1]行府州事。[2]時囚繫甚多，動經年月，懷文到任，訊五郡九百三十六獄，衆咸稱平。

[1]撫軍長史：官名。即撫軍將軍府長史。長史，諸公、王府、名號大將軍府皆置，爲幕僚長，統領府内諸曹，經辦行政事務。時劉子尚任撫軍將軍。

[2]行府州事：代理軍府和州府治務。

入爲侍中，寵待隆密。竟陵王誕據廣陵反，[1]及城陷，士庶皆裸身鞭面然後加刑，聚所殺人首於石頭南岸，[2]謂之髑髏山。[3]懷文陳其不可，上不納。

[1]廣陵：郡名。治廣陵縣，在今江蘇揚州市西北蜀岡上。

[2]石頭：城名。在今江蘇南京市西清涼山。其負山面江，控扼江險，南臨秦淮河口，時爲建康西南軍防要地。

[3]髑（dú）髏：死人的頭骨。

孝武嘗有事圓丘，[1]未至期而雨晦竟夜。明旦風霽，雲色甚美，帝升壇悦。懷文稱慶曰："昔漢后郊祀太一，[2]白日重輪，神光四燭。今陛下有事兹禮，而膏雨迎夜，[3]清景麗朝，斯寔聖明幽感所致，臣願與侍臣賦之。"上咲稱善。

[1]圓丘：即圜丘。古代帝王冬至祭天的地方，後亦用以祭天地。

[2]太一：天神名。《史記·封禪書》："天神貴者太一。"司馬貞索隱云："宋均云：'天一、太一，北極神之别名。'"

[3]膏雨：甘霖。

楊州移會稽，忿浙江東人情不和，[1]欲貶其勞禄，唯西州舊人不改。懷文曰："揚州徙居，既乖人情，一州兩格，尤失大體。"上不從。

[1]忿浙江東人情不和：《宋書》卷八二《沈懷文傳》作"上忿浙江東人情不和"。馬宗霍《南史校證》言此"上"字不可省（第580頁）。

懷文與顔竣、周朗素善，竣以失旨見誅，朗亦以忤意得罪。上謂懷文曰："竣若知我殺之，亦當不敢如此。"懷文嘿然。又嘗以歲夕與謝莊、王景文、顔師伯被敕入省，[1]未及進，景文因談言次稱竣、朗人才之美，懷文與相酬和。師伯後因語次白上，叙景文等此言。懷文屢經犯忤，[2]至此上倍不悦。

[1]歲夕：除夕。
[2]犯忤：冒犯違逆。

上又壞諸郡士族以充將吏，[1]並不服役，至悉逃亡。加以嚴制不能禁，乃改用軍法，得便斬之。莫不奔竄山湖，聚爲盗賊。懷文又以爲言。

[1]充將吏：指從軍服役。按，六朝時，傳統上士族皆有不服役的特權，而軍士地位低下，更爲士族所鄙薄。吏，役吏，身份低賤，非官吏。

齊庫上絹年調鉅萬疋，[1]綿亦稱此，期限嚴峻。人間買絹一疋至三二千，綿一兩三四百，貧者賣妻子，甚者或自縊死。懷文具陳人困，由是綿絹薄有所減，俄復舊。

[1]齊庫：大德本同，汲古閣本、殿本作"齋"，《宋書》卷八二《沈懷文傳》亦作"齋"。按，底本誤。齋庫，收藏財物的倉庫。 調：古代的一種賦税。時有户調，多徵收絹、綿等實物。

子尚等諸皇子皆置邸舍，[1]逐什一之利，[2]爲患徧天下。懷文又曰："列肆販賣，[3]古人所非。卜式明不雨之由，弘羊受致旱之責。[4]若以用度不充，故宜量加減省。"不聽。

[1]邸舍：古代專指貨棧。六朝時皇子、公主皆以公家邸舍，使商人停物於中，收取貨金。

[2]什一之利：以十取一之利。泛指經商。

[3]列肆：市場上成列的商鋪。亦指開設商鋪。

[4]卜式明不雨之由，弘羊受致旱之責：卜式，西漢時經營畜牧業致富，因輸財助邊，被漢武帝嘉獎，賜爵關内侯，官至御史大夫。武帝晚年，桑弘羊任大司農，制定一系列官營工商措施，以增加財政收入，遭卜式等人反對。時天旱，武帝令百官求雨，卜式曰："縣官當食租衣税而已，今弘羊令吏坐市列，販物求利。亨弘羊，天乃雨。"事見《漢書·食貨志下》。

孝建以來，抑黜諸弟，[1]廣陵平後，復欲更峻其科。懷文曰："漢明不使其子比光武之子，[2]前史以爲美談。陛下既明管、蔡之誅，[3]願崇唐、衛之寄。"[4]及海陵王休茂誅，[5]欲遂前議。太宰江夏王義恭探得密旨，先發議端，[6]懷文固請不可，由是得息。

[1]抑黜：廢貶，排斥。

[2]漢明不使其子比光武之子：漢明帝分封諸子，食邑户數少於光武帝諸子，《後漢書》卷一〇上《明德馬皇后紀》："十五年，帝案地圖，將封皇子，悉半諸國。后見而言曰：'諸子裁食數縣，於制不已儉乎？'帝曰：'我子豈宜與先帝子等乎？歲給二千萬足矣。'"漢明，東漢明帝劉莊。光武帝第四子。在位期間社會安定，吏治清明。《後漢書》卷二有紀。光武，東漢光武帝劉秀。東漢開國皇帝。《後漢書》卷一有紀。

[3]管、蔡之誅：西周初年武王去世後，其弟管叔姬鮮、蔡叔姬度不滿周公攝政，聯結紂子武庚發動叛亂，失敗被殺。此隱喻劉駿誅殺二兄劉劭、劉濬事。

[4]唐、衛之寄：周公東征取勝後，封武王之子姬虞於唐，封武王少弟姬封於衛。此句隱喻劉駿還應重用皇族諸弟。寄，分封寄土。

[5]海陵王休茂：劉休茂。宋文帝第十四子。孝武帝大明二年（458）因其性急多欲自專，府司馬、主帥每禁之，遂懷恨在心，聽信張伯超讒言，起兵殺司馬，後爲參軍尹玄慶所殺。本書卷一四、《宋書》卷七九有傳。海陵王，封爵名。即海陵郡王。海陵，郡名。治建陵縣，在今江蘇泰州市東北。

[6]先發議端：首先建議誅貶（諸王）。

時游幸無度，太后六宫常乘副車在後。[1]懷文與王景文每諫不宜亟出，後因從坐松樹下，風雨甚驟。景文曰："卿可以言矣。"懷文曰："獨言無繼，宜相與陳之。"江智深卧草側，[2]亦謂之善。俄而被召俱入雉場，[3]懷文曰："風雨如此，非聖躬所宜。"景文又曰："懷文所啓宜從。"智深未及有言，上方注弩，[4]作色曰：[5]"卿欲效顔竣邪？[6]何以恒知人事。"又曰："顔竣小子，恨不得鞭其面。"

[1]太后：此指宋文帝淑媛路惠男。孝武帝劉駿生母，時被尊爲皇太后。本書卷一一、《宋書》卷四一有傳。　六宫：泛指皇后及嬪妃。

[2]江智深：《宋書》卷八二《沈懷文傳》、卷五九本傳作"江智淵"，本書避唐高祖李淵諱改。江智淵，濟陽考城（今河南民權縣）人。初爲竟陵王誕從事中郎，知劉誕欲謀反，自歸朝廷，深受孝武帝寵信。孝武帝宴飲，喜以詬辱群臣爲樂，智淵諫之，孝武帝不悦，後出爲南東海太守。本書卷三六有附傳，《宋書》卷五九有傳。

[3]雉場：圍獵雉的場地。

[4]注弩：向弩上搭矢。弩，大德本同，殿本、汲古閣本作"怒"。

[5]作色：臉上變色。指發怒。

[6]卿欲效顔竣邪：大德本、殿本同，汲古閣本作"卿欲效顔峻耶"。按，據本卷《顔竣傳》，作"竣"是。

上每宴集，在坐者咸令沈醉。懷文素不飲酒，又不好戲，上謂故欲異己。謝莊嘗誡懷文曰："卿每與人異，亦何可久。"懷文曰："吾少來如此，豈可一朝而變。非欲異物，[1]性之所不能耳。"

[1]非欲異物：並不是想與人情相異。

五年，出爲晋安王子勛征虜長史、廣陵太守。[1]明年坐朝正，[2]事畢被遣還北，以女病求申，臨辭又乞停三日，訖猶不去，爲有司所糾，免官，禁錮十年。既被免，賣宅還東。[3]上大怒，收付廷尉賜死。[4]

[1]晋安王子勛：劉子勛。字孝德，宋孝武帝第三子。孝武帝死，何邁迎立子勛，前廢帝誅何邁。明帝泰始二年（466）鄧琬奉子勛稱帝，改元義嘉，兵敗被殺。本書卷一四、《宋書》卷八〇有傳。晋安王，封爵名。即晋安郡王。晋安，郡名。治候官縣，在今福建福州市。　征虜長史：官名。即征虜將軍府長史。時劉子勛爲征虜將軍、南兖州刺史。

[2]朝正：古代諸侯和臣屬在正月朝見天子，也稱大朝會。漢朝後例在歲首元旦進行。

[3]還東：指返回家鄉吴興。

[4]收付廷尉賜死：《宋書》卷八二《沈懷文傳》言“時年五十四”。廷尉，官名。南朝又置建康三官分掌刑獄，廷尉職權較前爲輕。宋三品。

弟懷遠爲始興王濬征北長流參軍，[1]深見親待。坐納王鸚鵡爲妾，孝武徙之廣州。刺史宗慤欲殺之，[2]會南郡王義宣反，懷遠頗閑文筆，慤起義，使造檄書，并銜命至始興，與始興相沈法系論起義事。[3]事平，慤具爲陳請，由此見原。終孝武世不得還。前廢帝世歸，位武康令，撰《南越志》，[4]及懷文文集並傳於世。[5]

[1]征北長流參軍：官名。即征北將軍府長流參軍。劉濬曾任征北將軍、南徐兖二州刺史。長流參軍，亦稱長流賊曹參軍。公

府、將軍府屬曹長官，掌盜賊徒流事。

［2］宗慤（què）：字元幹，南陽（今河南南陽市）人。初隨江夏王劉義恭鎮廣陵。後隨孝武帝討伐劉劭，以功進左衛將軍，封洮陽侯。本書卷三七、《宋書》卷七六有傳。

［3］沈法系：吴興武康（今浙江德清縣）人，沈慶之弟。以討劉劭有功，遷寧朔將軍、始興太守，後官至驍騎將軍、尋陽太守。《宋書》卷七七有附傳。　起義：指背叛劉義宣與孝武帝劉駿相呼應。

［4］《南越志》：《隋書·經籍志二》著録《南越志》八卷，《舊唐書·經籍志上》《新唐書·藝文志二》《宋史·藝文志三》均著録沈懷遠《南越志》五卷。

［5］懷文文集：《隋書·經籍志四》著録《沈懷文集》十二卷殘缺、《沈懷遠集》十九卷，《舊唐書·經籍志下》《新唐書·藝文志四》著録《沈懷文集》十三卷。

懷文三子：淡、深、沖。[1]

［1］深：《南齊書》卷三四《沈沖傳》作“淵”，本書避唐高祖李淵諱改。

沖字景綽，涉獵文義，仕宋歷位撫軍正佐，[1]兼記室。及懷文得罪被繫，沖兄弟行謝，情哀貌苦，見者傷之。柳元景欲救懷文，言於孝武曰：“沈懷文三子塗炭不可見，[2]願陛下速正其罪。”帝曰：“宜急殺之，使其意分。”竟殺之。元景爲之歎息，沖兄弟以此知名。累遷司徒録事。

［1］正佐：朝廷任命的正參軍。

［2］塗炭：比喻極其哀苦。《尚書·仲虺之誥》："有夏昏德，民墜塗炭。"孔安國傳："民之危險，若陷泥墜火。"　不可見：令人不忍見到。

齊武帝爲江州，[1]沖爲征虜長史、尋陽太守。[2]齊建元中，[3]累遷太子中庶子。武帝在東宫，待以恩舊。及即位，轉御史中丞、侍中。永明四年，[4]爲五兵尚書。[5]沖與兄淡、深名譽有優劣，世號爲"腰鼓兄弟"。[6]淡、深並歷御史中丞。兄弟三人皆爲司直，[7]晉、宋所未有也。

［1］齊武帝：蕭賾。字宣遠，齊高帝長子。廟號世祖。本書卷四、《南齊書》卷三有紀。　爲江州：任江州刺史。宋順帝昇明二年（478），蕭賾爲散騎常侍、都督江州豫州之新蔡晋熙二郡軍事、征虜將軍、江州刺史。江州，州名。治柴桑縣，在今江西九江市西南。

［2］征虜長史：官名。即征虜將軍府長史。

［3］建元：南朝齊高帝蕭道成年號（479—482）。

［4］永明：南朝齊武帝蕭賾年號（483—493）。

［5］五兵尚書：官名。三國魏始置，掌中兵、外兵、騎兵、别兵、都兵五曹，故稱五兵尚書。南朝宋、齊時衹領中兵、外兵兩曹。齊官品不詳。

［6］腰鼓兄弟：古代腰鼓，兩頭略大，中間略細，故以"腰鼓兄弟"比喻兄弟輩裏居中的那一個較差。

［7］司直：官名。原爲丞相屬官，佐丞相舉不法，有監察職能。此處代指御史中丞，指兄弟三人都擔任過御史中丞一職。

中丞案裁之職,[1]被惡者多結怨。永明中,深彈吴興太守袁彖。[2]建武中,[3]彖從弟昂爲中丞,到官數日,奏彈深子績父在僦白幰車,[4]免官禁錮。沖母孔氏在東,鄰家失火,疑爲人所焚爇,[5]大呼曰:"我三兒皆作御史中丞,與人豈有善者。方恐肌分骨散,何但焚如。"兄弟後並歷侍中,武帝方欲任沖,尋卒。追贈太常,謚曰恭子。

[1]中丞:即御史中丞。

[2]袁彖:字偉才,陳郡陽夏(今河南太康縣)人。齊武帝永明中,彖任吴興太守,"坐逆用禄錢,免官付東冶",沈深彈奏當指此事。本書卷二六有附傳,《南齊書》卷四八有傳。

[3]建武:南朝齊明帝蕭鸞年號(494—498)。

[4]績:大德本、殿本同,汲古閣本作"續"。　父在僦白幰車:父親還在世就租用白幰車。古代喪車用白幰,父親在世,不可用白幰,此乃不孝之罪。僦,租賃,租用。白幰車,蓋有白色布幔的車。

[5]焚爇:燒毀。

曇慶,懷文從父兄也。父發,員外散騎侍郎。[1]曇慶仕宋位尚書左丞。時歲有水旱,曇慶議立常平倉以救人急,[2]文帝納其言而事不行。

[1]員外散騎侍郎:官名。初爲正員外添差之散騎侍郎,無員數,後成爲正員官。多以公族、功臣子充任,爲閑散之職。

[2]常平倉:古代政府爲調節糧價、儲存備荒糧而設置的糧倉。在糧價低、糧食充足時,適當提高糧價進行大量收購,在糧價高、

糧食匱乏時，低價出售，以此來平抑糧食價格。

大明元年，爲徐州刺史。時殿中員外將軍裴景仁助戍彭城，[1]景仁本北人，多悉關中事。[2]曇慶使撰《秦記》十卷，[3]叙符氏事，[4]其書傳於世。

[1]殿中員外將軍：官名。即在正員之外增設的殿中將軍，侍衛武職，不領兵。宋六品。

[2]關中：地區名。所指地區不一，大約相當於今河南靈寶市及其以西陝西關中盆地和丹江流域，並包括今甘肅隴山以東、寧夏固原市以南地區。

[3]《秦記》十卷：《隋書·經籍志二》著録“《秦記》十一卷，宋殿中將軍裴景仁撰，梁雍州主簿席惠明注”。《舊唐書·經籍志上》《新唐書·藝文志二》著録《秦記》十一卷，裴景仁撰，杜惠明注。

[4]符氏：大德本、汲古閣本同，殿本作“苻氏”，作“苻”是。此指苻氏建立的前秦政權。前秦由苻健建立，都長安，共歷六帝，四十四年。

曇慶謹實清正，所莅有稱績。常謂子弟曰：“吾處世無才能，圖作大老子耳。”世以長者稱之。卒於祠部尚書。[1]

[1]卒於祠部尚書：《宋書》卷五四《沈曇慶傳》言“時年五十七”。祠部尚書，官名。尚書省祠部曹長官，領祠部、儀曹二曹郎。掌宗廟祭祀禮樂制度。宋三品。

周朗字義利，汝南安成人也。[1]父淳，宋初歷位侍中，太常。兄嶠尚武帝第四女宣城德公主。[2]二女適建平王宏、廬江王褘。[3]以貴戚顯官。朗少而愛奇，雅有風氣，[4]與嶠志趨不同，[5]嶠甚疾之。[6]爲江夏王義恭大尉參軍。[7]

[1]汝南：郡名。治上蔡縣，在今河南上蔡縣西南。　安成：縣名。治所在今河南汝南縣東南。

[2]尚：娶公主爲妻。　宣城德公主：宋武帝第四女。宣城爲其封邑。德爲其謚號。

[3]適：女子出嫁。　建平王宏：劉宏。字休度，宋文帝第七子。劉劭弑文帝後，歸順孝武帝，深受重用。本書卷一四、《宋書》卷七二有傳。建平王，封爵名。即建平郡王。建平，郡名。治巫縣，在今重慶巫山縣。　廬江王褘：劉褘。宋文帝第八子。歷文帝、武帝、明帝三朝，官至太尉，後因謀反事泄被貶。本書卷一四、《宋書》卷七九有傳。廬江王，封爵名。即廬江郡王。廬江，郡名。治舒縣，在今安徽舒城縣。

[4]風氣：風采氣度。

[5]志趨：志向所趨。

[6]疾：厭惡，憎恨。

[7]大尉參軍：大德本、殿本、汲古閣本“大”作“太”。按，作“太”是。

元嘉二十七年春，朝議北侵魏，當遣義恭出鎮彭城，爲諸軍大統。朗聞之解職。及義恭出鎮，府主簿羊希從行，[1]與朗書戲之，勸令獻奇進策。朗報書援引古義，辭意倜儻。[2]

[1]羊希：字泰聞，泰山南城（今山東平邑縣）人，羊玄保兄子。本書卷三六、《宋書》卷五四有附傳。

[2]倜儻：風流灑脱，不拘於俗。

孝武即位，除建平王宏中軍録事參軍。[1]時普責百官讜言，[2]朗上書陳述得失，多自矜誇。[3]書奏忤旨，自解去職。

[1]中軍録事參軍：官名。即中軍將軍府録事參軍。録事參軍，録事曹長官，丞相府、軍府皆置。掌總録衆曹文簿，舉彈善惡，位在列曹參軍上。宋七品。

[2]讜言：正直的話。

[3]矜誇：驕矜誇大。

後爲廬陵内史，[1]郡界荒蕪，頗有野獸。母薛氏欲見獵，朗乃合圍縱火，令母觀之。火逸燒郡解，[2]朗悉以秩米起屋，[3]償所燒之限。稱疾去官，爲州司所糾，[4]還都謝孝武曰："州司舉臣愆失多不允，臣在郡猛獸三食人，蟲鼠犯稼，以此二事上負陛下。"上變色曰："州司不允，或可有之。蟲獸之災，寧關卿小物。"

[1]内史：官名。西晋改諸王國相爲内史，掌民政，如郡太守。宋五品。

[2]郡解：《宋書》卷八二《周朗傳》作"郡廨"。按文意應以《宋書》爲是。郡廨，郡府。

[3]秩米：俸禄。

[4]州司：指州刺史。

朗尋丁母憂，每哭必慟，其餘頗不依居喪常節。大明四年，上使有司奏其居喪無禮。詔曰："朗悖禮利口，[1]宜合翦戮，微物不足亂典刑，特鎖付邊郡。"於是傳送寧州，[2]於道殺之。[3]朗族孫顒。

[1]利口：利嘴。口齒伶俐，能言善辯。

[2]寧州：州名。治味縣，在今雲南曲靖市。

[3]於道殺之：《宋書》卷八二《周朗傳》言"時年三十六"。

顒字彦倫，晋左光禄大夫顗七世孫也。[1]祖武頭，[2]員外常侍。[3]父恂，歸鄉相。[4]

[1]顗：周顗。官至太子少傅、尚書僕射，以方直、友愛獲海内盛名。後王敦叛亂被拘殺。《晋書》卷六九有傳。

[2]武：大德本、殿本、汲古閣本作"虎"，《南齊書》卷四一《周顒傳》亦作"虎"，本書避唐高祖李淵祖父李虎諱改。

[3]員外常侍：官名。員外散騎常侍的簡稱。門下省官。掌奏事，直侍左右，秩如散騎常侍。晋、宋三品。

[4]歸鄉：縣名。治所在今湖北秭歸縣東。

顒少爲族祖朗所知，解褐海陵國侍郎。[1]益州刺史蕭惠開賞異顒，[2]擕入蜀，爲厲鋒將軍，[3]帶肥鄉、成都二縣令，[4]仍爲府主簿。常謂惠開性太險，每致諫，惠開不悦，答顒曰："天險地險，王侯設險，但問用險何如耳。"隨惠開還都。

[1]解褐：脱去平民所穿的衣服，换上官服，擔任官職，指入

仕。　海陵國：即海陵郡，因爲王國屬郡，故稱國。治建陵縣，在今江蘇泰州市東北。

[2]蕭惠開：南蘭陵（今江蘇常州市武進區）人，蕭思話子。曾爲益州刺史。本書卷一八有附傳，《宋書》卷八七有傳。

[3]厲鋒將軍：官名。爲臨時設置的雜號將軍。

[4]帶肥鄉、成都二縣令：帶，官制術語。兼職。肥鄉，縣名。治所在今河北邯鄲市肥鄉區。成都，縣名。治所在今四川成都市。按，二縣相距遥遠，不可能兼爲令，疑有訛。

宋明帝頗好玄理，以顒有辭義，引入殿内，親近宿直。[1]帝所爲慘毒之事，[2]顒不敢顯諫，輒誦經中因緣罪福事，帝亦爲之小止。元徽中，[3]詔爲剡令，[4]有恩惠，百姓思之。齊高帝輔政，[5]爲齊殿中郎。[6]建元初，爲長沙王後軍參軍、山陰令。[7]還爲文惠太子中軍録事參軍。[8]文惠在東宫，顒遷正員郎，[9]始興王前軍諮議，[10]直侍殿省，深見賞遇。

[1]宿直：在宫中值宿。

[2]帝所爲慘毒之事：宋明帝性陰殘，即位後，殺其兄宋孝武帝之子十六人。趙翼《廿二史劄記》卷一一《宋子孫屠戮之慘》云："孝武帝二十八子，夭殤者十，爲前廢帝所殺者二，爲明帝所殺者十六。""慘毒之事"蓋指此。

[3]元徽：南朝宋後廢帝劉昱年號（473—477）。

[4]剡：縣名。治所在今浙江嵊州市西南。

[5]齊高帝：蕭道成。字紹伯，小字鬬將，南蘭陵（今江蘇常州市武進區）人。南齊開國君主，廟號太祖。本書卷四，《南齊書》卷一、卷二有紀。

[6]殿中郎：官名。即尚書殿中郎。

[7]長沙王：蕭晃。字宣明，齊高帝第四子。高帝建元元年（479），封長沙王。本書卷四三、《南齊書》卷三五有傳。　山陰：縣名。治所在今浙江紹興市。

[8]文惠太子：蕭長懋。字雲喬，齊武帝長子。初封南郡王，中軍將軍，置府，鎮石頭戍，尋轉征北將軍。武帝即位，長懋爲太子，未繼皇位而早卒。本書卷四四、《南齊書》卷二一有傳。

[9]正員郎：官名。散騎侍郎的别稱。南朝齊時爲集書省官，掌侍從顧問。

[10]始興王：蕭鑑。字宣徹，齊高帝第十子。初封廣興王，後改封始興王。武帝初，爲前軍將軍，分掌禁衛軍。本書卷四三、《南齊書》卷三五有傳。

顒音辭辯麗，[1]長於佛理，著《三宗論》，言空假義。[2]西涼州智林道人遺顒書深相贊美，[3]言“捉麈尾來四十餘載，[4]頗見宗録，[5]唯此塗白黑無一人得者，[6]爲之發病，非意此音猥來入耳”。其論見重如此。顒於鍾山西立隱舍，休沐則歸之。[7]

[1]音辭：文詞、辭令。　辯麗：言辭或文辭華美綺麗。

[2]空假：佛教語。指事物均具備“自性空無”和“幻相宛然”兩個方面。

[3]西涼州：州名。治永平縣，在今甘肅張掖市西北。　智林道人：六朝高僧。事見《高僧傳》卷八《智林傳》。

[4]捉麈尾：古代文人雅士清談時，習慣執麈尾以助談興。這裏以“捉麈尾”代指講道、傳道。

[5]頗見宗録：《南齊書》卷四一《周顒傳》作“餘義頗見宗録”，馬宗霍《南史校證》云：“下文云‘唯此塗白黑無一人得者’，

'餘義'與'此塗'相對，《南史》删去，則所謂宗録者何物邪。"（第584頁）

［6］白黑：借指是非、優劣。

［7］顒於鍾山西立隱舍，休沐則歸之：馬宗霍《南史校證》云："按此即孔德璋《北山移文》所謂鍾山草堂也。《文選·北山移文》李善注引梁簡文帝《草堂傳》曰：'汝南周顒昔經在蜀，以蜀草堂寺林壑可懷，乃於鍾嶺雷次宗學館立寺，因名草堂，亦號山茨。'"（第584頁）

轉太子僕，[1]兼著作，[2]撰起居注。[3]遷中書郎，[4]兼著作。[5]常游侍東宫。少從外氏車騎將軍臧質家得衛恒散隸書法，[6]學之甚工。文惠太子使顒書玄圃茅齋壁。[7]國子祭酒何胤以倒薤書求就顒换之。[8]顒笑答曰："天下有道，丘不與易也。"[9]

［1］太子僕：官名。東宫屬官。掌輿馬。

［2］著作：官名。即著作郎。秘書省屬官，又稱"大著作"。掌國史，集注起居，爲清簡之職。

［3］起居注：皇帝的言行録。兩漢時由宫内修撰，魏晋以後設官專修。

［4］中書郎：官名。南朝時爲中書通事郎或中書侍郎的省稱。隸中書省。

［5］兼著作：《南齊書》卷四一《周顒傳》作"兼著作如故"，底本脱"如故"二字，應據補。

［6］外氏：指外祖父。　臧質：字含文，東莞莒（今山東莒縣）人。初爲中軍行參軍，後以功遷雍州刺史。隨南郡王劉義宣起兵，兵敗被殺。本書卷一八有附傳，《宋書》卷七四有傳。　衛恒：字巨山，河東安邑（今山西夏縣）人。晋書法家，善草、隸，與其

父衛瓘齊名，並稱“二衛”。《晋書》卷三六有附傳。　散隸：以散筆作的隸體字。宋沈括《夢溪筆談·技藝》：“古人以散筆作隸書，謂之散隸。”朱季海《南齊書校議》：“散隸書南齊能者已尠，故彦倫矜秘乃爾。《魏書·崔玄伯傳》：‘尤善草隸行押之書，爲世慕楷。玄伯祖悦，與范陽盧諶，並以博藝著名。諶法鍾繇，悦法衛瓘，而俱習索靖之草，皆盡其妙。諶傳子偃，偃傳子邈。悦傳子潜，潜傳玄伯。世不替業，故魏初重崔盧之書。又玄伯之行押，特盡精巧，而不見遺迹。’恒即瓘子，是衛書江左罕傳，而河北崔氏，獨世傳瓘法，頗工散隸，得巨山一藝耳。”（中華書局 2013 年版，第 143 頁）

[7]玄圃：玄圃園。東宫園林。得名於昆崙山之第二級，取其上接天庭、僅次皇帝之意。南朝玄圃始建不晚於宋文帝元嘉年間，齊文惠太子蕭長懋曾大規模拓建，使其北界潮溝南岸。梁昭明太子蕭統亦曾修築。其内風景優美，有宣猷堂、明月觀等建築，不僅是游宴之處，也是講學之所。約在今江蘇南京市珠江路河道以南桃園新村一帶（參見胡運宏、王浩《南朝玄圃園考》,《中國園林》2016 年第 3 期）。

[8]何胤：字子季，廬江灊（今安徽霍山縣）人。齊時官歷國子祭酒、中書令。入梁隱居不仕，於東山聚徒講學。本書卷三〇有附傳，《南齊書》卷五四、《梁書》卷五一有傳。　倒薤書：一種篆書書體名。宋張表臣《珊瑚鈎詩話》卷一：“有倒薤者，世傳務光辭湯之禪，居清泠之陂，植薤而食，清風時至，見葉交偃，像爲此書，以寫道經。”

[9]天下有道，丘不與易也：語出《論語·微子》。此處借以戲言不願與之交换。

每賓友會同，顒虚席晤語，[1]辭韻如流，聽者忘倦。兼善《老》《易》，[2]與張融相遇，[3]輒以玄言相滯，[4]彌日不解。清貧寡慾，[5]終日長蔬，雖有妻子，獨處山舍。甚機辯，衛將軍王儉謂顒曰：[6]"卿山中何所食？"顒曰："赤米白鹽，緑葵紫蓼。"[7]文惠太子問顒菜食何味最勝，顒曰："初春早韭，[8]秋末晚菘。"[9]何胤亦精言佛法，[10]無妻。太子又問顒："卿精進何如何胤？"顒曰："三塗八難，[11]共所未免，然各有累。"太子曰："累伊何？"對曰："周妻何肉。"其言辭應變如此。

[1]晤語：相見對話。

[2]兼善《老》《易》：按，《隋書·經籍志一》著録《周易論》十卷，齊中書郎周顒撰。梁有三十卷，亡。

[3]張融：字思光，吴郡吴（今江蘇蘇州市）人，張暢子。齊時官至司徒左長史。善爲文，長草書。本書卷三二有附傳，《南齊書》卷四一有傳。

[4]相滯：指互相出難題以圖難倒對方。

[5]慾：大德本、殿本、汲古閣本作"欲"。

[6]衛將軍：官名。重號將軍，位次車騎將軍。多作爲軍府名號以加大臣、重要州郡長官，無具體職掌。　王儉：字仲寶，琅邪臨沂（今山東臨沂市）人。尚宋明帝陽羨公主，入齊封南昌縣公，長於禮學，參與齊初制度、禮儀制定，官至中書監，卒贈太尉。本書卷二二有附傳，《南齊書》卷二三有傳。

[7]緑葵：野菜名。　紫蓼：一年生草本植物。有紅蓼、紫蓼、刺蓼等，味辛，可作調味品，亦可入藥。

[8]初春：大德本、殿本、汲古閣本作"春初"，《南齊書》卷四一《周顒傳》亦作"春初"。

[9]菘（sōng）：即白菜。明李時珍《本草綱目·菜一·菘》："菘，即今人呼爲白菜者。有兩種：一種莖圓厚微青；一種莖扁薄而白。"

[10]言：大德本、汲古閣本、殿本作“信”，《南齊書》卷四一《周顒傳》亦作“信”。

[11]三塗八難：佛教語。指種種劫難。《維摩詰經·方便品》：“菩薩成佛時，國土無有三塗八難。”三塗指地獄中的火途、血途、刀途，八難指難於見佛聞法的八種魔障。

轉國子博士，[1]兼著作。[2]太學諸生慕其風，[3]争事華辯。始著《四聲切韻》行於時。後卒於官。子捨。

[1]國子博士：官名。齊高帝建元四年（482）置國學，設二員，位比中書郎。隸國子祭酒，掌教授生徒。

[2]兼著作：《南齊書》卷四一《周顒傳》作“兼著作如故”，應據補。

[3]太學：古代設於京城以傳授儒家經典的最高學府。

捨字昇逸，幼聰穎，顒異之。臨終謂曰：“汝不患不富貴，但當將之以道德。”及長博學，尤精義理，善誦《詩》《書》，音韻清辯。弱冠舉秀才，[1]除太學博士。[2]從兄綿爲剡縣，贓汙不少，籍没資財，捨乃推宅助焉。[3]

[1]弱冠：指男子二十歲。古時男子於二十歲行冠禮，因未及壯年，故稱“弱冠”。

[2]太學博士：官名。掌經典教授，參議禮制。隸國子祭酒，位次於國子博士、《五經》博士。

[3]推宅：推讓住宅。

建武中，魏人吴苞南歸，[1]有儒學。尚書僕射江祏招苞講，[2]揞造坐折苞，辭理遒逸，[3]由是名爲口辯。王亮爲丹楊尹，[4]聞而悦之，辟爲主簿，政事多委焉。遷太常丞。[5]

[1]吴苞：字天蓋，濮陽鄄城（今山東鄄城縣）人。善《三禮》《老》《莊》，始安王蕭遥光及江祏、徐孝嗣共爲其立館於鍾山下講學。本書卷七六、《南齊書》卷五四有傳。

[2]尚書僕射：官名。尚書省次官。或單置，或並置左右，輔助尚書令執行政務，參議大政，諫諍得失，監察糾彈百官，可封還詔旨，常受命主管官吏選舉。　江祏：字弘業，濟陽考城（今河南民權縣）人。齊外戚，其姑爲明帝生母景皇后，少爲明帝所親。官至中書令，封安陸縣侯。明帝崩，受詔輔政，爲“六貴”之一。後謀廢東昏侯立始安王蕭遥光，事泄被殺。本書卷四七、《南齊書》卷四二有傳。

[3]遒逸：剛健飄逸。

[4]王亮：字奉叔，琅邪臨沂（今山東臨沂市）人。齊時與江祏交好。本書卷二三有附傳，《梁書》卷一六有傳。

[5]太常丞：官名。太常卿屬官。協助太常卿掌禮儀。

梁武帝即位，[1]吏部尚書范雲與顒素善，[2]重揞才器，言之武帝，召拜尚書祠部郎。[3]禮儀損益，多自揞出。先是，帝與諸王及吴平侯書皆云弟，[4]揞立議，引武王、周公故事，[5]皆曰汝，從之。

[1]梁武帝：蕭衍。字叔達，小字練兒。南朝梁開國皇帝。本書卷六、卷七，《梁書》卷一至卷三有紀。

［2］吏部尚書：官名。梁十四班。　范雲：字彦龍，南鄉舞陰（今河南泌陽縣）人。梁時封霄城縣侯，官至尚書右僕射。本書卷五七、《梁書》卷一三有傳。

［3］尚書祠部郎：官名。尚書祠部曹長官，掌祭享禮儀等。南北朝時祠部郎資深勤能者可轉侍郎。梁五班。

［4］吴平侯：蕭昺。本書、《梁書》避唐高祖李淵父李昞諱作“蕭景”。字子昭，梁武帝從弟。本書卷五一、《梁書》卷二四有傳。

［5］武王：周武王姬發。事見《史記》卷四《周本紀》。

累遷鴻臚卿。[1]時王亮得罪歸家，故人莫至，捨獨敦恩舊。及亮卒，身營殯葬，時人稱之。遷尚書吏部郎，[2]太子右衛率，[3]右衛將軍。[4]雖居職屢徙，而當留省内，[5]罕得休下。國史詔誥，儀體法律，軍旅謀謨，皆兼掌之。日夜侍上，豫機密二十餘年，[6]未嘗離左右。帝以爲有公輔器。[7]

［1］鴻臚卿：官名。掌朝會時贊導禮儀。梁九班。

［2］尚書吏部郎：官名。尚書省吏部曹長官。屬吏部尚書，掌官吏銓選、任免事宜。位在諸曹郎之上。梁十一班。

［3］太子右衛率：官名。與太子左衛率各領一軍，掌東宫護衛，地位頗重。梁十一班。

［4］右衛將軍：官名。禁衛軍統帥之一。與左衛將軍合稱二衛將軍，掌宫廷宿衛營兵，多由近臣擔任。梁十二班。

［5］當：大德本、殿本、汲古閣本作“常”，《梁書》卷二五《周捨傳》亦作“常”。

［6］豫：大德本、汲古閣本同，殿本作“預”，《梁書·周捨傳》亦作“預”。

[7]公輔：三公、輔相。

初，范雲卒，僉以沈約允當樞管，[1]帝以約輕易不如徐勉，[2]於是勉、捨同參國政。勉小嫌中廢，捨專掌權轄，雅量不及勉而清簡過之，兩人俱稱賢相。[3]

[1]僉以沈約允當樞管：《資治通鑑》卷一四五《梁紀一》武帝天監二年作"衆謂沈約宜當樞管"。沈約，字休文，吴興武康（今浙江德清縣）人。歷仕宋、齊、梁，官至尚書令，撰有《宋書》。本書卷五七、《梁書》卷一三有傳。樞管，掌管重要政務的官職。《資治通鑑·梁紀一》胡三省注云："樞管，謂管樞機也。今人猶謂樞密院爲樞管。以此觀之，沈約位雖在范雲之右，而親任不及雲遠矣。"

[2]徐勉：字脩仁，東海郯（今山東郯城縣）人。本書卷六〇、《梁書》卷二五有傳。

[3]"於是勉、捨同參國政"至"兩人俱稱賢相"：錢大昕《廿二史考異》卷三六云："徐勉官至尚書僕射、中書令，固可稱宰相。周捨官止太子右衛率、右衛將軍及太子詹事，而亦得賢相之稱，蓋當時宰相無常職，惟預機密者，便得稱之。其真拜三公及儀同三司者，班秩雖高，未必預聞國政也。"中廢，中途被廢黜。

時議國史，疑文帝紀傳之名。捨以爲"帝紀之籠百事，如乾象之包六爻，[1]今若追而爲紀，則事無所包，若直書功德，則傳而非紀。應於上紀之前，略有仰述"。從之。

[1]六爻：《易》卦之畫稱爻，六十四卦中，每卦六畫，故稱

"六爻"。

捨占對辯捷，嘗居直廬，[1]語及嗜好，裴子野言從來不嘗食薑。[2]捨應聲曰："孔稱'不徹'，裴乃不嘗。"一坐皆悦。與人論謔，終日不絶，而竟不言漏泄機事，衆尤服之。性儉素，衣服器用，居處牀席，如布衣之貧者。每入官府，雖廣夏華堂，[3]閨閣重邃，[4]捨居之則塵埃滿積。以荻爲障，[5]壞亦不修。歷侍中、太子詹事。[6]普通五年，南津校尉郭祖深獲始興相白渦書，[7]餉捨衣履及婢，以聞，坐免官。以右驍衛將軍知詹事。[8]卒。[9]上臨哭哀動左右，追贈侍中、護軍將軍，[10]謚曰簡子。

[1]直廬：古代侍臣值宿之處。

[2]裴子野：字幾原，河東聞喜（今山西聞喜縣）人。本書卷三三有附傳，《梁書》卷三〇有傳。

[3]夏：大德本、殿本同，汲古閣本作"厦"。

[4]重邃：幽深。

[5]荻：草本植物，生在水邊，似蘆葦，莖可以編席箔。

[6]太子詹事：官名。東宫屬官，總理東宫官署、庶務，職位顯重。梁十四班。

[7]普通五年，南津校尉郭祖深獲始興相白渦書：中華本校勘記云："《梁書·周捨傳》作'普通五年，南津獲武陵太守白渦書'。《梁書·武帝紀》及本書《郭祖深傳》皆云南津校尉置於普通七年，則普通五年當作普通七年。白渦是始興相抑武陵太守，則無以决。"普通，南朝梁武帝蕭衍年號（520—527）。

[8]右驍衛將軍：《梁書》卷二五《周捨傳》作"右驍騎將軍"。按，《梁書》是。右驍騎將軍，官名。梁武帝天監六年（507）置。

掌宿衛，領朱衣直閣，多由文職清官兼領。梁十一班。　知：官制術語。奉特敕執掌本官職權範圍以外的他項事務。　詹事：官名。即太子詹事。

[9]卒：據《梁書·周捨傳》，時年五十六。

[10]護軍將軍：官名。掌督護京師以外諸軍，權任頗重。梁十五班。

初，帝鋭意中原，[1]群臣咸言不可，唯捨贊成之。大通中，累獻捷，[2]帝思其功，下詔述其德美。以爲"往者南司白渦之劾，[3]恐外議謂朕有私，致此黜免。追愧若人一介之善，外可量加褒異，以旌善人"。捨集二十卷。[4]二子弘義、弘信，弟子弘正。

[1]鋭意：意志堅决。

[2]大通中，累獻捷：中華本校勘記云："按《梁書》本傳，捨卒於普通五年，明年下詔'褒美'；又普通五、六年，北伐屢捷。足證以作'普通'爲是，今改正。"按，所説是，應作"普通中"。

[3]南司：指御史中丞。因御史臺在尚書省之南，故稱南臺，其長官稱南司。另，清人朱銘盤《南朝梁會要·職官·官稱》云："謂南津校尉。"

[4]捨集二十卷：《隋書·經籍志四》《舊唐書·經籍志下》《新唐書·藝文志四》均著録《周捨集》二十卷。

弘正字思行。父寶始，[1]梁司徒祭酒。[2]弘正幼孤，及弟弘讓、弘直俱爲伯父捨所養。[3]年十歲，通《老子》《周易》。捨每與談論，輒異之，曰："觀汝清理警發，[4]後世知名，當出吾右。"河東裴子野深相賞納，[5]請以女妻之。十五，召補國子生，仍於國學講《易》，[6]諸生傳習其義。以季春入學，孟冬應舉，學司以日淺不許。[7]博士到洽曰：[8]“周郎弱冠講經，[9]豈俟策試？”

[1]寶始：《建康實録》卷二〇作“寶”，無“始”字。

[2]司徒祭酒：官名。司徒府屬官，主閣内諸事。梁三班。

[3]俱爲伯父捨所養：《陳書》卷二四《周弘正傳》作“俱爲叔父侍中、護軍捨所養”。林礽乾《陳書異文考證》云：“按《南史》卷三十四《周弘正傳》作‘爲伯父捨所養’。同卷《周捨傳》亦謂‘弘正爲捨弟之子’。是並謂周捨爲弘正之伯父也。唯本書卷八《周文育傳》：‘捨命兄子弘讓教之書計。’‘兄子弘讓’，則周捨非弘讓之伯父，乃弘讓、弘正兄弟之叔父也。二説未審孰是？”（文史哲出版社 1979 年版，第 185 頁）存疑。

[4]清理：明於事理。　警發：機警出衆。

[5]河東：郡名。治安邑縣，在今山西夏縣西北。

[6]國學：學校名。一般意義上的國學，指始設於西周的國學，有大學、小學兩級，與鄉學相對。秦以後成爲京師官學的通稱。此處國學是國子學省稱。國子學始立於晋武帝咸寧二年（276），其設國子祭酒、博士各一人，助教十五人，專收貴族子弟，與太學並立。因國子學專門培養貴族子弟，遂成爲古代教育史上貴族與平民教育雙軌制肇始。南北朝時，或設國子學，或設太學，或兩者同設。楊恩玉認爲，梁代國子學與太學各自獨立，二者均開設於梁武帝天監元年（502），國子學面向貴族與上層士族子弟，太學面向下層士族子弟（《蕭梁政治制度考論稿》，中華書局 2014 年版，第 268—300 頁）。閻步克《南朝“二學”考》則認爲，南朝國子學外無分立之太學（《察舉制度變遷史稿》，遼寧大學出版社 1991 年版，第 220—228 頁）。

[7]孟冬應舉，學司以日淺不許：應舉，申請參加策試。按規

定，入學滿一年方有此資格。周弘正三月入學，到十月尚不滿一年，故“學司以日淺不許”。

[8]博士：據《梁書》卷二七《到洽傳》，到洽此時任國子博士。國子博士，官名。國子學教官。掌教授國子生。梁九班。　到洽：字茂沿，彭城武原（今江蘇邳州市）人。本書卷二五有附傳，《梁書》卷二七有傳。

[9]周郎弱冠講經：《陳書·周弘正傳》作“周郎年未弱冠，便自講一經”。

普通中，初置司文義郎，[1]直壽光省，[2]以弘正爲司義侍郎。弘正醜而不陋，吃而能談，誹諧似優，[3]剛腸似直，善玄理，爲當世所宗。藏法師於開善寺講説，[4]門徒數百，弘正年少，未知名，著紅褌，[5]錦絞髻，踞門而聽，衆人蔑之，弗譴也。既而乘間進難，[6]舉坐盡傾，法師疑非世人，覘知，[7]大相賞狎。[8]劉顯將之尋陽，[9]朝賢畢祖道，顯縣帛十疋，約曰："險衣來者以賞之。"[10]衆人競改常服，不過長短之間。顯曰："將有甚於此矣。"既而弘正緑絲布袴，繡假種，軒昂而至，折標取帛。大通三年，昭明太子薨，[11]其嗣華容公不得立，[12]乃以晋安王綱爲皇太子。[13]弘正奏記，請“抗目夷上仁之義，執子臧之節”。[14]其抗直守正如此。

[1]司文義郎：官名。即司文侍郎和司義侍郎。梁武帝普通年間置，多選任文學之士。

[2]壽光省：即梁建康宫壽光殿。梁武帝曾在此讀書講學、宴會群臣、編纂書籍。

[3]誹諧：詼諧。誹，大德本、汲古閣本同，殿本作“俳”。

［4］開善寺：佛寺名。在今江蘇南京市東紫金山西南。本名道林寺，梁曰開善寺。明因建孝陵乃移於東麓，賜名靈谷寺。

［5］紅禪：大德本、汲古閣本、殿本作“紅禈”。按，底本誤。

［6］進難：提出詰問辯駁。

［7］覘（chān）知：暗中瞭解。

［8］賞狎：賞識親近。

［9］劉顯：字嗣芳，沛國相（今安徽濉溪縣）人。幼而聰敏，當世號曰神童。官至戎昭將軍。本書卷五〇有附傳，《梁書》卷四〇有傳。

［10］險衣：奇服，奇特怪異的衣服。

［11］大通三年，昭明太子薨：按本書卷五三、《梁書》卷八《昭明太子傳》，昭明太子卒於“中大通三年”，故底本此處脱“中”字，應據補。中大通，南朝梁武帝蕭衍年號（529—534）。昭明太子，蕭統。梁武帝長子，簡文帝蕭綱同母兄。梁武帝天監元年（502）十一月立爲太子。昭明爲其謚號。本書卷五三、《梁書》卷八有傳。

［12］華容公：蕭統長子蕭歡。蕭統死後，梁武帝没有立嫡孫蕭歡，而是立蕭綱爲太子，封蕭歡爲豫章王。華容，縣名。治所在今湖北監利市北。

［13］晉安王綱：蕭綱。即梁簡文帝。字世纘，小字六通，梁武帝第三子。武帝天監五年（506）封晉安王。本書卷八、《梁書》卷四有紀。晉安王，封爵名。即晉安郡王。晉安，郡名。治侯官縣，在今福建福州市。

［14］抗目夷上仁之義，執子臧之節：《陳書》卷二四《周弘正傳》作“抗目夷上仁之義，執子臧大賢之節”，底本疑脱“大賢”二字。目夷，姓子，字子魚，春秋時宋桓公庶子。《左傳》僖公八年載，宋桓公病重，太子兹父請求宋桓公立庶兄目夷，目夷力辭而退。子臧，即公子欣時，春秋時曹宣公庶子。《左傳》成公十三年及十五年載，曹宣公死後，負芻殺太子自立，後諸侯討伐負芻，欲

立子臧爲君，子臧辭讓，逃奔宋國。

常自稱有才無相，僕射徐勉掌選，以其陋不堪爲尚書郎，乃獻書於勉，其言甚切。稍遷國子博士。學中有宋元凶講《孝經》碑，歷代不改，弘正始到官，即表刊除。[1]時於城西立士林館，[2]弘正居以講授，聽者傾朝野焉。弘正啓《周易》疑義凡五十條，[3]又請釋《乾》、《巛》、二《繫》，[4]復詔答之。

[1]刊除：削除。

[2]士林館：梁武帝大同七年（541）十二月在建康宫城西立士林館，延集學者在此講學。

[3]弘正啓《周易》疑義凡五十條：《陳書》卷二四《周弘正傳》作"弘正啓梁武帝《周易》疑義五十條"，馬宗霍《南史校證》云："按'周易'上《陳書》本傳有'梁武帝'三字，是也，此不當省。梁武著有《周易講疏》，弘正親承音旨，職司宣授，遇有疑義，故爲啓之。"（第587頁）

[4]《巛》：大德本、汲古閣本同，殿本作"坤"。巛，同"坤"。本卷下同，不再出注。　二《繫》：即《易·繫辭》上、下篇，舊傳是孔子所作。

後爲平西邵陵王府諮議參軍，[1]有罪應流徙，敕以賜干陁利國。[2]未去，寄繫尚方。於獄上武帝《講武詩》，降敕原罪，仍復本位。

[1]平西：官名。即平西將軍。四平將軍之一。多持節都督或監某一地區的軍事，有時亦作爲刺史等地方官員兼理軍務的加官。

梁二十班。　邵陵王：封爵名。蕭綸封爵爲邵陵郡王。蕭綸，字世調，梁武帝第六子。本書卷五三、《梁書》卷二九有傳。邵陵，郡名。治邵陵縣，在今湖南邵陽市。

[2]干（gàn）陁（tuó）利國：古國名。風俗與扶南林邑略同。出斑布、檳榔。梁武帝世，數次遣使奉表通貢。在今印度尼西亞蘇門答臘島或馬來半島。

弘正博物，知玄象，[1]善占候。[2]大同末，[3]嘗謂弟弘讓曰："國家阸在數年，[4]當有兵起，吾與汝不知何所逃之。"及武帝納侯景，[5]弘正謂弘讓曰："亂階此矣。"臺城陷，[6]弘正諂附王偉，[7]又與周石珍合族，[8]避景諱，改姓姬氏，[9]拜太常。景將篡之際，使掌禮儀。

[1]玄象：天象。

[2]占候：根據天象變化附會人事，推測吉凶。亦指根據天象預測自然災異和天氣變化。

[3]大同：南朝梁武帝蕭衍年號（535—546）。

[4]阸（è）：災厄、災難。

[5]侯景：字萬景。原爲東魏大將，後叛至南朝梁，在梁發動叛亂，史稱"侯景之亂"。本書卷八〇、《梁書》卷五六有傳。

[6]臺城：京師建康宮城。因爲臺省所在，故稱。在今江蘇南京市雞籠山南。

[7]王偉：陳留（今河南開封市）人。少有才學，後隨侯景叛亂，爲謀主，侯景文檄皆其所草。及侯景攻陷建康，累遷至尚書左僕射。侯景兵敗，被囚送江陵，烹於市。本書卷八〇、《梁書》卷五六有附傳。

[8]周石珍：建康厮隸，世以販絹爲業。初爲小吏，梁武帝太清年間封南豐縣侯。侯景攻入建康，求媚於侯景，訂立禮儀制度。

侯景平後，爲梁元帝所殺。本書卷七七有傳。

［9］避景諱，改姓姬氏：馬宗霍《南史校證》云："《梁書·侯景傳》：'景曰，前世吾不復憶，惟阿爺名標。衆聞咸竊笑之。景黨有知景祖名周者，於是追尊其祖周爲大丞相，父標爲元皇帝。'據此，則《南史》所云避景諱者，避其祖周之名，故弘正改周姓爲姬氏也。但《陳書》本傳載梁元帝在江陵遺弘正弟弘直書曰：'適有都信，賢兄博士平安。但京師搢紳，無不附逆，唯有周生，確乎不拔。言及西軍，潺湲掩淚，恒思吾至，如望歲焉，松柏後凋，一人而已。'若弘正附逆而又改姓，文人無行，至斯而極，元帝似不得稱之若是，此事殊爲可疑。《通鑑》卷一六四謂：'梁人爲景用者，太常周弘正等，景從人望加以尊位，非心腹之任也。'蓋亦不取《南史》之說。"（第587—588頁）錢大昕《廿二史考異》卷三六云："弘正爲侯景太常，改氏爲姬，固於行檢有玷，然當時受僞命者，豈獨弘正一人？至於謟附王偉，與周石珍合族，則或者傳聞已甚之辭。《南史》所採異聞，如梁臨川王宏與武帝女永興主私通，遂謀弑逆；陳後主通蕭摩訶之妻；蕭韶爲幼童庾信愛之，有斷袖之歡；《北史》辛德源與裴讓之相愛，兼有龍陽之重；祖珽飲酒，藏銅疊二面，皆舊史所無，未可盡信。"

及王僧辯東討，[1]元帝謂僧辯曰：[2]"王師近次，朝士孰當先來？"王僧辯曰："其周弘正乎。弘正智不及機，[3]體能濟勝，無妻子之顧，有獨决之明，其餘碌碌不逮也。"俄而前部傳云弘正至，僧辯飛騎迎之。及見，歡甚，曰："吾固知王僧達非後機者，公可坐吾膝上。"對曰："可謂進而若將加諸膝，老夫何足以當。"僧辯即日啓元帝，手書與弘正，[4]仍遣使迎之，謂朝士曰："晉氏平吴，喜獲二陸，[5]今我討賊，亦得兩周。"及至，禮數甚優，朝臣無比。授黄門侍郎，[6]直侍中省。[7]俄遷左户尚書，[8]加散騎常侍。[9]夏月著犢鼻褌，[10]衣朱衣，爲有司所彈。其作達如此。

[1]王僧辯：字君才，太原祁（今山西祁縣）人。初爲北魏將領，梁初隨父南渡，任湘東王蕭繹府中司馬等職。後與陳霸先收復建業。蕭繹即位後，爲太尉。侯景之亂時，被蕭繹任爲大都督，討破侯景。梁元帝死後，他在北齊壓力下，納貞陽侯蕭淵明爲帝。後爲陳霸先所襲殺。本書卷六三有附傳，《梁書》卷四五有傳。

[2]元帝：南朝梁元帝蕭繹。字世誠，梁武帝第七子。時爲鎮西將軍、荆州刺史。本書卷八、《梁書》卷五有紀。

[3]及：大德本、汲古閣本、殿本作“後”。

[4]手書與弘正：《陳書》卷二四《周弘正傳》作“元帝手書與弘正”，底本脱“元帝”二字。

[5]二陸：陸機、陸雲兄弟。陸機字士衡，陸雲字士龍，吴郡吴（今江蘇蘇州市）人。俱有文才。《晋書》卷五四均有傳。

[6]黄門侍郎：官名。即給事黄門侍郎。門下省次官，與侍中俱掌門下衆事，侍從左右，顧問應對，出入禁中，職任顯要。員四人。梁十班。

[7]侍中省：官署名。即門下省。東晋時侍中省與散騎省、西省合爲門下三省。南朝時散騎省與西省獨立出來，侍中省遂專“門下”之稱。掌侍奉皇帝起居，陪侍出入，顧問應對，兼傳達詔令，收納尚書章奏等。其長官爲侍中。

[8]左户尚書：官名。應爲“左民尚書”，本書避唐太宗李世民諱改。尚書省列曹尚書之一，掌土木工程及户籍等。梁十三班。

[9]散騎常侍：官名。梁十二班。

[10]犢鼻褌：古代一種齊膝短褲。

元帝嘗著《金樓子》，[1]曰："余於諸僧重招提琰法師，[2]隱士重華陽陶貞白，[3]士大夫重汝南周弘正，其於義理情轉無窮，[4]亦一時之名士也。"

[1]《金樓子》：蕭繹撰，《隋書·經籍志三》著録《金樓子》十卷。

[2]招提：佛寺名。在梁京師建康。　琰法師：慧琰法師。南朝僧人。其與蕭統、蕭綱、蕭繹均有往來。

[3]華陽：指句容縣（今江蘇句容市）之句曲山。陶弘景云句容山洞是第八洞天，名曰金壇華陽之天，故隱居此處，自號華陽隱居。　陶貞白：陶弘景。字通明，丹陽秣陵（今江蘇南京市）人。南朝梁隱士，時號"山中宰相"。謚曰"貞白先生"。本書卷七六、《梁書》卷五一有傳。

[4]其於義理情轉無窮：《陳書》卷二四《周弘正傳》作"其於義理，清轉無窮"。

弘正善清談，[1]梁末爲玄宗之冠。及侯景平，僧辯啓送秘府圖籍，敕弘正讎校。

[1]清談：魏晋時期崇尚虚無、空談名理的風氣。始於魏何晏、夏侯玄、王弼等。從品評人物轉向以談玄爲主，以《周易》《老子》《莊子》爲基本内容，用老莊思想解釋儒家經義，摒棄世務，專談本末、體用、有無、性命等抽象玄理。

時朝議遷都，但元帝再臨荆陝，[1]前後二十餘年，情所安戀，不欲歸建業。[2]兼故府臣僚皆楚人，[3]並欲即都江陵，云："建康蓋是舊都，彫荒已極。且王氣已盡，兼與北止隔一江，若有不虞，悔無所及。且臣等又聞荆南有天子氣，今其應矣。”元帝無去意。時尚書左僕射王褒及弘正咸侍，[4]帝顧曰：“卿意何如？”褒等以帝猜忌，弗敢衆中公言，唯唯而已。褒後因清間，密諫還丹楊甚切，帝雖納之，色不悦。及明日，衆中謂褒曰：“卿昨勸還建鄴，不爲無理，吾昨夜思之，猶懷疑惑。”褒知不引納，乃止。他日，弘正乃正色諫，至于再三，曰：“若如士大夫，唯聖王所都，本無定處。至如黔首，[5]未見入建鄴城，便謂未是天子，猶列國諸王。今日赴百姓之心，[6]不可不歸建鄴。”當時頗相酬許。弘正退後，黄羅漢、宗懔乃言“弘正、王褒並東人，仰勸東下，非爲國計”。[7]弘正竊知其言，他日乃復上前面折二人，曰：“若東人勸下東，謂之私計，西人勸住西，亦是私計不？”衆人默然，而人情並勸遷都。上又曾以後堂大集文武，其預會者四五百人，帝欲徧試人情，曰：“勸吾去者左袒。”[8]於是左袒者過半。武昌太守朱買臣，[9]上舊左右，而閹人也，頗有幹用，故上擢之。及是勸上遷，曰：“買臣家在荆州，豈不願官長住，但恐是買臣富貴，非官富貴耶！”[10]上深感其言，卒不能用。

[1]荆陜：指荆州。《南齊書·州郡志下》云：“江左大鎮，莫過荆、揚。弘農郡陜縣，周世二伯總諸侯，周公主陜東，召公主陜西，故稱荆州爲陜西也。”

[2]建業：即建康。東漢獻帝建安十七年（212）孫權以秣陵縣改名建業，西晋武帝太康三年（282）分秦淮水以北爲建業，並改名建鄴。在今江蘇南京市。

［3］楚：此指荆州。

［4］尚書左僕射：官名。梁十五班。　王褒：字子淵，琅邪臨沂（今山東臨沂市）人。襲南昌縣侯，事梁武帝、梁元帝。入周，爲車騎大將軍、儀同三司，封石泉縣子，出爲宜州刺史，卒官。《梁書》卷四一有附傳，《周書》卷四一、《北史》卷八三有傳。

［5］黔首：百姓。

［6］今日赴百姓之心：《陳書》卷二四《周弘正傳》作"今宜赴百姓之心"。

［7］宗懍：字元懍，南陽涅陽（今河南鄧州市）人。梁元帝時，封信安縣侯，勸梁元帝都渚宫，不還建康。江陵陷後，入北周，官至車騎大將軍、儀同三司。《周書》卷四二、《北史》卷七〇有傳。　東人：周弘正、王褒的祖上周顗、王導，自東渡以來世居建康，在荆州以東，故稱周弘正、王褒爲"東人"。　仰勸東下，非爲國計：《陳書·周弘正傳》作"志願東下，恐非良計"。

［8］左袒：脱左袖，露出左臂。漢時周勃誅諸吕，言"爲吕氏右袒，爲劉氏左袒"，後以偏護一方稱"左袒"。

［9］朱買臣：本閹人，受梁元帝賞識，歷仕武昌太守、宣猛將軍，力主遷都建業。

［10］耶：大德本、殿本、汲古閣本作"邪"。

及魏平江陵，弘正遁歸建鄴。太平元年，[1]授侍中，領國子祭酒，遷太常卿、都官尚書。[2]陳武帝授太子詹事。[3]天嘉元年，[4]遷侍中、國子祭酒，[5]往長安迎宣帝。[6]三年，[7]自周還。廢帝嗣位，[8]領都官尚書，總知五禮事。[9]宣帝即位，遷特進，[10]領國子祭酒，加扶。[11]太建二年，[12]授尚書右僕射。尋敕侍東宫講《論語》《孝經》。太子以弘正德望素重，有師資之敬焉。

［1］太平：南朝梁敬帝蕭方智年號（556—557）。

［2］太常卿：官名。梁十二卿之一，掌禮樂、祀祠、文教。梁十四班。　都官尚書：官名。尚書省列曹尚書之一。領都官、水部、庫部、功論四曹。掌刑獄軍事、水利工程及庫藏等。梁十三班。

［3］陳武帝：陳霸先。梁敬帝太平二年（557）十月辛未，梁敬帝禪位於陳霸先。本書卷九，《陳書》卷一、卷二有紀。　太子詹事：官名。陳三品，秩中二千石。

［4］天嘉：南朝陳文帝陳蒨年號（560—566）。

［5］侍中：官名。陳三品，秩中二千石。　國子祭酒：官名。陳三品，秩中二千石。

［6］長安：北周都城，在今陝西西安市北。　宣帝：南朝陳宣帝陳頊。字紹世，小字師利，陳文帝弟。本書卷一〇、《陳書》卷五有紀。按，梁元帝承聖三年（554）十一月，西魏攻陷江陵，身在江陵的陳頊與陳霸先子陳昌一道被虜入關中。陳文帝天嘉元年（560）和三年，北周分别遣送陳昌、陳頊回國。

［7］三年：大德本、殿本同，汲古閣本作“二年”，《陳書》卷二四《周弘正傳》作“三年”，疑底本不誤。

［8］廢帝：南朝陳廢帝陳伯宗。字奉業，陳文帝嫡長子。光大二年（568）被廢爲臨海王。本書卷九、《陳書》卷四有紀。

［9］五禮：三國魏元帝咸熙元年（264）七月，荀凱受司馬昭之命制定新禮，包括嘉禮、賓禮、軍禮、吉禮、凶禮五種。此後，兩晋南北朝皆沿用五禮制度。

［10］特進：官名。加官名號。多用以安置閑退大臣或追贈勳戚。陳二品，秩中二千石。位從三公。據《陳書》卷五《宣帝紀》，周弘正爲特進在陳宣帝太建元年（569）正月。

［11］加扶：給予扶掖的人，是對權臣的一種特殊優待。

［12］太建二年：《陳書·周弘正傳》、《建康實録》卷二〇作“太建五年”，《陳書·宣帝紀》記陳宣帝太建五年冬十月己亥，以

周弘正爲尚書右僕射，故此似應作“太建五年”。

弘正特善玄言，兼明釋典，雖碩德名僧，莫不請質疑滯。[1]六年，卒官，年七十九，贈侍中、中書監，[2]謚曰簡子。所著《周易講疏》十六卷，[3]《論語疏》十一卷，[4]《莊子疏》八卷，[5]《老子疏》五卷，[6]《孝經疏》二卷，[7]集二十卷，[8]行于代。

[1]請質：請求批評指正。　疑滯：不明白。

[2]中書監：官名。中書省長官。南朝中書省掌納奏、擬詔、出令，然權歸中書舍人，監、令多用作重臣加官。中書監位次略高於中書令。陳二品，秩中二千石。

[3]《周易講疏》十六卷：《隋書·經籍志一》著録陳尚書左僕射周弘正撰《周易義疏》十六卷。

[4]《論語疏》十一卷：《建康實録》卷二〇作“《論語疏》十卷”。

[5]《莊子疏》八卷：《隋書·經籍志三》著録周弘正撰《莊子内篇講疏》八卷。

[6]《老子疏》五卷：《隋書·經籍志》及其他目録著作無載。

[7]《孝經疏》二卷：《隋書·經籍志一》著録周弘正撰《孝經私記》二卷。

[8]集二十卷：《隋書·經籍志四》《舊唐書·經籍志下》《新唐書·藝文志四》著録《周弘正集》二十卷。

子豫玄，年十四，與俱載入車，[1]乘小船度岸，見藤花，弘正挽之，船覆俱溺，弘正僅免，豫玄遂得心驚疾。次子墳，尚書吏部郎。[2]

[1]入車：大德本、汲古閣本、殿本作“入東”。按，底本誤。

[2]尚書吏部郎：官名。南朝梁、陳制度，郎中在職勤能滿二歲者，轉侍郎。陳四品，秩六百石。

弘讓性簡素，博學多通。始仕不得志，隱於句容之茅山，[1]頻徵不出。晚仕侯景，爲中書侍郎，[2]人問其故，對曰：“昔王道正直，得以禮進退，今乾巛易位，不至將害於人，吾畏死耳。”始彭城劉孝先亦辭辟命，[3]隨兄孝勝在蜀。[4]武陵建號，[5]仕爲世子府諮議參軍。二隱並獲譏於代。

[1]句容：縣名。治所在今江蘇句容市華陽街道。　茅山：山名。在今江蘇句容市東南。原名句曲山。相傳有漢茅盈與弟衷固采藥修道於此，因改名茅山。

[2]中書侍郎：官名。陳四品，秩千石。

[3]劉孝先：劉孝綽弟。官至侍中，善五言詩。本書卷三九、《梁書》卷四一有附傳。

[4]孝勝：劉孝勝。劉孝先兄。本書卷三九、《梁書》卷四一有附傳。

[5]武陵建號：指武陵王蕭紀於蜀稱帝。按，劉孝先、劉孝勝均仕武陵王蕭紀。武陵，即武陵王蕭紀。字世詢，别字大智。梁武帝第八子。本書卷五三、《梁書》卷五五有傳。建號，自立或受封爲侯王。

弘讓承聖初，[1]爲國子祭酒。二年，爲仁威將軍，[2]城句容以居之，命曰仁威壘。陳天嘉初，以白衣領太常卿、光禄大夫，[3]加金章紫綬。

［1］承聖：南朝梁元帝蕭繹年號（552—555）。

［2］仁威將軍：官名。與智威、嚴威、勇威、信威合稱五威將軍。陳擬四品，比秩中二千石。

［3］太常卿：官名。陳三品，秩中二千石。　光禄大夫：官名。陳三品，秩中二千石。

弘讓弟弘直，字思方，幼而聰敏。仕梁爲西中郎湘東王外兵記室參軍，[1]與東海鮑泉、南陽宗懔、平原劉綬、沛國劉瑴同掌書記。[2]王出鎮江、荆二州，累除諮議參軍。及承制，封湘濱縣侯。[3]累遷昌州刺史。[4]

［1］西中郎：官名。即西中郎將。與東、南、北中郎將合爲四中郎將。梁武帝普通六年（525）增置四中郎將入鎮兵將軍班。爲宗王專用之將軍號。大通三年（529）改爲武職三十四班中的二十七班。　湘東王：蕭繹。即梁元帝。梁武帝天監十三年（514）封爲湘東郡王。湘東，郡名。治臨烝縣，在今湖南衡陽市。　外兵：官名。即外兵參軍。公府、軍府外兵曹長官，掌軍事。梁皇弟皇子府外兵參軍，四班。　記室參軍：官名。梁皇弟皇子府記室參軍。六班。

［2］東海：郡名。治郯縣，在今山東郯城縣。　鮑泉：字潤岳，東海（今山東郯城縣）人。曾爲蕭繹湘東王國常侍。本書卷六二、《梁書》卷三〇有傳。　南陽：郡名。治宛縣，在今河南南陽市。　平原：郡名。治平原縣，在今山東平原縣西南。　劉綬：大德本、殿本同，汲古閣本作“陸綬”，《陳書》卷二四《周弘讓傳》作“劉緩”。按，《陳書》是。劉緩，字含度，平原高唐（今山東禹城市）人。曾爲湘東王中録事。本書卷七二有附傳。　沛國：郡國名。治相縣，在今安徽濉溪縣西北。　劉瑴：字仲寶，沛郡相（今安徽濉溪縣）人。曾爲湘東王記室參軍、中記室。本書卷五〇、《梁書》卷四一有附傳。

[3]湘濱：縣名。治所在今湖南汨羅市南。濱，大德本、殿本同，汲古閣本作“賓”。 縣侯：封爵名。梁爵制，分王、五等爵、列侯三等。縣侯屬五等爵，在公之下、縣伯之上。爲十三級中的第八級。位視卿，班次之。

[4]昌州：州名。《隋書·地理志下》“春陵郡”條下云：“後魏置南荆州，西魏改曰昌州。”《周書》卷二《文帝紀》亦云：西魏廢帝三年（554）正月，改“南荆爲昌州”。然此處云周弘直歷昌州刺史，又《周書》卷一九《楊忠傳》載，楊忠“攻梁齊興郡及昌州，皆克之”，則似乎梁末已有昌州。楊守敬《〈隋書·地理志〉考證》云：“是昌州不始西魏，非以南荆州改，蓋舉魏間南荆州治安昌，昌州治廣昌，二州雙立。”

王琳之舉兵，[1]弘直在湘州，琳敗，乃入陳，位太常卿、光禄大夫，加金章紫綬。

[1]王琳：字子珩，會稽山陰（今浙江紹興市）人。原爲梁元帝大將。江陵陷落後，盤踞湘、郢諸州，奉梁元帝之孫蕭莊爲梁主。公元557年十月王琳軍敗陳軍於沌口，對下游陳政權構成巨大威脅。陳文帝天嘉元年（560）王琳在蕪湖之役中被侯瑱擊敗，逃奔北齊。本書卷六四、《北齊書》卷三二有傳。

弘直方雅敦厚，氣調高於次昆。[1]或問三周孰賢，[2]人曰“若蜂腰矣”。[3]太建七年卒。遺疏：“氣絶之後，便買市中見材小形者。斂以時服，古人通制，但下見先人，必須備禮，可著單衣裙衫故履。既應侍養，宜備紛帨，[4]或逢善友，又須香煙，棺内唯安白布手巾麤香鑪而已，此外無所用。”卒於家，年七十六。有集二十卷。[5]

[1]次昆：此指周弘直的兩個哥哥，弘正、弘讓。昆，哥哥。

[2]三周：此指周弘正、周弘讓、周弘直兄弟三人。

[3]蜂腰：蜂體腰部中間細，以此喻居中者最差。此言周氏兄弟三人，弘讓最差。

[4]紛帨（shuì）：拭物的佩巾。

[5]集：大德本、殿本同，汲古閣本作“文集”。

子確，字士潛，美容儀，寬大有行檢。博涉經史，篤好玄言。位都官尚書，禎明初卒。[1]

[1]禎明初卒：《陳書》卷二四《周弘直傳》言“時年五十九”。禎明，南朝陳後主陳叔寶年號（587—589）。

論曰：文人不護細行，古今之所同焉。由夫聲裁所知，[1]故取忤於人者也。觀夫顏、謝之於宋朝，非不名高一代，靈運既以取斃，延之亦躓當年，[2]向之所謂貴身，翻成害己者矣。士遜援筆數罪，[3]陵犠犯難，餌彼慈親，再之獸吻，[4]以此爲忠，無聞前誥。夫自忍其親，必將忍人之親，士遜自忘其孝，期以申人之孝，自非嚴父之辭允而義愜，則難乎免矣。師伯行己縱欲，好進忘退，既以此始，亦以此終，宜乎。懷文蹈履之地，足以追蹤古烈，孔母致懼中丞，其誡深矣。周朗始終之節，亦倜儻爲尤。顒、捨父子，文雅不墜，弘正兄弟義業，幾乎德門者焉。

[1]聲裁：輿論。

［2］躓（zhì）：受挫。

［3］援筆：執筆。

［4］再：《宋書》卷七三《顔延之傳》作“垂”，馬宗霍《南史校證》言“再”字義不可通，“垂”字是（第 590 頁）。説是，應據《宋書》改。　獸吻：虎口，喻險境。

南史　卷三五

列傳第二十五

劉湛　庾悦 族弟登之 仲文 仲文子弘遠 仲文族孫仲容
顧琛　顧覬之 孫憲之

劉湛字弘仁，南陽涅陽人也。[1]祖躭，[2]父柳，[3]並晋左光禄大夫、開府儀同三司。[4]湛出繼伯父淡，襲封安衆縣五等男。[5]少有局力，[6]不尚浮華，博涉史傳，[7]諳前代舊典。弱年便有宰物情，[8]常自比管、葛。[9]不爲文章，不喜談議。

[1]南陽：郡名。治宛縣，在今河南南陽市。　涅陽：縣名。治所在今河南鄧州市東北。

[2]躭：劉躭。字敬道。《晋書》卷六一有附傳。躭，《晋書》作“耽”。

[3]柳：劉柳。字叔惠。《晋書》卷六一有附傳。

[4]並晋左光禄大夫：據《晋書·劉柳傳》劉柳“卒，贈右光禄大夫”，與本書異，未知孰是。左光禄大夫，官名。光禄勳屬官，多爲在朝顯職的加官，以示優崇。晋二品。　開府儀同三司：官

名。意即與司徒、司空、司馬禮制待遇相同，允許開設府署，自辟僚佐。

[5]安衆：縣名。治所在今河南鎮平縣東南。　五等男：封爵名。男爵等級之一，不食封。

[6]局力：度量和才幹。

[7]史：大德本、汲古閣本同，殿本作“經”，《宋書》卷六九《劉湛傳》作“史”。

[8]弱年：年少，弱冠之年。　宰物情：《宋書·劉湛傳》作“宰世情”，本書避唐太宗李世民諱改。

[9]管、葛：管仲、諸葛亮。管仲，名夷吾，字仲，潁上（今安徽潁上縣）人。春秋時齊國相，在位期間推行改革，助齊桓公成爲春秋第一個霸主。《史記》卷六二有《管晏列傳》。諸葛亮，字孔明，琅邪陽都（今山東沂南縣）人。三國蜀漢丞相。《三國志》卷三五有傳。

除宋武帝太尉行參軍，[1]賞遇甚厚。父柳亡於江州，[2]府州送故甚豐，[3]一無所受，時論稱之。服闕，[4]爲相國參軍。謝晦、王弘並稱其器幹。[5]

[1]宋武帝：劉裕。字德輿，小字寄奴。本書卷一、《宋書》卷一至卷三有紀。　太尉行參軍：官名。太尉府屬官，掌參議軍事。

[2]江州：州名。晋時治所屢變，或治柴桑縣，在今江西九江市；或治南昌縣，在今江西南昌市。

[3]送故：贈送財物助辦喪事。

[4]服闕：大德本、汲古閣本、殿本作“服闋”。按，底本誤。本卷下同，不再出注。服闋，喪服期滿。

[5]謝晦：字宣明，陳郡陽夏（今河南太康縣）人。初爲建威

府中兵參軍。入宋，封武昌縣公。與徐羨之、傅亮廢少帝，迎立文帝。文帝後誅殺徐羨之，謝晦兵敗被殺。本書卷一九、《宋書》卷四四有傳。　王弘：字休元，琅邪臨沂（今山東臨沂市）人，王導曾孫。助劉裕代晋，宋文帝時官至司徒。本書卷二一、《宋書》卷四二有傳。

武帝入受晋命，[1]以第四子義康爲冠軍將軍、豫州刺史，[2]留鎮壽陽。[3]以湛爲長史、梁郡太守。[4]義康弱年未親政，府州事悉委湛。進號右將軍，[5]仍隨府轉。[6]義康以本號徙南豫州，[7]湛改領歷陽太守。[8]爲人剛嚴用法，姦吏犯贓百錢以上皆殺之，自下莫不震肅。

[1]武帝入受晋命：此指宋武帝劉裕接受晋朝傳授的天命。受晋命，即接受禪代。

[2]義康：劉義康。宋武帝四子。官至大將軍、司徒，權傾天下，爲文帝所忌，出爲江州刺史。後以范曄謀反事，被貶爲庶人。本書卷一三、《宋書》卷六八有傳。　冠軍將軍：官名。高級武官之一，位在輔國將軍上。宋三品。　豫州：州名。治壽陽縣，在今安徽壽縣。

[3]壽陽：縣名。治所在今安徽壽縣。

[4]長史：官名。諸公、王府、名號大將軍府皆置，爲僚佐之長，統領府内諸曹，經辦行政事務。　梁郡：郡名。治下邑縣，在今安徽碭山縣。

[5]進號右將軍：《宋書》卷六九《劉湛傳》作“府進號右將軍”，馬宗霍《南史校證》云：“《宋書》本傳有‘府’字，不可省。此府字承上文義康言，謂義康由冠軍將軍進號右將軍也。”（湖南教育出版社2008年版，第591頁）右將軍，官名。軍府名號，地位略高於雜號將軍。不典禁軍，不與朝政，多用作加官。宋三品。

[6]隨府轉：即隨着府主不同時期官職的變化而任不同名義的府長史。此即劉湛隨劉義康轉爲右將軍長史。

[7]南豫州：州名。治歷陽縣，在今安徽和縣。

[8]歷陽：郡名。治歷陽縣，在今安徽和縣。

廬陵王義真出爲車騎將軍、南豫州刺史，[1]湛又爲長史，太守如故。義真時居武帝憂，使帳下備膳，湛禁之，義真乃使左右人買魚肉珍羞，於齋内別立厨帳。會湛入，因命臑酒炙車螯。[2]湛正色曰："公當今不宜有此設。"義真曰："旦甚寒，杯酒亦何傷，長史事同一家，望不爲異。"酒至，湛起曰："既不能以禮自處，又不能以禮處人。"

[1]廬陵王義真：劉義真。宋武帝次子。初封桂陽縣公，武帝永初元年（420）封廬陵王。少帝時廢爲庶人，後被殺。文帝時復舊封。本書卷一三、《宋書》卷六一有傳。廬陵王，封爵名。即廬陵郡王。廬陵，郡名。治石陽縣，在今江西吉水縣東北。　車騎將軍：官名。位次驃騎將軍，在諸名號大將軍上，又作爲軍府名號加授重臣及州郡長官。宋二品。

[2]臑（ér）酒：煮酒。臑，通"胹"。煮熟。　車螯（áo）：一種蛤類，産於海中，爲海味珍品。

後爲廣州刺史，[1]嫡母憂去職。服闋，爲侍中。[2]時王華、王曇首、殷景仁亦爲侍中，[3]文帝於合殿與四人宴飲甚悦。[4]華等出，帝目送良久，歎曰："此四賢一時之秀，同管喉脣，[5]恐後世難繼。"

[1]廣州：州名。治番禺縣，在今廣東廣州市。

[2]侍中：官名。門下省長官，可出入殿省，入宫議政，兼統宫廷内侍諸署。掌侍從皇帝，出納王命，諫諍得失。宋三品。

[3]王華：字子陵，琅邪臨沂（今山東臨沂市）人。宋少帝被害時勸文帝劉義隆入京，文帝即位後，官至侍中。本書卷二三、《宋書》卷六三有傳。　王曇首：琅邪臨沂（今山東臨沂市）人。宋少帝被害時勸宋文帝劉義隆入京，後深受寵信，歷侍中、太子詹事。本書卷二二、《宋書》卷六三有傳。　殷景仁：陳郡長平（今河南西華縣）人。宋少帝時任黄門郎，後深爲文帝所信任，官至揚州刺史。本書卷二七、《宋書》卷六三有傳。

[4]文帝：南朝宋文帝劉義隆。小字車兒，宋武帝第三子。本書卷二、《宋書》卷五有紀。　合殿：齋閣中的内房。《宋書》卷九二《良吏傳》："晋世諸帝，多處内房，朝宴所臨，東西二堂而已。孝武末年，清暑方構，高祖受命，無所改作，所居唯稱西殿，不制嘉名，太祖因之，亦有合殿之稱。"

[5]喉脣：指朝廷中與帝王親近的重要職位。《資治通鑑》卷一二〇《宋紀二》文帝元嘉三年胡三省注："喉脣，言出納王命也。"

及撫軍將軍江夏王義恭鎮江陵，[1]以湛爲使持節、南蠻校尉，[2]領撫軍長史，[3]行府事。[4]王弘輔政，而王華、王曇首任事居中，湛自謂才能不後之，不願外出。是行也，謂爲弘等所斥，意甚不平。常曰："二王若非代邸之舊，[5]無以至此。可謂遭遇風雲。"[6]

[1]撫軍將軍：官名。南朝宋與中軍、鎮軍將軍位比四鎮將軍。宋三品。　江夏王義恭：劉義恭。宋武帝第五子。太子劉劭殺文帝，義恭投武陵王劉駿，擁其即位，進太傅。後與柳元景謀廢前廢

帝，事敗被殺。本書卷一三、《宋書》卷六一有傳。江夏王，封爵名。即江夏郡王。江夏，郡名。治夏口城，在今湖北武漢市武昌區。　江陵：縣名。治所在今湖北荆州市荆州區。

[2]使持節：魏晋以後，凡重要軍事長官出征或出鎮時，加使持節，可誅殺二千石以下官員。皇帝派遣大臣出巡或祭吊等事時，也使持節，以示權力和尊崇。　南蠻校尉：官名。主管荆、江二州少數民族事務，其職多由地位較高的將軍兼領，且多兼任荆州刺史或都督周圍數州諸軍事。宋四品。

[3]撫軍長史：官名。即撫軍將軍府長史。爲僚佐之長。

[4]行府事：《宋書》卷六九《劉湛傳》作“行府州事”。

[5]代邸：漢文帝任代王時的官邸，意指故有幕僚。按，宋文帝初由諸侯王入繼大統，性質與漢文帝當年近似，故劉湛有此比喻。代，郡國名。西漢時治代縣，在今河北蔚縣西南。

[6]遭遇風雲：得到好的機遇。風雲，指人生際遇。典出《易·乾卦》：“雲從龍，風從虎，聖人作而萬物覩。”

湛負其才氣，常慕汲黯、崔琰爲人，[1]故名長子曰黯字長孺，第二子曰琰字季珪。母於江陵病卒，[2]湛求自送喪還都，義恭亦爲之陳請。文帝答義恭曰：“吾亦得湛啓事，爲之酸懷，[3]乃不欲苟違所請；但汝弱年，新涉軍務，八州殷曠，[4]專斷事重，疇諮委杖，不可不得其人。量筭二三，未獲便相順許。今答湛啓，權停彼葬。頃朝臣零落相係，寄懷轉寡，[5]湛實國器，[6]吾乃欲引其令還，直以西夏任重，[7]要且停此事耳。汝慶賞黜罰預得失者，[8]必宜悉相委寄。”

[1]汲黯：字長孺，西漢濮陽（今河南濮陽市）人。爲人耿

直，不畏權貴，好直言切諫。《史記》卷一二〇有《汲鄭列傳》。 崔琰：字季珪，三國魏清河東武城（今河北清河縣）人。爲人剛直不阿，善於鑒識人物。《三國志》卷一二有傳。

[2]母：大德本、汲古閣本同，殿本作“琰”，《宋書》卷六九《劉湛傳》作“琰”。按，作“琰”是，底本誤，應據諸本改。

[3]酸懷：心情悲酸，沉重。懷，胸前。

[4]八州：此指荆、湘、雍、益、梁、寧、南北秦八州，時爲劉義恭都督之地。 殷曠：範圍廣大，曠達。

[5]頃朝臣零落相係，寄懷轉寡：近來朝臣相繼離世，能够推心置腹的人越來越少。

[6]國器：國家的寶器、棟梁。具有治國才能的人。

[7]西夏：地區名。指劉義恭所督長江中游一帶。因江陵在建康西，故稱。《資治通鑑》卷一二四《宋紀六》文帝元嘉二十一年胡三省注：“江左六朝以荆楚爲西夏。”

[8]汝慶賞黜罰預得失者：《宋書·劉湛傳》作“汝慶賞黜罰，豫關失得者”。

義恭性甚狷隘，[1]年又漸大，欲專政事，每爲湛所裁。主佐之間，[2]嫌隙遂構。文帝聞之，密遣詰讓義恭。[3]義恭陳湛無居下之禮，又自以年長，未得行意，雖奉詔旨，每出怨言。上友于素篤，欲加酬順，[4]乃詔之曰：“當今之才，委授已爾，[5]宜盡相彌縫，[6]取其可取，棄其可棄。”

[1]狷隘：性急狹隘。狷，急躁。

[2]佐：殿本作同，大德本、汲古閣本作“佑”，《宋書》卷六九《劉湛傳》作“佐”，按，作“佐”是。

[3]詰讓：詰問斥責。

［4］酬順：應付理順。酬，表面應付。

［5］授：大德本、汲古閣本同，殿本作“受”。　已爾：已經如此。爾，如此。

［6］彌縫：修補縫合。意猶修補。

先是王華既亡，曇首又卒，領軍將軍殷景仁以時賢零落，[1]白文帝徵湛。八年，召爲太子詹事，[2]加給事中，[3]與景仁並被任遇。湛云：“今代宰相何難，此正可當我南陽郡漢代功曹耳。”明年，景仁轉尚書僕射，[4]領選，[5]護軍將軍，[6]湛代爲領軍。十二年，又領詹事。湛與景仁素款，又以其建議徵之，甚相感悦。及俱被時遇，猜隙漸生。以景仁專内任，謂爲間已。[7]時彭城王義康專執朝權，而湛昔爲上佐，[8]遂以舊情委心自結，欲因宰相之力回主心，傾黜景仁，獨當時務。義康屢言之於文帝，其事不行。義康僚屬及湛諸附隸潛相約勒，[9]無敢歷殷氏門者。湛黨劉敬文父成未悟其機，詣景仁求郡，敬文遽謝湛曰：“老父悖耄，遂就殷鐵干禄。[10]由敬文闇淺，[11]上負生成，合門慙懼，無地自處。”敬文之姦諂如此。

［1］領軍將軍：官名。禁軍統帥，掌管禁衛軍和京都諸軍。宋三品。

［2］太子詹事：官名。東宫屬官，總理東宫官署、庶務，職位顯重。宋三品。

［3］給事中：官名。集書省屬官，南朝時地位漸低，侍從皇帝左右，獻納得失。宋五品。

［4］尚書僕射：官名。尚書省次官。或單置，或並置左右，輔

助尚書令執行政務，參議大政，諫諍得失，監察糾彈百官，可封還詔旨，常受命主管官吏選舉。宋三品。

[5]領選：兼管選舉事務。

[6]護軍將軍：官名。掌督護京師以外諸軍，權任頗重。宋三品。

[7]以景仁專内任，謂爲間己：劉湛認爲殷景仁專管内政，阻隔了自己與皇上的關係。

[8]上佐：官制術語。即高級佐吏。此指劉湛曾任劉義康長史事。

[9]約勒：約束。

[10]殷鐵：即殷景仁。鐵爲其小字。　干禄：干求禄位，乞請官職。干，追求。

[11]闇淺：愚昧寡識。

義康擅權專朝，威傾内外，湛愈推崇之，無復人臣之禮，上稍不能平。湛初入朝，委任其事，[1]善論政道，并諸前代故事，[2]聽者忘疲。每入雲龍門，[3]御者便解駕，左右及羽儀隨意分散，[4]不夕不出，以此爲常。及晚節驅煽義康，陵轢朝廷，[5]上意雖内離而接遇不改。[6]上謂所親曰："劉斑初自西還，[7]吾與語常看日早晚，慮其當去；比入亦看日早晚，慮其不去。"湛小字斑獸，[8]故云斑也。遷丹陽尹，[9]詹事如故。

[1]其事：大德本同，汲古閣本、殿本作"甚重"。《宋書》卷六九《劉湛傳》亦作"甚重"。

[2]諸：大德本、汲古閣本、殿本作"諳"，《宋書·劉湛傳》亦作"諳"。按，底本誤。　前代：《宋書·劉湛傳》作"前世"，

本書避唐太宗李世民諱改。　故事：先例，舊日的典章制度。

［3］雲龍門：宮門名。建康宮城内城門。

［4］羽儀：扈從儀仗隊。

［5］陵轢（lì）：凌駕，欺壓。轢，車輪碾軋。

［6］上意雖内離而接遇不改：皇上雖内心已與他不合，但表面上還是如往常一樣禮遇有加。

［7］劉斑：《宋書·劉湛傳》作"劉班"。

［8］斑獸：《宋書·劉湛傳》作"班虎"，本書避唐高祖李淵祖父李虎諱改。

［9］丹陽尹：官名。京師所在丹陽郡長官，掌京城行政諸務並詔獄，地位頗重。宋三品。丹陽，郡名。治建康縣，在今江蘇南京市。陽，汲古閣本、殿本同，大德本作"楊"。本卷下同，不再出注。

十七年，所生母亡。上與義康形迹既乖，[1]釁難將結，[2]湛亦知無復全地。及至丁艱，[3]謂所親曰："今年必敗，常日賴口舌争之，故得推遷耳。[4]今既窮毒，無復此望，禍至其能久矣。"[5]伏甲於室，以待上臨吊。謀又泄，竟弗之幸。[6]十日，[7]詔收付廷尉，[8]於獄伏誅，時年四十九。黯等從誅。[9]弟素，黄門郎，[10]徙廣州。湛初被收，歎曰："便是亂邪。"又曰："不言無戎應亂，[11]殺我日自是亂法耳。"入獄見素，曰："乃復及汝邪？相勸爲惡，惡不可爲，相勸爲善，正見今日，如何！"湛生女輒殺之，爲時流所怪。[12]

［1］乖：不和諧，不順。

［2］釁（xìn）難：仇隙。

[3]丁艱：遭遇父母喪事。丁，遭逢。

[4]推遷：推延、遷延。

[5]矣：大德本、汲古閣本同，殿本作"乎"，《宋書·劉湛傳》亦作"乎"。

[6]"伏甲於室"至"竟弗之幸"：《資治通鑑》卷一二三《宋紀五》文帝元嘉十七年："《考異》曰：'……《宋書》無此事。按湛若謀泄，當即伏誅，豈得尚延半歲！今從《宋書》。'"伏甲，埋伏甲兵、武士。

[7]十日：《宋書·劉湛傳》作"十月"。本書卷二《宋文帝紀》、《宋書》卷五《文帝紀》皆云劉湛文帝元嘉十七年（440）十月伏誅，底本誤，應據《宋書》改。

[8]廷尉：官名。爲中央最高司法審判機構長官，文武大臣有罪，由其直接審理收獄。南朝又置"建康三官"分掌刑獄，廷尉職權較前爲輕。宋三品。

[9]黯：劉黯。劉湛子。疑"黯"前脱"子"字。

[10]黄門郎：官名。黄門侍郎的簡稱。宋時爲門下省次官，與侍中俱掌門下衆事。侍從皇帝，顧問應對，出行陪乘。宋五品。

[11]戎：大德本、汲古閣本同，殿本作"我"。《宋書·劉湛傳》作"我"。按，底本誤，應據《宋書》改。

[12]時流：《宋書·劉湛傳》作"士流"。

庾悦字仲豫，潁川鄢陵人也，[1]晋太尉亮之曾孫也。[2]祖羲，[3]吴國内史。[4]父淮，[5]西中郎將、豫州刺史。[6]

[1]潁川：郡名。治許昌縣，在今河南許昌市東。　鄢陵：縣名。治所在今河南鄢陵縣西北。

[2]太尉：官名。位三公之首，爲名譽宰相，多爲大臣加官，

無實際職掌。晋一品。　亮：庾亮。字元規，晋明帝穆皇后兄。東晋名士，歷中書令、征西將軍等。《晋書》卷七三有傳。

[3]義：中華本據《晋書》卷七三《庾亮傳》改作“羲”。按，底本誤，應據改。庾羲，《晋書》卷七三有附傳。

[4]吴國：東晋王國名。治吴縣，在今江蘇蘇州市。　内史：官名。西晋改諸王國相爲内史，掌民政，如郡太守。晋五品。

[5]淮：《晋書·庾亮傳》作“準”。馬宗霍《南史校證》云：“此當從《晋書》，蓋‘準’俗省作‘准’，轉誤作‘淮’耳。”(第593頁)《宋書》卷五二《庾悦傳》中華本校勘記云：“按《晋書》作‘準’，宋順帝諱準，凡‘準’均改作‘准’。”

[6]西中郎將：官名。與東、南、北中郎將合爲四中郎將。率師征伐，或鎮守某地。晋、宋四品。　豫州：僑州名。治壽陽縣，在今安徽壽縣。

悦仕晋爲司徒右長史。[1]桓玄篡位，[2]爲中書侍郎。[3]宋武平建鄴，[4]累遷建威將軍、江州刺史，加都督。[5]

[1]司徒右長史：官名。司徒府僚屬之長，佐司徒總管府内諸曹，或亦參預政務。三國魏以後分置左、右長史，共爲司徒府僚屬之長，右長史佐司徒總管府内諸曹，位次左長史。晋六品。

[2]桓玄：字敬道，譙國龍亢（今安徽懷遠縣）人，桓温子。晋安帝元興元年（402）以討司馬元顯爲名，攻占建康，次年稱帝，國號楚。三年，爲劉裕等討伐，西逃益州，被殺。《晋書》卷九九有傳。

[3]中書侍郎：官名。中書省次官，自擬詔、出令之權歸中書舍人後，侍郎遂成爲職閑官清之職，爲諸王起家官。如中書監、令缺，可主持中書省工作。晋五品。

［4］宋武：即宋武帝劉裕。　建鄴：即建康。在今江蘇南京市。

［5］累遷建威將軍、江州刺史，加都督：《宋書》卷五二《庾悅傳》作“以爲督江州豫州之西陽新蔡汝南潁川司州之恒農揚州之松滋六郡諸軍事、建威將軍、江州刺史”。王鳴盛《十七史商榷》卷六四《都督刺史》云：“凡各書中都督某某幾州諸軍事、某州刺史，《南史》則但書某州刺史，而於其下添‘加都督’三字，或直書都督某州刺史，就使二者皆是，而二者本是一例，今忽自岐其例，使人疑爲異其詞，則似别有意義者，已非史法，乃予詳考之，則二者皆非也。凡都督或督二三州，或有多至十餘州者，又有於某州不全督，督其數郡者，都有會聚之意。各州郡皆所總統，今如《南史》二種書法皆但書其本治，所總統等州郡之數與名皆不見叙，至下文忽露某州某郡，突如其來，使觀者眩惑，且於叙事中全不得當日勢望權任之所在，只因欲圖簡嚴，自誇裁斷，獨不思諧謔支贅，談神説佛，不以爲煩，何以紀載實事，反矜貴筆墨乃爾。”建威將軍，官名。五威將軍之一。宋四品。

初，劉毅家在京口，[1]酷貧，嘗與鄉曲士大夫往東堂共射，[2]時悦爲司徒右長史，要府州僚佐出東堂，[3]毅已先至，遣與悦相聞曰：“身並貧躓，營一遊甚難。[4]君如意人，無處不可爲適，豈不能以此堂見讓。”悦素豪，徑前，不答毅時，衆人並避，[5]唯毅留射如故。悦厨饌甚盛，不以及毅，毅既不去，悦甚不歡。毅又相聞曰：“身今年未得子鵝，豈能以殘炙見惠。”悦又不答。至是，毅表解悦都督、將軍官，以刺史移鎮豫章。[6]以親將趙恢領千兵守尋陽，[7]建威府文武三千人悉入毅將府，深相挫辱。[8]悦不得志，疽發背，[9]到豫章少日卒。[10]

[1]劉毅：字希樂，彭城沛（今江蘇沛縣）人。桓玄簒權，與劉裕等起兵討伐，後又討伐桓玄餘黨，以功封南平郡開國公。《晉書》卷八五有傳。　京口：城名。在今江蘇鎮江市。

[2]東堂：東廂的堂屋，古時習射的地方。

[3]要：邀。

[4]身並貧躓（zhì），營一遊甚難：《宋書》卷五二《庾悅傳》作“身久躓頓，營一遊集甚難”。貧躓，窮困潦倒。

[5]不答毅時，衆人並避：《宋書·庾悅傳》作“不答毅語，衆人並避之”。

[6]豫章：郡名。治南昌縣，在今江西南昌市。

[7]趙恢：曾任譙國内史、上黨太守。　尋陽：郡名。治柴桑縣，在今江西九江市西南。

[8]挫辱：屈辱，羞辱。

[9]疽（jū）：毒瘡。

[10]到豫章少日卒：《宋書·庾悅傳》云：“時年三十八。追贈征虜將軍。以廣固之功，追封新陽縣五等男。”

登之字元龍，悅族弟也。曾祖冰，[1]晉司空。[2]祖蘊，[3]廣州刺史。父廓，[4]東陽太守。[5]

[1]冰：庾冰。字季堅，庾亮弟。以討華軼功，封都鄉侯。王導死後入朝輔政，時稱賢相。《晉書》卷七三有附傳。

[2]司空：官名。三公之一。名譽宰相，多爲大臣加官，無實際職掌。晋一品。

[3]蘊：庾蘊。庾冰第四子。桓温忌其弟庾倩，陷庾倩及庾柔爲武陵王黨，殺之，庾蘊於廣州飲鴆而死。事見《晉書》卷七三《庾冰傳》。

[4]廓：庾廓。《晉書》卷七三《庾冰傳》作“庾廓之”。中華

本校勘記云："東晋南北朝人名後之'之'字，有時可省去。"

[5]東陽：郡名。治長山縣，在今浙江金華市。

登之少以彊濟自立，[1]初爲宋武帝鎮軍參軍，[2]預討桓玄功，封曲江縣五等男。[3]累遷新安太守。[4]謝晦爲荆州刺史，請爲長史、南郡太守，[5]仍爲衛軍長史。[6]登之與晦俱曹氏壻，名位本同，一旦爲之佐，意甚不愜。到廳牋唯言"即日恭到"，初無感謝之言。每入覲見，備持箱囊几席之屬，[7]一物不具，則不肯坐。嘗於晦坐誦《西征賦》云：[8]"生有脩短之命，位有通塞之遇。"[9]晦雖恨而常優容之。

[1]彊：大德本、殿本同，汲古閣本作"疆"。按，作"彊"是，底本不誤。

[2]鎮軍參軍：官名。即鎮軍將軍府參軍。

[3]曲江：縣名。治所在今廣東韶關市南武水西岸。

[4]新安：郡名。治始新縣，在今浙江淳安縣西北。現已没入千島湖。

[5]請爲長史：丁福林《宋書校議》據《宋書·謝晦傳》、《資治通鑑》卷一二〇考證，"請爲長史"恐是"請爲司馬"之誤（上海古籍出版社 2002 年版，第 219 頁）。　南郡：郡名。治江陵縣，在今湖北荆州市荆州區。

[6]衛軍長史：官名。即衛軍將軍府長史。

[7]几席：古人坐卧憑靠的器具。

[8]《西征賦》：西晋潘岳所作的一篇紀行賦。記述了其從洛陽到西安的旅途見聞，所論古人故事繁多，撫今追昔，語言輕快。

[9]生有脩短之命，位有通塞之遇：人生的命運有長有短，仕

途遭遇有窮有達。脩短，長短。通塞之遇，指人的遭遇有窮達之分，有順利也有失敗。

晦拒王師，[1]欲登之留守，登之不許。晦敗，登之以無任免官禁錮還家。[2]何承天戲之曰：[3]“因禍爲福，未必皆知。”登之曰：“我亦幾與三豎同戮。”[4]承天爲晦作表云：“當舟東下，[5]戮此三豎。”故登之爲嘲。

[1]晦拒王師：此指文帝討伐謝晦。

[2]免官：《宋書》卷五三《庾登之傳》作“免罪”。　禁錮：禁止擔任官職，非有詔令特許不得解除。

[3]何承天：東海郯（今山東郯城縣）人。本書卷三三、《宋書》卷六四有傳。

[4]三豎：三個小人。

[5]當舟東下：大德本同，汲古閣本、殿本作“當浮舟東下”。

後爲司徒長史、南東海太守。[1]府公彭成王義康專覽政事，不欲自下厝意。[2]而登之性剛，每陳己志，義康不悦，出爲吴郡太守，[3]以贓貨免官。[4]後拜豫章太守，徵爲中護軍，[5]未拜卒。[6]

[1]後爲司徒長史：《宋書》卷五三《庾登之傳》言“入爲司徒右長史，尚書吏部郎，司徒左長史”，即庾登之先爲司徒右長史，後爲司徒左長史。　南東海：郡名。治京口城，在今江蘇鎮江市。

[2]厝意：關心、注意。《宋書·庾登之傳》作“厝懷”，兩詞義同，未知孰是。

[3]吴郡：郡名。治吴縣，在今江蘇蘇州市。

［4］贓貨：用不正當的手段獲取的財貨。

［5］中護軍：官名。掌都護京師以外地方諸軍。宋三品。

［6］未拜卒：《宋書·庾登之傳》作“未拜。二十年，卒，時年六十二。即以爲贈”。

子仲遠，［1］初爲宋明帝府佐。［2］廢帝景和中，［3］明帝疑防，賓客故人無到門者，唯仲遠朝謁不替。明帝即位，謂曰：“卿所謂疾風知勁草。”自軍録事參軍擢拜太子中庶子，［4］卒於豫章太守。贈侍中。登之弟仲文。［5］

［1］仲遠：《宋書》卷五三《庾登之傳》作“沖遠”。《世説新語·人名譜》作“仲遠”。

［2］宋明帝：劉彧。字休炳，小字榮期，宋文帝第十一子。初封淮陽王，後改封湘東王。前廢帝死後，自立爲帝。本書卷三、《宋書》卷八有紀。

［3］廢帝：南朝宋前廢帝劉子業。繼宋孝武帝即帝位，性凶殘。本書卷二、《宋書》卷七有紀。　景和：南朝宋前廢帝劉子業年號（465）。

［4］録事參軍：官名。公府、將軍府、刺史開軍府者皆置。録事曹長官，掌總録衆曹文簿，兼舉彈善惡。　擢：提拔。　太子中庶子：官名。東宫屬官。掌東宫奏章，直侍左右。宋五品。

［5］仲文：庾炳之。字仲文，本書避唐高祖李淵父李昞諱，以字行。

仲文位廣平太守，［1］兄登之爲謝晦長史，仲文往省之。時晦權重，朝士並加敬，仲文獨與抗禮。

［1］廣平：僑郡名。治廣平縣，在今河南鄧州市東南。

後爲彭城王義康驃騎主簿，[1]未就，徙爲丹陽丞。[2]既未到府，疑於府公禮敬，下禮官博議。[3]中書侍郎裴松之議曰：[4]"案《春秋》桓公八年，祭公逆王后于紀。[5]《公羊傳》曰：'女在國稱女，此其稱王后何？王者無外，[6]其辭成矣。'推此而言，則仲文爲吏之道，定於受敕之日矣。名器既正，[7]則禮亦從之，安可未到廢其節乎？宜執吏禮。"[8]從之。

［1］驃騎主簿：官名。即驃騎將軍府主簿。

［2］丹陽丞：官名。丹陽尹輔佐，協助治理本郡政事。

［3］禮官：主司禮儀官員之通稱。

［4］裴松之：字世期，河東聞喜（今山西聞喜縣）人。宋文帝時奉詔注《三國志》。本書卷三三、《宋書》卷六四有傳。

［5］祭公逆王后于紀：《左傳》桓公八年杜預注："祭公，諸侯爲天子三公者。王使魯主昏，故祭公來受命而迎也。天子無外，故因稱王后。"祭公，公爵名。周公之子祭伯始封於祭，封國在今河南鄭州市東北。後人遂以國爲氏，此祭公爲周桓王三公之一。逆，迎。紀，西周封國。在今山東壽光市南。

［6］王者無外：《公羊傳》隱公元年："奔則曷爲不言奔？王者無外，言奔則有外之辭也。"

［7］名器：貴族表示等級的稱號和車服儀制。《左傳》成公二年："唯器與名，不可以假人。"

［8］安可未到廢其節乎？宜執吏禮：《宋書》卷五三《庾炳之傳》作"民不以未見闕其被禮，吏安可以未到廢其節乎？愚懷所見，宜執吏禮"，語意更明。可，大德本同，汲古閣本、殿本作

"可以"。

後始興王濬當鎮湘州，以仲文爲司馬。濬不之任，仍除南梁太守，司馬如故。[1]于時領軍劉湛協附大將軍彭城王義康，而與僕射殷景仁隙。凡朝士遊殷氏者，不得入劉氏之門，獨仲文遊二人間，密盡忠於朝廷。景仁稱疾不朝見者歷年，文帝常令仲文銜命去來，湛不疑也。

[1]"後始興王濬當鎮湘州"至"司馬如故"：錢大昕《廿二史考異》卷三六云："仲文爲濬後軍司馬，濬不之湘州，改除南豫州，故仍以司馬領南梁太守。南梁，豫州屬郡也。史但云濬不之任，不云移鎮南豫，則無緣遥帶南梁郡守矣。此亦延壽不諳官制之一證。"後，《宋書》卷五三《庾炳之傳》作"後將軍"。馬宗霍《南史校證》云："延壽刪去'將軍'二字，似以'後'爲先後之義，亦失之。"（第595頁）始興王濬，劉濬。字休明，宋文帝子。本書卷一四、《宋書》卷九九有傳。始興王，王爵名。即始興郡王。始興，郡名。治曲江縣，在今廣東韶關市東南。湘州，州名。治臨湘縣，在今湖南長沙市。南梁，《宋書·庾炳之傳》作"南泰山"。

義康出藩，[1]湛伏誅，以仲文爲尚書吏部郎，[2]與右衛將軍沈演之俱參機密。[3]歷侍中、吏部尚書，[4]領義陽王師。[5]内外歸附，勢傾朝野。仲文爲人彊急不耐煩，賓客訴非理者，忿罵形於辭色。素無術學，不爲衆望所推。性好潔，士大夫造之者，未出户輒令人拭席洗牀。時陳郡殷沖亦好净，[6]小史非净浴新衣，[7]不得近左右，士大夫小不整潔，每容接之。仲文好絜反是，每以此見譏。

［1］藩：汲古閣本同，大德本、殿本作“蕃”。

［2］尚書吏部郎：官名。尚書省吏部曹長官，屬吏部尚書。掌官吏銓選、任免事宜。位在諸曹郎之上。宋六品。

［3］右衛將軍：官名。禁衛軍主要統帥之一。南朝後期，此職亦統兵出征。宋四品。　沈演之：字臺真，吳興武康（今浙江德清縣）人。本書卷三六、《宋書》卷六三有傳。

［4］吏部尚書：官名。尚書省吏部曹長官，位居列曹尚書之上，掌官吏銓選考課，職任隆重。宋三品。

［5］義陽王：劉昶。字休道，宋文帝第九子。初封義陽王。北魏文成帝和平六年（465）因懼禍奔魏，任侍中，封丹陽王。本書卷一四、《宋書》卷七二有傳。義陽，郡名。治平陽縣，在今河南信陽市。

［6］陳郡：郡名。治陳縣，在今河南周口市淮陽區。　殷沖：字希遠，陳郡長平（今河南西華縣）人。其侄女即劉劭王妃，歷任侍中、護軍、司隸校尉等職，後被宋孝武帝賜死。本書卷二七、《宋書》卷五九有附傳。

［7］小史：吏名。地位最低之屬吏。

領選既不緝衆論，[1]又頗通貨賄，用少府卿劉道錫爲廣州刺史，[2]道錫至鎮，餉白檀牽車，[3]常自乘焉。或以白文帝，帝見問曰：“道錫餉卿小車，裝飾甚麗，有之乎？”仲文懼起謝。

［1］緝：同“輯”。收集。

［2］少府卿：官名。爲少府尊稱。南朝梁始定爲官名。掌宫廷手工業及冶鑄、磚木、庫藏等事務。宋三品。　劉道錫：彭城吕

（今江蘇徐州市銅山區）人，劉道產弟。《宋書》卷六五有附傳。

［3］白檀牽車：白檀木做的羊車。牽車，以羊駕馭的車。

又仲文請急還家，吏部令史錢泰、主客令史周伯齊出仲文宅諮事。[1]泰能彈琵琶，伯齊善歌，仲文因留停宿。尚書制，令史諮事不得宿停外，雖八座命亦不許，[2]爲有司所奏。上於仲文素厚，將恕之，召問尚書右僕射何尚之，[3]具陳仲文得失，[4]奏言：

［1］吏部：官署名。居尚書列曹之首，掌官吏任免考選。　令史：官署的一種低級辦事員吏。然尚書諸曹之令史頗有實權。　主客：官署名。即主客曹。掌少數民族蕃國朝聘接待之政令，隸尚書左僕射。

［2］八座：古代中央政府的八個高級官員。南朝時即指尚書令、左右僕射及五曹尚書，共八人，皆沿稱其爲八座。八座權勢很大，凡國家大事，都須經八座會議和皇帝批准纔能施行。

［3］尚書右僕射：官名。尚書省次官，或單置，或並置左、右。南朝尚書令爲宰相之任，位尊權重，不親庶務，尚書省由僕射主持，諸曹奏事由左、右僕射審議聯署。右僕射與祠部尚書通職，位左僕射下。宋三品。　何尚之：字彦德，廬江灊（今安徽霍山縣）人。宋文帝元嘉年間曾任丹陽尹，於城南講學，招聚生徒，時稱“南學”。本書卷三〇、《宋書》卷六六有傳。

［4］具陳仲文得失：《宋書》卷五三《庾炳之傳》作“尚之具陳炳之得失”，馬宗霍《南史校證》云：“似不可省。”（第595頁）

仲文事如丘山，若縱而不糺，復何以爲政。晋武不爲明主，[1]斷鬲令史，[2]遂能奮發，華廙見待不輕，[3]廢錮累年，後起改作城門校尉耳。[4]若言仲文有誠於國，未知的是何事，政當云與殷景仁不失其舊，與劉湛亦復不疏。且景仁當時意事，豈復可蔑，縱有微誠，復何足掩其惡。今賈充勳烈，[5]晉之重臣，雖事業不稱，不聞有大罪，諸臣進說，便即遠出。陛下聖叡，反更遲遲於此。[6]仲文身上之釁，既自過於范曄，所少賊一事耳。[7]伏願深加三思。試以諸聲傳普訪諸可顧問者，群下見陛下顧遇既重，[8]恐不敢苦侵傷，顧問之日，宜布嫌責之旨。若不如此，亦當不辯有所得失。

[1]晉武：晉武帝司馬炎。字安世，河内温（今河南温縣）人。三國魏元帝咸熙二年（265）廢曹奂，自立爲帝，建立西晉。《晉書》卷三有紀。

[2]斷鬲令史：《宋書》卷五三《庾炳之傳》"史"作"事"。按，《宋書》是，應從改。《晉書》卷四四《華廙傳》："表有賜客在鬲，使廙因縣令袁毅録名，三客各代以奴。及毅以貨賕致罪，獄辭迷謬，不復顯以奴代客，直言送三奴與廙。"中書監荀勖挾私恨奏免廙官，削爵土。大鴻臚何遵奏免爲庶人，不聽襲嗣。有司以爲依律應襲封。晉武帝詔曰："應即位而廢之，爵命皆去矣，何爲罪罰再加？且吾之責廙，以肅貪穢，本不論常法也。諸賢不能將明此意，乃更詭易禮律，不顧憲度，君命廢之，而群下復之，此爲上下正相反也。"

[3]華廙：字長駿，平原高唐（今山東禹城市）人，華表之子。《晉書》卷四四有附傳。

[4]改：《宋書·庾炳之傳》作"止"。按，疑"止"是。　城門校尉：官名。掌諸城門警衛。

［5］賈充：字公閭，平陽襄陵（今山西臨汾市）人。爲司馬昭心腹，助司馬氏代魏，官至驃騎大將軍、尚書令。《晋書》卷四〇有傳。

［6］反更：反而。

［7］既自過於范曄，所少賊一事耳：此句意爲仲文身上的事端，衹是比范曄少了反叛之事。范曄，字蔚宗，順陽（今河南淅川縣）人，范泰子。因參與孔熙先謀立劉義康事而被殺。本書卷三三有附傳，《宋書》卷六九有傳。

［8］顧遇：眷顧，知遇。

時仲文自理不諳臺制，[1]令史並言停外非嫌。帝以小事不足傷大臣，尚之又陳：

［1］自理：自己申訴理由。

令史具向仲文説不得停之意，仲文了不聽納，[1]非爲不解，直是苟相留耳。雖是令史出，乃遠虧朝典，[2]又不得謂之小事。謝晦望實非今者之疇，一事錯誤，免侍中官。[3]王珣時賢小失，桓胤春蒐之謬，皆白衣領職，[4]况公犯憲制邪？[5]孔萬祀居左局，[6]言“仲文貴要異他尚書令”。[7]又云“不癡不聾，不成姑公”。敢作此言，亦爲異也。

［1］了不：絶不，全部。

［2］朝典：朝廷制度。

［3］一事錯誤，免侍中官：此指“坐行璽封鎮西司馬、南郡太守王華大封，而誤封北海太守球，版免晦侍中”。事見《宋書》卷

四四《謝晦傳》。

[4]王珣時賢小失，桓胤春蒐之謬，皆白衣領職：王珣，字元琳，琅邪臨沂（今山東臨沂市）人。《晉書》卷六五有附傳。其傳未記白衣領職事。小，大德本、汲古閣本、殿本作“少”。桓胤，字茂遠，譙國龍亢（今安徽懷遠縣）人。《晉書》卷七四有附傳。其傳亦不記白衣領職事。春蒐，春季狩獵。《左傳》隱公五年：“故春蒐、夏苗、秋獮、冬狩，皆於農隙以講事也。”杜預注：“蒐，索，擇取不孕者。”白衣領職，白衣原指無官職的士人。官員因失誤削除官職，或以白衣守、領原職，係對官員的一種處罰方式。

[5]憲制：法制，法律制度。

[6]左局：《宋書》卷五三《庾炳之傳》作“左丞之局”。

[7]仲文貴要異他尚書令：《宋書·庾炳之傳》作“炳之貴要，異他尚書身，政可得無言耳”。

文帝猶優遊，使尚之更陳其意。尚之備言仲文愆曰：[1]

[1]愆：罪過。

臣畏張遼之言，關羽雖兄弟，曹公父子豈得不言。[1]觀今人臣憂國甚寡，臣復結舌，[2]日月之明或有所蔽。然不知臣者豈不謂臣有争競之心，亦追以悵悵。[3]臣與仲文周旋，[4]俱被恩接，不宜復生厚薄。太尉昨與臣言説仲文有諸不可，非唯一條，遠近相崇畏，震動四海。仲文先與劉德願殊惡，[5]德願自持琵琶甚精麗遺之，[6]便復款然。市令盛馥進數百口材助營宅，[7]恐人知，作虚買券。[8]劉道錫驟有所輸，[9]傾南奉之半。[10]劉雍自謂其力助，[11]事之如父，夏中送甘蔗，若新發於州。國吏運載樵蘇，[12]無輟於道。諸見人有物，鮮或不求，聞劉遵考有材便乞材，[13]見好燭槃便復乞之。[14]選用不平，不可一二。太尉又言仲文都無共事之體，凡所選舉悉是其意，政令太尉知耳。論虞秀黄門，[15]太尉不正答和，故得停。太尉近與仲文疏，欲用德願兒作州西曹，[16]仲文乃啓用爲主簿，即語德願以謝太尉。前後漏泄賣恩，亦復何極。縱不罪，故宜出之。自從裴、劉刑罰已來，諸將陳力百倍，今日事實好惡可問，若赫然發憤，顯明法憲，陛下便可閑卧紫闥無復一事也。[17]

［1］“臣畏張遼之言”至“豈得不言”：事見《三國志》卷三六《蜀書·關羽傳》：“曹公壯羽爲人，而察其心神無久留之意，謂張遼曰：‘卿試以情問之。’既而遼以問羽，羽歎曰：‘吾極知曹公待我厚，然吾受劉將軍厚恩，誓以共死，不可背之。吾終不留，吾要當立效以報曹公乃去。’遼以羽言報曹公，曹公義之。”裴松之注引《傅子》曰：“遼欲白太祖，恐太祖殺羽，不白，非事君之道，乃歎曰：‘公，君父耳；羽，兄弟耳。’遂白之。”張遼，字文遠，雁門馬邑（今山西朔州市朔城區）人。《三國志》卷一七有傳。畏，大德本同，汲古閣本、殿本作“思”。關羽，字雲長，河東解（今山西臨猗縣）人。蜀漢大將。曹公，即指曹操。

［2］結舌：因恐懼或理屈智竭而説不出話來。

［3］悵悵：失意的樣子。

［4］周旋：往來、交往。周一良《宋書札記·方圓、落漠、周旋》：“周旋乃親密往來之意。”（《魏晋南北朝史札記》，中華書局

1985年版，第205頁）

［5］劉德願：彭城（今江蘇徐州市）人，劉懷慎子。性粗率，常爲宋孝武帝所狎侮。柳元景謀立劉義恭，受牽連，下獄死。本書卷一七、《宋書》卷四五有附傳。

［6］遺：送。

［7］市令：官名。主管市場交易。

［8］虚買券：假買賣合同。

［9］驟：屢次。

［10］南奉：周一良《宋書札記·南俸》云“當時習語”，“南俸乃任廣州刺史之俸禄及其他在當地剥削榨取之收入”（《魏晋南北朝史札記》，第169頁）。大德本同，汲古閣本、殿本作“南俸”，《宋書》卷五三《庾炳之傳》作“俸”。

［11］劉雍：《宋書》卷六八《南郡王義宣傳》作“劉雍之”，爲兖州刺史、輔國將軍徐遺寶長史。劉義慶反，奉命襲擊彭城，兵敗退還湖陸。　其力助：大德本、汲古閣本同，殿本作“得其力助”，《宋書·庾炳之傳》亦作“得其力助”。

［12］樵蘇：柴草。

［13］劉遵考：宋武帝族弟。曾隨劉裕北伐，劉裕代晋後，封營浦侯，官至右光禄大夫。本書卷一三、《宋書》卷五一有傳。

［14］燭槃：即燭盤。槃，同“盤”。

［15］論虞秀黄門：大德本、汲古閣本同，殿本作“論虞秀之作黄門”，《宋書·庾炳之傳》亦作“論虞秀之作黄門”。

［16］西曹：官名。西曹書佐或西曹掾屬之省稱。西曹掌諸吏及選舉事。

［17］紫闥：指帝王宫廷。闥，宫中小門。

帝欲出仲文爲丹陽，又以問尚之，答言：

仲文蹈罪負恩，陛下遲遲舊恩，未忍窮法，方復有尹京赫赫之授。[1]恐悉心奉國之人於此而息，貪狼恣意，歲月滋甚。如臣所聞天下議論，仲文恒塵累日月，未見一毫增輝，[2]乃更成形勢，是老王雅也。[3]古人言，無賞罰，雖堯、舜不能爲政。[4]陛下豈可坐損皇家之重，迷一凡人。[5]令賈誼、劉向重生，[6]豈不慷慨流涕於聖世邪。臣昔啓范曄，當時亦懼犯觸之尤，[7]苟是愚懷所挹，政自不能不舒達，所謂“雖九死而不悔”也。[8]臣謂仲文且外出，若能悛改，在職著稱，還亦不難，而得少明國典，粗酬四海之誚。[9]今愆釁如山，[10]榮任不損，仲文若復有彰大之罪，誰敢以聞。亦知陛下不能採臣之言，故是臣不能以己之意耳。

[1]尹京：京畿長官。指皇帝欲出仲文爲“丹陽尹”。

[2]仲文恒塵累日月，未見一毫增輝：仲文常如塵掩日月，遮蔽聖上的光芒，未見他增加一毫的光輝。

[3]王雅：字茂達，東海郯（今山東郯城縣）人，王景子。少知名，有才幹。《晉書》卷八三有傳。

[4]堯、舜：即唐堯、虞舜。上古時期的聖君。堯即陶唐氏，名放勛。舜即有虞氏，名重華。事見《史記》卷一《五帝本紀》。

[5]人：大德本、殿本同，汲古閣本作“夫”。

[6]賈誼：洛陽（今河南洛陽市）人。少有才名，因上疏建議改正朔、興禮樂，被貶爲長沙王太傅。後因懷才不遇，憂鬱而終。《史記》卷八四有《屈原賈生列傳》。　劉向：字子政，沛（今江蘇沛縣）人。見外戚王氏擅權，數次上言，慷慨陳辭。《漢書》卷三六有附傳。

[7]犯觸：觸犯。

[8]雖九死而不悔：語出屈原《離騷》“雖九死其猶未悔”。示堅定的決心。

[9]誚：責備。

[10]愆釁：過錯。

又曰：

臣見劉伯龍大慷慨仲文所行,[1]言有人送張幼緒,[2]語人“吾雖得一縣，負錢三十萬。庾仲遠仍嘗送至新林,[3]見縛束猶未得解手”。荀萬秋嘗詣仲文,[4]逢一客姓夏侯，主人問:“有好牛不?”言無。問:“有好馬不?”又言無，政有佳驢耳。仲文便答:“甚是所欲。”客出門。遂相聞索之。劉道錫言仲文所舉,[5]就道錫索嫁女具及祠器,[6]乃當百萬數，猶謂不然。選令史章龍向臣說,[7]亦歎其受納之過。言實得嫁女銅鑪，四人舉乃勝，細葛斗帳等物不可稱數。[8]在尚書中令奴酤鄙酒,[9]利其百十，亦是立臺閣所無,[10]不審少簡聖聽不?

[1]劉伯龍：歷位尚書左丞、少府、武陵太守。本書卷一七有附傳。《宋書》卷五三《庾炳之傳》“龍”作“寵”。馬宗霍《南史校證》云:“殿本《宋書考證》曰:‘寵,《南史》作龍。按劉伯寵見王僧虔帖，劉伯龍嘗有鬼笑營利事，未知此處應是何人，而伯寵、伯龍莫定是一是二也。’余謂二字古通用。《易·師卦·九二象辭》‘承天寵也’,《釋文》引王肅本‘寵’作‘龍’,《詩·商頌·長發篇》‘何天之龍’,《大戴記·衛將軍文子篇》作‘何天之寵’，皆其證。”(第596頁)

[2]張幼緒：任歷陽太守，奉命擊魯爽弟魯瑜軍。魯爽至，膽

怯，引軍退還，後被下獄。

[3]嘗：大德本、汲古閣本同，殿本作“當”。　新林：浦名。又名新林浦、新林港。在今江蘇南京市西南。

[4]荀萬秋：字元寶，潁川潁陰（今河南許昌市）人。宋孝武帝時爲晋陵太守，坐於郡立華林閣，置主書、主衣，下獄免。前廢帝末，爲御史中丞，卒官。本書卷三三、《宋書》卷六〇有附傳。

[5]劉道錫言仲文所舉：《宋書》卷五三《庾炳之傳》作“劉道錫云是炳之所舉”。

[6]祠器：祭祀使用的器具。

[7]選令史：官名。即尚書吏部曹令史。

[8]斗帳：形如斗向下覆蓋的小帳。《釋名·釋床帳》云：“小帳曰斗帳，形如覆斗也。”

[9]酃酒：古代名酒。即用酃湖水釀造的酒。酃湖在今湖南衡陽市東。《資治通鑑》卷一二五《宋紀七》文帝元嘉二十七年云：“魏主得黄甘，即噉之，并大進酃酒。”胡三省注云：“《荆州記》曰：長沙郡酃縣有酃湖，周迴二里；取湖水爲酒，酒極甘美。杜佑曰：衡州衡陽縣，漢酃縣地。”

[10]臺閣：尚書臺（省）的别稱。

帝乃可有司之奏，免仲文官，卒于家。[1]帝録其宿誠，追贈本官。子弘遠。

[1]免仲文官，卒于家：《宋書》卷五三《庾炳之傳》言“是歲，元嘉二十五年也。二十七年，卒於家。時年六十三”。

弘遠字士操，清實有士譽。仕齊爲江州長史。刺史陳顯達舉兵敗，[1]斬於朱雀航。[2]將刑，索帽著之，曰：“子路結纓，[3]吾不可以不冠而死。”謂看者曰：[4]“吾非賊，乃是義兵，爲諸君請命爾。[5]陳公太輕事，若用吾言，天下將免塗炭。”弘遠子子曜年十四，抱持父乞代命，遂併殺之。

[1]陳顯達：南彭城彭城（今江蘇鎮江市）人。仕宋以軍功遷廣州刺史。入齊，以參與廢鬱林王之功，進位司空。明帝時，進太尉，封鄱陽郡公。因懼東昏侯，於尋陽起兵，至新亭兵敗被殺。本書卷四五、《南齊書》卷二六有傳。

[2]朱雀航：古浮橋名。亦作朱雀橋。爲東晋、南朝都城建康淮水浮橋之一，在今江蘇南京市南鎮淮橋附近秦淮河上。

[3]子路結纓：子路曾是衛國大夫孔俚的邑宰。孔俚作亂，趕走衛出公而迎立舊太子蕢爲莊公，子路不從，欲攻殺孔俚，反遭武士攻擊，冠上之纓（帽帶）被斬斷。子路説：“君子死而冠不免。”遂結纓而死。事見《左傳》哀公十五年，《史記》卷三七《衛康叔世家》、卷六七《仲尼弟子列傳》。後世以“結纓而死”喻慷慨赴義。

[4]謂：殿本同，大德本、汲古閣本作“請”。

[5]爾：大德本、汲古閣本、殿本作“耳”。

仲文從弟徽之位御史中丞。[1]徽之子漪，齊邵陵王記室。[2]漪子仲容。

[1]御史中丞：官名。御史臺長官。掌督察百官，糾彈不法。領治書侍御史、侍御史，常受命領兵，出督軍旅。

[2]邵陵：郡名。治邵陵縣，在今湖南邵陽市。　記室：官名。即記室參軍。諸王府、公府、將軍府皆置，爲記室曹長官，掌文疏表奏。

仲容字子仲,[1]幼孤，爲叔父泳所養。及長，杜絶人事，專精篤學，晝夜手不輟卷。

[1]字子仲：《梁書》卷五〇《庾仲容傳》作“字仲容”。

初爲安西法曹行參軍,[1]泳時貴顯，吏部尚書徐勉擬泳子晏嬰爲宫僚。[2]泳泣曰：“兄子幼孤，人才粗可，願以晏嬰所忝回用之。”勉許焉。轉仲容爲太子舍人,[3]遷安成王主簿。[4]時平原劉峻亦爲府佐,[5]並以彊學王所禮接。後爲永康、錢唐、武康令,[6]並無績，多被推劾。久之，除安成王中記室。[7]當出隨府，皇太子以舊恩降餞,[8]賜詩曰：“孫生陟陽道,[9]吴子朝歌縣,[10]未若樊林舉,[11]置酒臨華殿。”[12]時輩榮之。

[1]安西法曹行參軍：官名。即安西將軍府法曹行參軍。法曹行參軍，南朝公府、將軍府皆置。掌郵遞事務。

[2]吏部尚書：官名。梁十四班。　徐勉：字脩仁，東海郯（今山東郯城縣）人。本書卷六〇、《梁書》卷二五有傳。　宫僚：東宫僚屬。

[3]太子舍人：官名。東宫屬官，掌文章書記等事。梁三班。

[4]安成王主簿：官名。即安成王府主簿。掌領府内文書簿籍。其品秩隨府主地位的高低而不同。梁武帝天監元年（502）封第七子蕭秀爲安成郡王。普通元年（520），其子蕭機襲封安成郡王。

[5]平原：郡名。治平原縣，在今山東平原縣西南。　劉峻：字孝標。家貧好學，博覽群書。安成王蕭秀好峻學，引爲户曹參軍。後以病歸東陽講學，注《世説新語》。本書卷四九有附傳，《梁書》卷五〇有傳。

[6]永康：縣名。治所在今浙江永康市。　錢唐：縣名。治所在今浙江杭州市。　武康：縣名。治所在今浙江德清縣西。

[7]安成王中記室：官名。即安成王府中記室參軍。公府僚屬。品秩依府主地位而定。

[8]皇太子：昭明太子蕭統。字德施，梁武帝長子。武帝天監元年立爲皇太子。少習儒、佛經典，善文章詩賦。編有《文選》等。武帝中大通三年（531）病卒，謚昭明。本書卷五三、《梁書》卷二八有傳。

[9]孫生陟陽道：《文選》卷二〇孫子荆《征西官屬送於陟陽候作詩》吕向注："子荆仕晋爲馮太守，時司馬俊爲征西將軍。俊下官屬住者送至陟陽候，故於此作也。陟陽，亭名。候，亭也。"孫生，即孫楚，字子荆。《晋書》卷五六有傳。

[10]吴子朝歌縣：吴子，即吴質。以文才爲魏文帝曹丕所善。質爲朝歌長，大軍西征，曹丕在孟津，與書，表思念之情。詳《三國志》卷二一《魏書·王粲傳》附《吴質傳》及裴松之注引《魏略》。

[11]樊林：藩國之君。樊，通"藩"。《集韻·元韻》："藩，《説文》：'屏也。'亦作'樊'。"林，《爾雅·釋詁》："林，君也。"邢昺疏："皆天子諸侯南面之君異稱也。"

[12]臨華殿：《三輔黄圖》卷二："臨華殿，在長樂宫前殿後，武帝建。"此借指梁京師宫殿。

後爲尚書左丞，[1]坐推糺不直免官。仲容博學，少有盛名，頗任氣使酒，好危言高論，士友以此少之。唯與王籍、謝幾卿情好相得，[2]二人時亦不調，遂相追隨，誕縱酣飲，不持撿操。[3]遇太清亂，[4]遊會稽卒。[5]

[1]尚書左丞：官名。尚書省屬官。與尚書右丞分掌尚書都省

事務，糾駁諸司文案，監察百官，分管禮制、官吏選授等。梁九班。

[2]王籍：字文海，琅邪臨沂（今山東臨沂市）人。本書卷二一有附傳，《梁書》卷五〇有傳。　謝幾卿：陳郡陽夏（今河南太康縣）人，謝靈運曾孫。本書卷一九有附傳，《梁書》卷五〇有傳。

[3]撿：大德本、汲古閣本、殿本作“檢”。

[4]太清亂：指侯景之亂。梁武帝太清二年（548），侯景於壽陽發動叛亂，次年三月攻克建康臺城。他擅行廢立，禍亂蕭梁達四年之久，蕭衍、蕭正德、蕭綱三位皇帝均死於其手。太清，南朝梁武帝蕭衍年號（547—549）。

[5]遊會稽卒：《梁書》卷五〇《庾仲容傳》載“客遊會稽，遇疾卒，時年七十四”。會稽，郡名。治山陰縣，在今浙江紹興市。

仲容抄子書三十卷，[1]諸集三十卷，衆家地理書二十卷，《列女傳》三卷，[2]文集二十卷，並行於代。

[1]抄子書三十卷：《隋書·經籍志三》著録“《子抄》三十卷，梁黟令庾仲容撰”。

[2]《列女傳》三卷：《隋書·經籍志二》著録“《列女傳要録》三卷”，未題撰人，不知是否即庾仲容所抄。

顧琛字弘瑋，吴郡吴人，[1]晋司空和之曾孫也。[2]祖履之，父惔，並爲司徒左西曹掾。[3]

[1]吴：縣名。治所在今江蘇蘇州市。

[2]和：顧和。字君孝。官至尚書令、左光禄大夫，死後追贈侍中、司空。《晋書》卷八三有傳。

[3]司徒左西曹掾：官名。司徒府僚屬，掌左西曹，多以文史

之士充任。

琛謹確不尚浮華，[1]起家州從事、駙馬都尉，[2]累遷尚書庫部郎。[3]元嘉七年，[4]文帝遣到彦之經略河南，[5]大敗，悉委棄兵甲，武庫爲之空虚。文帝宴會，有歸化人在座，[6]上問琛庫中仗猶有幾許？琛詭辭答有十萬人仗。舊庫仗秘不言多少，上既發問，追悔失言。及琛詭對，上甚善之。尚書等門有制，[7]八坐以下門生隨入者各有差，[8]不得雜以人士。[9]琛以宗人顧碩寄尚書張茂度門名，[10]而與顧碩同席坐。明年，坐譴出，[11]免中正。[12]凡尚書官大罪則免，小罪譴出，譴出者百日無代人，聽還本職。琛仍爲彭城王義康所請，再補司徒録事參軍。[13]

[1]謹確：嚴謹實在。確，固實。

[2]從事：官名。亦稱從事史。州部屬吏，爲州部長官自辟。　駙馬都尉：官名。集書省屬官，尚公主者多加此號。宋六品。

[3]尚書庫部郎：官名。尚書省庫部曹長官，掌兵仗器用事務。宋六品。

[4]元嘉：南朝宋文帝劉義隆年號（424—453）。

[5]到彦之：字道豫，彭城武原（今江蘇邳州市）人。宋文帝時封建昌縣公，元嘉七年（430）率軍北進至滑臺、虎牢、洛陽，後被北魏擊潰。本書卷二五有傳。　河南：泛指黄河、洛陽以南的地區。

[6]歸化人：歸附中原王朝的少數民族。

[7]尚書等門有制：《宋書》卷八一《顧琛傳》作“尚書寺門有制”。按，疑“寺”字是。寺門有制，官府的門禁准入有制度規

定。寺，官府。

[8]門生：門客，幕僚。

[9]人士：泛指有一定社會地位的世族人物。

[10]顧碩：《宋書·顧琛傳》作"顧碩頭"。　尚書：官名。東漢以後，尚書臺（省）分曹理事，各置尚書爲長官，領諸尚書郎，職權頗重。宋三品。　張茂度：張裕。字茂度，吴郡吴（江蘇蘇州市）人。避宋武帝諱，以字行。曾任都官尚書。本書卷三一、《宋書》卷五三有傳。

[11]明年，坐譴出：《宋書·顧琛傳》作"明年，坐遣出"。

[12]中正：官名。評定士族内部品第的官員，由各郡長官推選籍貫本郡、任職於中央的有聲望士人兼任，根據本郡士族的家世與才德寫出"品""狀"，劃分九個等級，呈送吏部，作爲委任官職的依憑。

[13]司徒録事參軍：官名。即司徒府録事參軍。爲録事曹長官，掌總録衆曹文簿，舉彈善惡，位在列曹參軍上。

十五年，出爲義興太守。[1]初，義康請琛入府，欲委以腹心，琛不能承事劉湛，故尋見斥外。十九年，徙東陽太守，欲使琛防守彭城王義康，固辭忤旨，廢黜還家積年。

[1]義興：郡名。治陽羡縣，在今江蘇宜興市。

及元凶弑立，[1]分會稽五郡置州，[2]以隨王誕爲刺史，[3]即以琛爲會稽太守。誕起義，[4]加冠軍將軍。[5]事平，遷吴興太守。[6]

[1]元凶：劉劭。宋文帝長子。弒文帝自立，兵敗被殺。本書卷一四、《宋書》卷九九有傳。　殺：大德本同，汲古閣本、殿本作“弒”。

[2]分會稽五郡置州：《宋書》卷八一《顧琛傳》作“分會稽五郡置會州”。會州，即東揚州。包括原屬揚州的會稽、東陽、新安、永嘉、臨海五郡。治所在今浙江紹興市。

[3]隨王誕：劉誕。字休文，宋文帝第六子。初封廣陵王，改封隨郡王，復改封竟陵王。本書卷一四、《宋書》卷七九有傳。

[4]起義：指參與宋孝武帝劉駿等討伐元凶劉劭的軍事行動。

[5]冠軍將軍：官名。將軍名號。宋三品。

[6]吴興：郡名。治烏程縣，在今浙江湖州市。

孝建元年，[1]爲吴郡太守，以起義功，封永新縣五等侯。[2]大明元年，[3]吴縣令張闓坐居母喪無禮，下廷尉，錢唐令沈文秀判劾違謬，[4]應坐被彈。琛宣言於衆，“闓被劾之始，屢相申明”。又云“當啓文秀留縣”。孝武聞之大怒，[5]謂琛賣惡歸上，免官。琛母老仍停家。

[1]孝建：南朝宋孝武帝劉駿年號（454—456）。

[2]永新：縣名。治所在今江西永新縣。

[3]大明：南朝宋孝武帝劉駿年號（457—464）。

[4]沈文秀：字仲遠，吴興武康（今浙江德清縣）人。曾任東遷、錢唐令，坐爲尋陽王鞭殺私奴，免官。本書卷三七有附傳，《宋書》卷八八有傳。

[5]孝武：宋孝武帝劉駿。字休龍，小字道民，宋文帝第三子。本書卷二、《宋書》卷六有紀。

琛及前西陽太守張牧並事司空竟陵王誕，[1]誕反，遣客陸延稔齎書板琛及子弟官。[2]時孝武以琛素結事誕，或有異志，遣信就吴郡太守王曇生誅琛父子。[3]會延稔先至，琛等即執斬之，遣二子送延稔首啓聞。孝武所遣誅琛使其日亦至而獲免。

[1]西陽：郡名。治西陽縣，在今湖北黄岡市黄州區東。　張牧：曾任西陽太守、後軍司馬、交州刺史，宋明帝泰始初卒於交州。餘不詳。

[2]客：私人賓客。　板：官制術語。指不由吏部正式任命，而由地方軍政長官自行選用官員。板官不給印綬，但可食禄。

[3]王曇生：琅邪臨沂（今山東臨沂市）人，王弘之之子。宋明帝時與四方藩鎮謀反，兵敗歸降被赦。本書卷二四、《宋書》卷九三有附傳。

琛母孔氏時年百歲餘，[1]晋安帝隆安初，[2]琅邪王廞於吴中作亂，[3]以爲貞烈將軍，[4]悉以女人爲官屬，以孔氏爲司馬。及孫恩亂後，[5]東土飢荒，人相食，孔氏散家糧以振邑里，[6]得活者甚衆，生子皆以孔爲名焉。

[1]百歲餘：大德本、汲古閣本、殿本作“百餘歲”。《宋書》卷八一《顧琛傳》亦作“百餘歲”。

[2]晋安帝：司馬德宗。晋孝武帝長子。後被權臣劉裕派人縊死。《晋書》卷一〇有紀。　隆安：東晋安帝司馬德宗年號（397—401）。

[3]琅邪：郡名。治開陽縣，在今山東臨沂市北。　王廞：王導孫，王薈子。於吴居母喪，舉兵響應兖州刺史王恭，反對朝廷掌

權的司馬道子父子。後兵敗不知去向。事見《晋書》卷六五《王薈傳》。

[4]以爲貞烈將軍：《宋書·顧琛傳》作“以女爲貞烈將軍”。

[5]孫恩：字靈秀，琅邪（今山東臨沂市）人。世奉五斗米道，於東晋末年發動民衆起兵反晋，擁衆數十萬。遭東晋政府鎮壓，戰敗投水自殺。《晋書》卷一〇〇有傳。

[6]振：大德本同，汲古閣本、殿本作“賑”。

琛仍爲吴興太守，明年坐郡人多翦錢及盗鑄免官。[1]歷位都官尚書。[2]

[1]翦錢：時政府鑄造新錢，錢形薄小，輪廓不成。民間盗鑄者多剪鑿古錢，以取其銅，稱爲翦錢，亦稱“翦鑿”。　盗鑄：私自鑄造錢幣以牟利。

[2]都官尚書：官名。尚書省都官曹長官，掌管都官、水部、庫部、功論四曹。職掌刑獄徒隸、水利庫藏等。宋三品。

廢帝即位，爲吴郡太守。初，琛景平中爲朝請，[1]假還東，日晚至方山。[2]于時商旅數十船，悉泊岸側，有一人玄衣介幘，[3]執鞭屏諸船云：“顧吴郡部伍尋至，應泊此岸。”於是諸船各東西。俄有一假裝至，事力甚寡，仍泊向處，人問：“顧吴郡早晚至？”船人答：“無顧吴郡。”又問：“何船？”曰：“顧朝請耳。”莫不驚怪。琛意竊知爲善徵，因誓之曰：“若得郡，當於此立廟。”至是果爲吴郡，乃立廟方山，號白馬廟云。[4]

[1]景平：南朝宋少帝劉義符年號（423—424）。　朝請：官

名。即奉朝請。原爲兩漢時達官顯貴定期朝見皇帝的一種政治優待。東晋獨立爲官，亦作加官。南朝列爲集書省屬官，掌侍從諫諍。

[2]方山：山名。即今江蘇南京市江寧區東南方山。《太平寰宇記》卷九〇《江南道二・上元縣》云："方山，在縣東南五十里。周迴二十里，高一百一十六丈。其山四面等方孤絶。《輿地志》云：'湖熟西北有方山，頂方正，上有池水。齊武帝於此築苑。吴大帝爲仙者葛玄立觀焉。'山謙之《丹陽記》：'秦始皇鑿金陵，此山是其斷者。山形整聳，故名方山。'"

[3]玄衣：卿大夫的命服。　介幘：一種長耳頭巾，始行於漢魏。《隋書・禮儀志六》云："幘，尊卑貴賤皆服之。文者長耳，謂之介幘；武者短耳，謂之平上幘。各稱其冠而制之。"

[4]白：大德本、汲古閣本同，殿本作"曰"。

明帝泰始初，[1]與四方同反。兵敗，奉母奔會稽，臺軍既至，[2]歸降，後爲員外常侍、中散大夫。[3]卒。[4]

[1]泰始：南朝宋明帝劉彧年號（465—471）。

[2]臺軍：中央禁衛軍。兩晋、南朝以"臺"作爲朝廷禁省及中樞政權機構的代稱。

[3]員外常侍：官名。即員外散騎常侍。正員之外添差之散騎常侍。多以公族、功臣子充任，爲閑散之職。　中散大夫：官名。掌顧問應對，多養老疾，無職事。

[4]卒：《宋書》卷八一《顧琛傳》載"後廢帝元徽三年，卒，時年八十六"。

次子寶先，大明中，爲尚書水部郎。[1]先是，琛爲左丞荀萬秋所劾，及寶先爲郎，萬秋猶在職，自陳不拜。孝武詔曰："敕違糾慢，[2]憲司之職，[3]若有不公，自當更有釐改。[4]而自頃劾無輕重，輒致私絶，[5]此風難長，主者嚴爲其科。"先是宋世江東貴達者，會稽孔季恭子靈符、吴興丘深之及琛，[6]吴音不變。[7]深之字思玄，吴興烏程人，[8]位侍中、都官尚書，卒於太常。[9]

[1]尚書水部郎：官名。尚書省水部曹長官，亦稱水部郎中。職掌水道工程舟船橋梁漕運等事務。宋六品。

[2]敕違糾慢：整治違法，檢舉傲慢不敬。

[3]憲司：監察機構的别稱。

[4]釐改：釐訂改革。

[5]私絶：謂私絶仕路。

[6]孔季恭：孔靖。字季恭，避宋武帝祖劉靖諱，以字行，會稽山陰（今浙江紹興市）人。本書卷二七、《宋書》卷五四有傳。　靈符：孔靈符。本書卷二七、《宋書》卷五四有附傳。　丘深之：《宋書》卷八一《顧琛傳》作"丘淵之"，本書避唐高祖李淵諱改。

[7]吴音：吴地的語音，吴語。

[8]烏程：縣名。治所在今浙江湖州市。

[9]太常：官名。南朝時掌宗廟禮儀，位尊職閑。宋三品。《宋書·顧琛傳》作"卒於太常，追贈光禄大夫"。

顧覬之字偉仁，吴郡吴人也。高祖謙字公讓，[1]晋平原内史陸機姊夫。[2]祖崇，大司農。[3]父黄老，司徒左西曹掾。[4]

[1]謙：顧謙。爲顧榮族兄。《晋書》卷六八《顧榮傳》稱其"明亮守節，困不易操"，餘不詳。

[2]平原：晋王國名。治平原縣，在今山東平原縣。宋改爲郡。陸機：字士衡，吴郡（今江蘇蘇州市）人，陸遜孫，以文章冠世。《晋書》卷五四有傳。

[3]大司農：官名。九卿之一。掌倉儲園苑及供膳之庶務。晋、宋三品。

[4]司徒左西曹掾：官名。即司徒府左西曹掾。主司徒府吏署用之事。

覬之爲謝晦衛軍參軍，[1]晦愛其雅素，深相知待。歷位尚書都官郎。殷、劉隙著，[2]覬之不欲與殷景仁久接，乃辭脚疾免歸。每夜常於床上行脚，家人竊異之而莫曉其意。及義康徙廢，朝廷多受禍。[3]覬之竟免。

[1]衛軍參軍：官名。即衛軍將軍府參軍。

[2]殷、劉隙著：指宋文帝時殷景仁、劉湛二人共參朝政，關係不協，劉湛交結劉義康欲傾之。事見本書卷二七、《宋書》卷六三《殷景仁傳》，本書卷一三、《宋書》卷六八《彭城王義康傳》等。

[3]朝廷多受禍：《宋書》卷八一《顧覬之傳》作“朝廷多以異同受禍”。《通志》卷一三五作“朝士多受禍”，丁福林《宋書校議》疑“朝廷”乃“朝士”之誤（第335頁）。

後爲山陰令。[1]山陰劇邑三萬户，[2]前後官長晝夜不得休，事猶不舉。覬之御繁以約，縣用無事。晝日垂簾，[3]門階閑寂，自宋世爲山陰，務簡而事理，莫能尚也。

[1]山陰：縣名。治所在今浙江紹興市。

[2]劇邑：古代指政務繁劇、難於治理的地方。

[3]垂簾：放下簾子，此指閑居無事。

後爲尚書吏部郎。嘗於文帝坐論江東人物，[1]言及顧榮，[2]袁淑謂覬之曰：[3]"卿南人怯懦，豈辦作賊。"覬之正色曰："卿乃復以忠義笑人。"淑有愧色。[4]孝建中，爲湘州刺史，以政績稱。

[1]江東：江左。指長江下游以東地區。

[2]顧榮：字彦先，吴國吴（今江蘇蘇州市）人。世爲南土顯族。司馬睿南渡，在王導引薦下出任散騎常侍，聯絡南方士人，協助創建東晋政權。《晋書》卷六八有傳。

[3]袁淑：字陽源，陳郡陽夏（今河南太康縣）人。本書卷二六有附傳，《宋書》卷七〇有傳。

[4]淑有愧色：錢大昕《廿二史考異》卷三六云："袁氏世無失德，淑後來又以忠義箸，何愧之有。此事出《宋書》本傳，休文南人，左袒鄉先達，故載斯語，然史家不分皂白，大率如此。"

大明元年，徵守度支尚書，[1]轉吏部尚書。時沛郡相縣唐賜往北村彭家飲酒還，[2]因得病，吐蠱二十餘物。[3]賜妻張從賜臨終言，死後親刳腹，[4]五藏悉糜碎。[5]郡縣以張忍行刳剖，賜子副又不禁止。論妻傷夫，五歲刑，子不孝父母，棄市。並非科例。[6]三公郎劉勰議：[7]"賜妻痛往遵言，[8]兒識謝及理，[9]考事原心，[10]非在忍害，謂宜哀矜。"覬之議："以妻子而行忍酷，不宜曲通小情，謂副爲不孝，張同不道。"詔如覬之議。

[1]度支尚書：官名。尚書省度支曹長官，掌管全國貢稅租賦的統計、調撥等事務。宋三品。

[2]沛郡：郡名。治蕭縣，在今安徽蕭縣西北。　相縣：縣名。治所在今安徽濉溪縣西北。　北村：大德本、汲古閣本、殿本作"比村"。

[3]吐蠱二十餘物：《宋書》卷八一《顧覬之傳》作"吐蠱蟲十餘枚"。

[4]刳腹：剖腹。《史記》卷七八《春申君列傳》："本國殘，社稷壞，宗廟毀。刳腹絶腸，折頸摺頤。"

[5]五藏：即五臟。心肝脾肺腎的合稱。《史記》卷一〇五《扁鵲倉公列傳》："以此視病，盡見五藏癥結。"張守節正義云："五藏謂心、肺、脾、肝、腎也。"

[6]"論妻傷夫"至"並非科例"：歲，大德本、汲古閣本同，殿本作"藏"。按，底本不誤。父母，大德本、汲古閣本、殿本作"母"。棄市，大德本、汲古閣本、殿本作"子棄市"。《宋書·顧覬之傳》作"律傷死人，四歲刑，妻傷夫，五歲刑，子不孝父母，棄市，並非科例"。科例，條例。

[7]三公郎：官名。尚書省三公曹長官，隸吏部尚書。與比部曹同掌擬定、解釋法制律令。宋六品。　劉勰：字彦龢，長沙王劉道憐孫。官至侍中、吴興太守。事見《宋書》卷五一《長沙景王道憐傳》。

[8]賜妻痛往遵言：《通典·刑法典五》作"妻痛遵往言"。

[9]謝：缺乏，少。《通典·刑法典五》作"不"，俱通。

[10]考事原心：考察事情要推究本心原意。

後爲吴郡太守，幸臣戴法興權傾人主，[1]而覬之未嘗低意。[2]左光禄大夫蔡興宗與覬之善，[3]嫌其風節過峻。覬之曰："辛毗有云，孫、劉不過使吾不爲三公耳。”[4]後卒於湘州刺史，[5]謚曰簡子。

[1]戴法興：會稽山陰（今浙江紹興市）人。寒門出身。初爲宋孝武帝所重，後前廢帝即位，民間有稱其爲“真天子”，爲前廢帝所忌，免官賜死。本書卷七七、《宋書》卷九四有傳。

[2]低意：《宋書》卷八一《顧覬之傳》作“降意”。降意，降心相從，曲意逢迎。

[3]左光禄大夫：官名。宋二品。　蔡興宗：濟陽考城（今河南民權縣）人，蔡廓子。本書卷二九、《宋書》卷五七有附傳。

[4]辛毗有云，孫、劉不過使吾不爲三公耳：魏明帝時，中書監劉放、中書令孫資專斷朝政。大臣莫不降意與之交好，辛毗獨不與之往來。其子辛敞勸諫云：“今劉、孫用事，衆皆影附，大人宜小降意，和光同塵；不然必有謗言。”辛毗正色曰：“主上雖未稱聰明，不爲闇劣。吾之立身，自有本末。就與劉、孫不平，不過令吾不作三公而已，何危害之有？”事見《三國志》卷二五《魏書·辛毗傳》。辛毗，潁川陽翟（今河南禹州市）人。《三國志》卷二五有傳。孫，孫資，字彦龍，太原（今山西太原市）人。《三國志》卷一四有附傳。劉，劉放。字子棄，涿郡（今河北涿州市）人。《三國志》卷一四有傳。劉放、孫資二人長期典掌機密，參議軍國大事。

[5]後卒於湘州刺史：《宋書·顧覬之傳》載，宋明帝泰始“三年卒，時年七十六”。

覬之家門雍穆，[1]爲州郡所重。子綽私財甚豐，鄉里士庶多負責，[2]覬之禁不能止。及後爲吴郡，誘出文券一大厨，[3]悉令焚之。宣語遠近，皆不須還。綽懊歎彌日。[4]

[1]雍穆：和睦。《三國志》卷二二《魏書·陳矯傳》："夫閨門雍穆，有德有行。"

[2]負責（zhài）：《宋書》卷八一《顧覬之傳》作"負其責"，意爲多負其子綽責，"其"字不可省。責，同"債"。債款。

[3]文券：文契、契約。《隋書·食貨志》："晋自過江，凡貨賣奴婢馬牛田宅，有文券，率錢一萬，輸估四百入官，賣者三百，買者一百。無文券者，隨物所堪，亦百分收四，名爲散估。" 厨：同"櫥"。櫃子。

[4]彌日：終日，連日。《後漢書》卷八〇下《邊讓傳》："登瑶臺以回望兮，冀彌日而消憂。"李賢注："彌，終也。"

覬之常執命有定分，[1]非智力所移，唯應恭己守道，[2]信天任運。而闇者不達，[3]妄意徼倖，徒虧雅道，[4]無關得喪。[5]乃以其意，命弟子愿作《定命論》。[6]

[1]執命：《宋書》卷八一《顧覬之傳》作"秉命"。 定分：宿命論謂人事均由命運前定，人力難以改變。

[2]恭己：恭敬謹慎以律己。

[3]不達：不通曉。

[4]雅道：正道，忠厚之道。

[5]得喪：得失。

[6]弟子：侄子。 愿：即顧愿。

愿字子恭，父深之，散騎侍郎。[1]愿好學，有才辭，卒於太子舍人。覬之孫憲之。

[1]散騎侍郎：官名。侍從皇帝左右，顧問諫諍，平尚書奏事。宋隸集書省，掌收納章奏。宋五品。

憲之字士思，性尤清直。宋元徽中，[1]爲建康令。[2]時有盜牛者，與本主爭牛，各稱己物，二家辭證等，前後令莫能決。憲之至，覆其狀，乃令解牛任其所去，牛徑還本宅，盜者始伏其罪，時人號曰神明。至於權要請托，長吏貪殘，據法直繩，無所阿縱。[3]性又清儉，强力爲政，甚得人和，故都下飲酒者醇旨輒號爲“顧建康”，謂其清且美焉。[4]

[1]元徽：南朝宋後廢帝劉昱年號（473—477）。

[2]建康令：官名。京師所在的建康縣縣令。建康，縣名。治所在今江蘇南京市。

[3]阿縱：放縱。

[4]“故都下飲酒者”至“謂其清且美焉”：《梁書》卷五二《顧憲之傳》作“故京師飲酒者得醇旨，輒號爲‘顧建康’，言醑清且美焉”，語意更明。都下，京都、京城。

仕齊爲衡陽内史。[1]先是，郡境連歲疾疫，死者太半，[2]棺櫬尤貴，悉裹以葦席，[3]棄之路傍。憲之下車，分告屬縣，求其親黨，悉令殯葬。其家人絶滅者，憲之出公禄使紀綱營護之。[4]又土俗：山人有病輒云先亡爲禍，皆開冢剖棺，水洗枯骨，名爲除祟。憲之曉喻，爲陳生死之别，事不相由，[5]風俗遂改。時刺史王奂初至，[6]唯衡陽獨無訟者，乃歎曰：“顧衡陽之化至矣，若九郡率然，[7]吾將何事。”

[1]衡陽：郡名。治湘西縣，在今湖南株洲市西南。

[2]太：大德本同，汲古閣本、殿本作“大”。

[3]葦：宋本《梁書》卷二五《顧憲之傳》作“笙”，周一良《梁書札記·葦席、笙席》以爲作葦席近是（《魏晋南北朝史札記》，第285頁）。

[4]公禄：俸禄。　紀綱：即綱紀。《梁書》卷五二《顧憲之傳》作“綱紀”。綱紀指公府及州郡主簿。《資治通鑑》卷九三《晋紀十五》明帝太寧二年下胡三省注：“綱紀，綜理府事者也，參佐諸僚屬也。”

[5]相由：相關。

[6]王奂：字彦孫，琅邪臨沂（今山東臨沂市）人。齊時曾任湘州刺史。本書卷二三有附傳，《南齊書》卷四九有傳。

[7]九郡：據《南齊書·州郡志下》，湘州領長沙、桂陽、零陵、衡陽、營陽、湘東、邵陵、始興、臨賀、始安、齊熙，凡十一郡。齊熙無屬縣，此云“九郡”，蓋不包括齊熙及衡陽。

後爲東中郎長史，[1]行會稽郡事。[2]山陰人吕文度有寵於齊武帝，[3]於餘姚立邸，[4]頗縱横。[5]憲之至郡，即日除之。文度後還葬，[6]郡縣争赴弔，憲之不與相聞，[7]文度甚銜之，[8]亦卒不能傷也。

[1]東中郎長史：官名。即東中郎將府長史。

[2]行會稽郡事：代行會稽郡政事。行事，南北朝職官制度，亦稱“行某州（或某府）事”。産生於東晋末年，指以他官代行某官職權。南朝多以較低官階代行較高官職，如以長史、司馬、太守代行刺史職權等。除“行府州事”之外，還有“行郡事”“行國

事”等類型。南朝時期，在以將軍、刺史身份出鎮的宗王普遍年幼的情況下，以其長史等爲行事，實際負責軍府和州府的軍政事務，故行事權力很大，對南朝出鎮幼王兼有輔佐和防範的職能（參見魯力《南朝“行事”考》，《武漢大學學報》2008 年第 6 期）。

[3]吕文度：會稽（今浙江紹興市）人。齊武帝鎮盆城拒沈攸之時，其爲軍隊雜役，以此見親。武帝即位後，深受寵信，權勢甚重。本書卷七七有附傳，《南齊書》卷五六有傳。　齊武帝：蕭賾。字宣遠。廟號世祖。本書卷四、《南齊書》卷三有紀。

[4]餘姚：縣名。治所在今浙江餘姚市。　邸：儲藏貨物並作商業經營活動的處所。

[5]縱橫：恣肆横行，無所顧忌。

[6]文度後還葬：《梁書》卷五二《顧憲之傳》作“文度後還葬母”，“母”字不可省。

[7]相聞：謂通訊或通消息（參見周一良《梁書札記·相聞、相知》，《魏晋南北朝史札記》，第 268—269 頁）。

[8]銜：怨恨。

時西陵戍主杜元懿以吴興歲儉，[1]會稽年登，[2]商旅往來倍歲。西陵牛埭税，[3]官格日三千五百，求加至一倍，計年長百萬。浦陽南北津及柳浦四埭，[4]乞爲官領攝，[5]一年格外長四百許萬。武帝以示會稽，使陳得失。憲之議曰：

[1]西陵：地名。本名固陵，在今浙江杭州市蕭山區西興鎮。南朝宋設有西陵牛埭，因名。《資治通鑑》卷一三六《齊紀二》武帝永明六年胡三省注云：“西陵在今越州蕭山縣西十二里西興渡是也。吴越王錢鏐以西陵非吉語，改曰西興。”　戍主：官名。或稱戍將，地方軍隊武官，爲戍的主將。南朝於邊境州郡或形勝之地駐

兵戍守，大者稱鎮，小者稱戍。多以郡太守、縣令、州參軍及雜號將軍等官兼領。掌守防捍禦之事，除管理軍政外，還干預民政和財政。　歲儉：年成歉收。《南齊書》卷四六《顧憲之傳》、《資治通鑑·齊紀二》武帝永明六年作“無秋”。

［2］年登：穀物豐收。

［3］牛埭（dài）稅：亦稱“埭程”。過堰錢。古時在江河水流湍急、船行險阻處設埭，用牛或人力助船過埭，所收之稅，南北朝時稱“牛埭”，唐代稱“埭程”。《資治通鑑·齊紀二》武帝永明六年胡三省注云:“牛埭即今西興堰，用牛挽船，因曰牛埭。”宋朱翌《猗覺寮雜記》卷下:“浙中諸堰，以牛車舟而過。《顧憲之傳》云：‘始立牛埭以風濤汛險，人力不捷，濟急以利物。’堰始於此。”埭，土壩。

［4］浦陽南北津：浦陽，江名。即今浙江浦陽江。南北津，指浦陽江南北的渡口。《資治通鑑·齊紀二》武帝永明六年胡三省注云:“浦陽江南津埭則今之梁湖堰是也，北津埭則今之曹娥堰是也。”梁湖堰，在今浙江紹興市上虞區梁湖鎮。曹娥堰，在今浙江紹興市上虞區百官街道西曹娥江西岸。　柳浦：津渡名。在今浙江杭州市南鳳凰山東麓。《資治通鑑·齊紀二》武帝永明六年胡三省注云：“柳浦埭則今杭州江干浙江亭北跨浦橋埭是也。”

［5］領攝：代理兼管。領，官制術語。即以較高官兼理較低官之職事。攝，官制術語。代理。

尋始立牛埭，非苟通儳以納稅也，[1]當以風濤迅險，人力不捷，濟急以利物耳。既公私是樂，故輸直無怨。[2]京師航渡，[3]即其例也。而後之監領，各務己功，或禁遏別道，人生理外，[4]凡如此類，不經埭煩牛者上詳。[5]被報蒙停格外十條，[6]從來喧訴，始得暫弭。案吴興頻歲失稔，[7]今兹尤饉，去乏從豐，[8]良田飢棘，舊格新減，尚未議登，格外加倍，將以何術？皇慈恤隱，振廩蠲調，[9]而元懿幸災榷利，重增困瘼，[10]人而不仁，古今共疾。且比見加格置市者，前後相屬，非唯新加無羸，並皆舊格有闕，愚恐元懿今啓，亦當不殊。若事不副言，懼貽譴詰，便百方侵苦，爲公賈怨，其所欲舉腹心，亦當獸而冠耳。[11]書云："與其有聚斂之臣，寧有盗臣。"[12]言盗公爲損蓋微，人所害乃大也。[13]然掌斯任者應簡廉平，則無害於人。愚又以便宜者，蓋謂便於公宜於人也。竊見頃之言便宜者，非能於人力之外，用天分地者也，[14]率皆即日不宜於人，方來未便於公，名與實反，有乖政體。凡如此等，誠宜深察。

[1]非苟通僦（jiù）以納税也：《南齊書》卷四六《顧憲之傳》、《資治通鑑》卷一三六《齊紀二》"通"作"逼"。僦，租賃。南方曰僦，北方曰賃。

[2]輸直：指作爲牛埭費用所擬派的錢。

[3]京師：此指南朝齊都城建康，在今江蘇南京市。

[4]人生理外：大德本、汲古閣本同，殿本"外"作"會"。《南齊書·顧憲之傳》作"互生理外"。

[5]凡如此類，不經埭煩牛者上詳：此指監領官吏巧立名目增税，不經過津口用牛拉的船也收税。

[6]被報蒙停格外十條：由於受到舉報，法定外的十項條款被朝廷下令停止實行。《南齊書·顧憲之傳》作"被報格外十條，並蒙停寢"。

[7]失稔：歉收。

[8]去乏從豐：離開貧乏的吴興去投向豐裕之地。

[9]振廩：開倉放糧。《左傳》文公十六年："自廬以往，振廩同食。"杜預注："振，發也。廩，倉也。" 蠲調：免除租賦。

[10]困瘼：困難疾苦。

[11]其所欲舉腹心，亦當獸而冠耳：《南齊書·顧憲之傳》作"任以物土，譬以狼將羊，其所欲舉腹心，亦當虎而冠耳"，《資治通鑑》卷一三六《齊紀二》武帝永明六年胡三省注："狼將羊，虎而冠，皆《漢書》語。以狼將羊，則羊必爲狼所噬食；虎而冠者，言其人惡戾，如虎著冠。"獸，應作"虎"，本書避唐高祖李淵祖父李虎諱改。

[12]與其有聚斂之臣，寧有盜臣：出自《禮記·大學》："百乘之家，不畜聚斂之臣；與其有聚斂之臣，寧有盜臣。此謂國不以利爲利，以義爲利也。"

[13]人：大德本、汲古閣本同，殿本作"斂民"。《南齊書·顧憲之傳》、《資治通鑑》卷一三六《齊紀二》亦作"斂民"。

[14]用天分地者也：利用天時地利增加財富。語本《孝經·庶人》："用天之道，分地之利。"邢昺疏："春生，夏長，秋斂，冬藏，舉事順時，此用天道也。分別五土，視其高下，各盡所宜，此分地利也。"

山陰一縣課户二萬，[1]其人貲不滿三千者，[2]殆將居半，刻又刻之，[3]猶且三分餘一。凡有貲者多是士人復除，[4]其貧極者悉皆露户役人，[5]三五屬官，[6]並惟正，[7]百端輸調，[8]又則常然。皆衆局檢校，[9]首尾尋續，横相質累者亦復不少。[10]一人被攝，[11]十人相追，一緒裁萌，千孽互起。蠶事弛而農業廢，[12]賤取庸而貴舉責，[13]應公贍私，[14]日不暇給，欲無爲非，其可得乎。死且不憚，矧伊刑罰，[15]身且不愛，何況妻子。是以前檢未窮，後巧復滋，[16]網辟徒峻，猶不能悛。竊尋人之多僞，寔由宋季軍旅繁興，[17]役賦殷重，不堪勤劇，奇巧所優，[18]積習生常，遂迷忘反。四海之大，庶黎之衆，[19]心用參差，難卒澄之。[20]化宜以漸，[21]不可疾責。誠存不擾，藏疾納汚。[22]務詳寬簡，則稍自歸淳。又被簡符，[23]前後累千，符旨既嚴，不敢闇信。縣簡送郡，郡簡呈使，殊形詭狀，千變萬源。聞者忽不經懷，見殊刑者實足傷駭。[24]兼親屬里伍，流離道路，時轉窮涸，[25]事方未已，其士人婦女彌難厝衷。[26]不簡則疑其有巧，欲簡復未知所安。愚謂此條宜委縣保，[27]舉其綱領，略其毛目，乃當有漏，不出貯中，[28]庶嬰疾沉痼者重荷生造之恩也。

[1]課户：家中有納税丁口（指男子）的民户。

[2]人：《南齊書》卷四六《顧憲之傳》作“民”，本書避唐太宗李世民諱改。　貲：同“資”。資財。

[3]刻又刻之：此指一再減損。刻，減損。

[4]復除：指免除賦役。《韓非子·備内》：“徭役多則民苦，民苦則權勢起，權勢起則復除重。”

[5]露户：指居住在不能遮蔽風雨的房子裏的貧窮人家。語本漢揚雄《逐貧賦》：“人皆重閉，子獨露居。”

[6]三五：晋時徵人服兵役，在部分地區實行五丁抽三制，後因稱發人征役爲三五。本書卷七〇《何遠傳》：“發人征役，號爲三五。”

［7］並惟正：中華本《南齊書·顧憲之傳》作“蓋惟分定”。

［8］輸調：徵調，納税。《抱朴子·詰鮑》：“夫身無在公之役，家無輸調之費，安土樂業，順天分地，内足衣食之用，外無勢利之争，操杖攻劫，非人情也。”

［9］皆衆局檢校：《南齊書·顧憲之傳》作“比衆局檢校”。

［10］質累：抵押。

［11］攝：捉拿，拘捕。《國語·吴語》：“攝少司馬兹，與王士五人，坐於王前。”韋昭注：“攝，執也。”

［12］蠶事弛而農業廢：此指農民服征役，農桑荒廢。

［13］賤取庸而貴舉責：指徵收賦税時，糧價被壓低；農民負債購糧時，糧價被抬高。責，同“債”。

［14］應公贍私：既要交納賦税，又要贍養父母妻子。指百姓負擔很重。

［15］矧：况且，何况。

［16］前檢未窮，後巧復滋：意指農民想出巧妙的辦法對付徵課，以示反抗。

［17］寔：同“實”。

［18］奇巧所優：《南齊書·顧憲之傳》作“倚巧祈優”。

［19］庶黎：庶民，百姓。

［20］澄之：大德本、汲古閣本同，殿本作“澄一”。《南齊書·顧憲之傳》亦作“澄一”。按，底本誤，應據《南齊書》改。澄一，清純一致。

［21］化宜以漸：指政令教化須逐步進行，不能急於求成。

［22］洿：通“污”。

［23］簡符：官府敕命徵調文書。《南齊書·顧憲之傳》作“符簡”。

［24］間者忽不經懷，見殊刑者實足傷駭：大德本同，汲古閣本、殿本“間者”作“聞者”。《南齊書·顧憲之傳》作“聞者忽不經懷，見者實足傷駭”。

[25]時轉窮涸：《南齊書·顧憲之傳》作“時轉寒涸”，馬宗霍《南史校證》云：“疑‘寒’字是。‘寒涸’謂時序轉入冬令也。”（第601頁）窮涸，枯竭，乾涸。

[26]厝（cuò）衷：放心，相信。

[27]宜委縣保：中華本《南齊書·顧憲之傳》作“宜委縣簡保”。馬宗霍《南史校證》云：“按‘縣’下《南齊書》本傳有‘簡’字，不可省。縣屬於郡，保屬於縣，故曰‘委縣簡保’。《周官·大司徒》：‘令五家爲比，使之相保。’以保爲名，蓋取此義。”（第601頁）

[28]乃當有漏，不出貯中：《南齊書·顧憲之傳》作“乃囊漏，不出貯中”，馬宗霍《南史校證》云：“囊可言貯，蓋以取喻，《南史》作‘當有漏’與‘貯中’義不貫。”（第601頁）

又永興、諸暨離唐寓寇擾，[1]公私殊燼，[2]彌復特甚，[3]儻逢水旱，實不易思。俗諺云：“會稽打鼓送恤，吴興步擔令史。”[4]會稽舊稱沃壤，今猶若此，吴興本是塉土，[5]事在可知。因循餘弊，誠宜改張。

[1]永興：縣名。治所在今浙江杭州市蕭山區。　諸暨：縣名。治所在今浙江諸暨市。　離：遭遇。　唐寓寇擾：指齊武帝永明四年（486），浙江富陽民唐寓之聚衆起義，攻陷錢塘，後被鎮壓失敗。事詳見《資治通鑑》卷一三六《齊紀二》。《南齊書》卷四六《顧憲之傳》作“唐寓之寇擾”。按，唐寓即唐寓之，六朝人名後之“之”字，可省略。

[2]公私殊燼：《南齊書·顧憲之傳》作“公私殘盡”。

[3]彌復特甚：謂急須彌補恢復。

[4]會稽打鼓送恤，吴興步擔令史：此二句意爲會稽到處送撫

恤，吴興滿街都是徵税的官。

[5]堉土：貧瘠的土地。

武帝並從之，由是深以方直見知。

遷尚中郎巴陵王長史、南兖南豫二州事。[1]典籤諮事，[2]未嘗接以顔色，動遵法制。時司徒竟陵王於宣城、臨成、定陵三縣界立屯，[3]封山澤數百里，禁人樵採。憲之固陳不可，言甚切直。王曰："非君無以聞此音。"[4]即命罷屯禁。

[1]尚中郎：大德本、汲古閣本、殿本"尚"作"南"。《梁書》卷五二《顧憲之傳》亦作"南"。按，底本誤，應據諸本改。南中郎，官名。即南中郎將。四中郎將之一，南朝宋、齊多授宗室諸王。 巴陵王：封爵名。即巴陵郡王。此爲齊武帝第十三子蕭子倫封爵。本書卷四四、《南齊書》卷四〇有傳。巴陵，郡名。治巴陵縣，在今湖南岳陽市。 南兖南豫二州事：馬宗霍《南史校證》云："按依《南齊書》本傳，南兖南豫之上當有'行'字，蓋以長史兼行二州事也，此'行'字斷不可省。"（第602頁）南兖，州名。東晉僑立兖州，宋時改爲南兖州，初治京口，在今江蘇鎮江市。宋文帝元嘉八年（431）移治廣陵縣，在今江蘇揚州市西北蜀岡上。南豫，州名。治姑孰，在今安徽當塗縣。

[2]典籤：官名。南北朝置，亦稱典籤帥或籤帥、主帥。本爲州、府掌管文書的佐吏，因南朝宋時多以年幼的皇子出鎮，皇帝委派親信擔任此職協助處理政事，故品階雖不高，但有實權。出任者多爲寒人，每州、府員數人，一歲中輪番還都，匯報當地情况，成爲皇帝升黜地方長官的主要依據。歷宋末以至齊，其權益重。齊時凡王府均置典籤，諸王出鎮州、郡，均置典籤。齊明帝之害諸王，均假典籤之手。梁中葉以後，典籤權勢逐漸衰微。

［3］司徒：官名。三公之一。爲名譽宰相，多爲大臣加官。　竟陵王：封爵名。即竟陵郡王。此爲齊武帝次子蕭子良封爵。本書卷四四、《南齊書》卷四〇有傳。竟陵，郡名。治萇壽縣，在今湖北鍾祥市。　宣城：縣名。治所在今安徽南陵縣東。　臨成：縣名。治所在今安徽青陽縣南。成，大德本、殿本同，汲古閣本作"城"。　定陵：縣名。治所在今安徽銅陵縣東北。　屯：開墾山林荒地的組織。

［4］聞此音：大德本、汲古閣本、殿本作"聞此德音"。《梁書》卷五二《顧憲之傳》亦作"聞此德音"。

遷給事黄門郎，[1]兼尚書吏部郎中。宋時其祖覬之嘗爲吏部，於庭列植嘉樹，謂人曰："吾爲憲之植耳。"至是憲之果爲此職。永明中爲豫章内史，[2]在任清簡，務存寬惠。有貞婦萬晞者，少孀居無子，事舅姑尤孝，父母欲奪而嫁之，誓死不許。憲之賜以束帛，[3]表其節義。

［1］給事黄門郎：官名。門下省次官。與侍中俱掌門下衆事，侍從左右，顧問應對，出入禁中，職任顯要。

［2］永明中爲豫章内史：《南齊書》卷四六《顧憲之傳》作"永元中，爲豫章内史"，《梁書》卷五二《顧憲之傳》作"永元初，徵爲廷尉，不拜，除豫章太守"。按，此底本誤，應據《南齊書》《梁書》改作"永元"。

［3］束帛：帛五匹爲束。古常用爲賜贈禮品。

梁武帝平建鄴，[1]爲楊州牧，[2]徵憲之爲别駕從事史，[3]比至而已受禪。憲之風疾漸篤，因求還吴，就加太中大夫。[4]憲之雖累經宰郡，資無儋石，[5]及歸，環堵不免飢寒。

[1]梁武帝：蕭衍。字叔達，小字練兒。南朝梁開國皇帝。本書卷六、卷七，《梁書》卷一至卷三有紀。

[2]楊州：州名。亦作揚州。治建康縣，在今江蘇南京市。

[3]别駕從事史：官名。州府屬官。

[4]太中大夫：官名。南朝梁、陳多用以安置老疾退免的九卿等大臣，無職事。梁十一班。

[5]憲之雖累經宰郡，資無儋石：顧憲之雖然多次擔任州郡長官，但却連一石的資産都没有。儋石，儋爲可容納一石穀物的容器，故稱爲“儋石”。亦常用來形容米粟不多。

天監八年，[1]卒於家。[2]臨終爲制敕其子曰：“夫出生入死，理均晝夜。生既不知所從，死亦安識所往。延陵云：‘精氣上歸于天，骨肉下歸於地，魂氣則無所不之。’[3]良有以也。雖復茫昧難徵，要若非妄。百年之期，迅若馳隙，[4]吾今預爲終制，[5]瞑目之後，念並遵行，[6]勿違吾志也。莊周、澹臺，[7]達生者也；王孫、士安，[8]矯俗者也。吾進不及達，退無所矯。[9]常謂中都之制，允理愜情，衣周於身，示不違禮，棺周於衣，足以蔽臭。入棺之物，一無所須，載以輴車，[10]覆以麄布，爲使人勿惡也。漢明帝天子之尊，[11]猶祭以杅水脯糗，[12]范史雲列士之高，[13]亦奠以寒水乾飯。況吾卑庸之人，其可不節衷也。[14]喪易寧慼，自是親親之情，禮奢寧儉，差可得由吾意。不須常施靈筵，[15]可止設香燈，[16]使致哀者有憑耳。朔望祥忌，[17]可權安小牀，暫施几席，唯下素饌，[18]勿用牲牢。[19]蒸嘗之祠，[20]貴賤罔替，備物難辦，多致疏怠。祠先自有舊典，不可有闕，自吾已下，止用蔬食時果，勿同於上世，示令子孫四時不忘其親耳。[21]孔子云'雖菜羹瓜祭必齋如'者，[22]本貴誠敬，豈求備物哉。"所著詩賦銘讚并《衡陽郡記》數十篇。

[1]天監：南朝梁武帝蕭衍年號（502—519）。

[2]卒於家：《梁書》卷五二《顧憲之傳》載"年七十四"。

[3]"延陵云"至"魂氣則無所不之"：《禮記·檀弓下》："延陵季子適齊，於其反也，其長子死，葬於嬴、博之間……既封，左袒，右還其封，且號者三，曰：'骨肉歸復于土，命也。若魂氣則無不之也，無不之也！'而遂行。"延陵，春秋時吴國公子季札封於延陵，號曰延陵季子。事見《史記》卷三一《吴太伯世家》。

[4]馳隙：奔馳過隙。形容時光短暫如白駒之奔馳過隙。

[5]終制：周一良《三國志札記·珠襦玉匣及其他》云："所謂終制，猶後世之遺囑，多關於殯藏之事。"（《魏晋南北朝史札記》，第7頁）

[6]遵行：遵照實行。

[7]莊周：莊子。戰國時宋國蒙人。學祖老子，發展"道法自然"之精微，主張齊物我，一是非，安時處順。著有《莊子》一書。　澹臺：孔子弟子澹臺滅明。字子羽。貌醜，但爲人公正。事見《史記》卷六七《仲尼弟子列傳》。

[8]王孫：楊王孫。西漢武帝時人，好黄老之術，著《裸葬書》，反對厚葬。《漢書》卷六七有傳。　士安：皇甫謐。字士安，安定朝那（今寧夏固原市）人，皇甫嵩曾孫。累徵不就，終生以著述爲務。曾論送葬之制，作《篤終》文，反對厚葬。《晋書》卷五

一有傳。

[9]退：大德本、殿本同，汲古閣本作“還”。

[10]輴（chūn）車：古代載靈柩的車。《禮記·檀弓上》：“天子之殯也，菆塗龍輴以椁。”鄭玄注：“天子殯以輴車，畫轅爲龍。”孔穎達疏：“龍輴者，殯時輴車載柩，而畫轅爲龍，故云龍輴也。”

[11]漢明帝：劉莊。東漢光武帝第四子。在位期間社會安定、吏治清明。《後漢書》卷二有紀。

[12]祭以杅水脯糗：汲古閣本同，大德本、殿本“杆”作“杅”。按，底本誤，應據諸本改。漢明帝遺詔死後衹用杯水、乾飯來祭祀。《後漢書》卷二《明帝紀》：“萬年之後，埽地而祭，杅水脯糒而已。”李賢注：“《説文》曰：‘杅，飲器。’”杅水，杯水。脯糗，即脯糒，乾肉和乾糧。

[13]范史雲：范冉。字史雲，陳留外黄（今河南民權縣）人。臨終時戒其子曰：“斂以時服，衣足蔽形，棺足周身，斂畢便穿，穿畢便埋。其明堂之奠，干飯寒水，飲食之物，勿有所下。”《後漢書》卷八一有傳。

[14]節衷：抑制内心的欲念。

[15]靈筵：供亡靈的几筵。

[16]香燈：長明燈。設於死者靈前。

[17]朔望祥忌：初一、十五、小祥、大祥和忌日。朔，農曆每月初一。望，農曆每月十五。祥，小祥和大祥。古時父母喪後周年祭稱爲小祥，兩周年祭稱爲大祥。

[18]素饌：素食。

[19]牲牢：供祭祀用的牲畜。

[20]蒸嘗：本指秋冬二祭，亦泛指祭祀。《後漢書》卷二八下《馮衍傳》：“春秋蒸嘗，昭穆無列。”

[21]示令子孫四時不忘其親耳：《册府元龜》卷九〇七“示”作“亦”。

[22]雖菜羹瓜祭必齋如：雖然是用菜羹瓜果來祭祀，也必須沐浴

齋戒。《論語·鄉黨》:"食不語，寢不言，雖蔬食菜羹瓜祭必齊如也。"

論曰：古人云"利令智昏",[1]甚矣利害之相傾也。劉湛識用才能，寔包經國之略,[2]豈知移弟爲臣，則君臣之道用,[3]變兄成主,[4]則兄弟之義殊。而執數懷姦，苟相崇悅，與夫推長戟而犯順，何以異哉。昔華元敗則以羊羹而取禍,[5]觀夫庾悅亦鵝炙以速尤。乾餱以愆,[6]斯相類矣。登之因禍而福，倚伏無常，仲文賄而爲災，乃徇財之過也。顧琛吴郡，徵兆於初筮，覬之清白之迹，見於暮年。憲之莅政，所在稱美，時移三代，一德無虧，求之古人，未爲易遇。觀其遺命，可謂有始有卒者矣。

[1]利令智昏：因貪圖私利而失去理智。《史記》卷七六《平原君虞卿列傳》:"鄙語曰'利令智昏'，平原君貪馮亭邪説，使趙陷長平兵四十餘萬衆，邯鄲幾亡。"

[2]經國之略：治國方略。經國，治理國家。

[3]用：大德本、汲古閣本、殿本作"變"。

[4]變：大德本、汲古閣本、殿本作"用"。

[5]昔華元敗則以羊羹而取禍：華元，春秋時宋國大夫。時鄭國攻宋，宋以華元爲將抵抗鄭國軍隊，開戰前，華元殺羊煮羊羹，犒勞將士。車夫羊斟却未吃到，遂懷恨在心，在戰場上駕馭華元的車馳入鄭軍，導致華元被俘。《左傳》宣公二年:"將戰，華元殺羊食士，其御羊斟不與。及戰，曰'疇昔之羊，子爲政，今日之事，我爲政'。與入鄭師，故敗。"

[6]乾餱：乾糧，此指普通的食物。